Reform am Ende?
Zur praxisorientierten wissenschaftlichen Lehrerausbildung am
Beispiel der Deutschlehrerausbildung

Europäische Hochschulschriften
Publications Universitaires Européennes
European University Studies

Reihe XI
Pädagogik

Série XI Series XI
Pédagogie
Education

Bd./Vol. 203

PETER LANG
Frankfurt am Main · Bern · New York

Hans Dieter Erlinger
Peter Faigel
Wolfgang Lippke
Wolfgang Popp, (Hg.)

Reform am Ende?

Zur praxisorientierten
wissenschaftlichen Lehrerausbildung
am Beispiel der
Deutschlehrerausbildung

SIG: 20 IJC1943+1

<20+>0490C6C8S16544NE440

PETER LANG
Frankfurt am Main · Bern · New York

CIP-Kurztitelaufnahme der Deutschen Bibliothek

Reform am Ende? : zur praxisorientierten wiss.
Lehrerausbildung am Beispiel d. Deutschlehrer=
ausbildung / Hans Dieter Erlinger u.a. (Hg.). -
Frankfurt am Main ; Bern ; New York : Lang, 1984.
  (Europäische Hochschulschriften : Reihe 11,
  Pädagogik ; Bd. 203)
  ISBN 3-8204-7788-8
NE: Europäische Hochschulschriften / 11
Erlinger, Hans Dieter u.a. [Hrsg.];

Standort: W 20
Signatur: IJC 1943+1
Akz.-Nr.:
Id.-Nr.:   A843103575

ISSN 0531-7398
ISBN 3-8204-7788-8
© Verlag Peter Lang GmbH, Frankfurt am Main 1984

Alle Rechte vorbehalten.
Nachdruck oder Vervielfältigung, auch auszugsweise, in allen Formen
wie Mikrofilm, Xerographie, Mikrofiche, Mikrocard, Offset verboten.

printed in Germany

Inhaltsverzeichnis

Vorbemerkung: 5 - 6

Hans-Dieter Erlinger, Peter Faigel, Wolfgang Popp:
Vortragsreihe: Zur praxisorientierten wissenschaftlichen Lehrerausbildung am Beispiel der Deutschlehrerausbildung 9 - 27

Robert Ulshöfer:
Was heißt "praxisorientierte wissenschaftliche Deutschlehrerausbildung"? 28 - 47

Erika Essen:
Strukturen des Unterrichtsfaches Deutsch - In Beziehung und Spannung zu Strukturierungsmöglichkeiten im Germanistischen Studium 48 - 59

Hermann Helmers:
Zur Wissenschaftlichkeit der Deutschdidaktik 60 - 71

Christa Bürger:
Ich-Identität und Literatur 72 - 80

Gundel Mattenklott:
Schreiben in der Schule 81 - 89

Franz Hebel:
Anmerkungen zur Professionalisierung der (Berufsschul-) Lehrerausbildung im Rahmen der Qualifikationsdebatte 90 - 97

Hubert Ivo:
Explorative Anmerkungen zur Normproblematik der institutionsspezifischen Sprachvarietät "Schulsprache" 98 - 108

Bodo Lecke:
Die "neuen Trends" der Literaturdidaktik und ihr Einfluß auf die 1. und 2. Phase der Deutschlehrerausbildung 109 - 127

Anmerkungen: 129 - 135

Vorbemerkung

Die Auseinandersetzung um die Reform der Lehrerausbildung hat sich in
den letzten Jahren merkwürdig entwickelt: Auf der einen Seite steigt die
Zahl arbeitsloser Lehrer unaufhörlich erschreckend. Auf der anderen Seite
wächst ein Wasserkopf aus staatlichen Studienreformkommissionen, die mit
ihren "Reform"-Konzepten die arbeitsmarktpolitische Entwicklung schlicht
ignorieren. Lohnt es sich überhaupt noch, angesichts steigender Lehrerarbeitslosigkeit über die Lehrerausbildung nachzudenken? Und gar über
die Reform der Lehrerausbildung? Auf solche Fragen gibt es mindestens
zwei Antworten:

- Die berufliche Belastung der Lehrer nimmt zu. Der Staat nutzt nicht
  die Möglichkeit, durch Einstellung der arbeitslosen Lehrer endlich die
  spätestens seit den frühen siebziger Jahren als notwendig erkannten
  Entlastungen der Schulen und Lehrer zu verwirklichen. Grund genug, daß
  Lehrer und Ausbilder von Lehrern jedenfalls im Hinblick auf solche
  Entlastungen an den Reformforderungen des letzten Jahrzehnts festhalten.

- Die Auseinandersetzung um die Reform der Lehrerausbildung hat eine
  wesentliche Funktion in der Geschichte der Bildungs- und Schulpolitik
  der Bundesrepublik. Sie hat sich entzündet an der historischen Erkenntnis, daß diese Politik in der Aufbauphase der BRD erheblich geprägt war durch Konzepte und Theorien, die - in vielfältigen Formen -
  der Restauration verpflichtet waren. Auch dies ist ein Grund, gerade
  im Zeichen der "geistig-moralischen Erneuerung" unserer Zeit an den
  Zielen einer demokratischen Reform der Lehrerausbildung festzuhalten.

Die Herausgeber dieses Bandes sind Deutschdidaktiker an der Universität-Gesamthochschule Siegen. Wir haben die "Überleitung" der alten
Pädagogischen Hochschule Siegen in die Gesamthochschule Siegen miter-
lebt - und mitgestaltet. Wir haben - gemeinsam mit neuen Kollegen -
Erfolge und partielles Scheitern erfahren bei dem Versuch, an dieser
Hochschule so etwas wie eine "integrierte" Lehrerausbildung zu reali-
sieren. Wir haben in den wechselnden Phasen der Reformdiskussion
Deutschlehrerinnen und Deutschlehrer ausgebildet, die heute mit dem, was
sie bei uns gelernt haben - und hoffentlich mit mehr - mitten im Berufs-
leben stehen. Wir haben heute in der schulpraktischen Ausbildung von
Deutsch-Studenten vielfältigen Kontakt mit diesen Kolleginnen und
Kollegen.

Diese Bedingungen ließen den Plan entstehen, die "großen" Didaktiker,
ihre Kritiker und Vertreter neuerer didaktischer Positionen zu einer
Vortragsreihe in die Siegener Hochschule einzuladen. Es ging uns dabei weniger um "Abrechnung" mit der bundesrepublikanischen "Geschichte"
der Deutschdidaktik - als um eine neue Positionsbestimmung. Zugleich
aber ist für eine solche Positionsbestimmung wichtig, daß historische
Positionen nicht ausgeklammert, sondern auf ihre reformerischen Ansätze
hin neu befragt werden.

Unsere Adressaten waren Deutschlehrer der Region, Studierende und Hoch-
schullehrer-Kollegen. Wir haben ein Konzept entwickelt und als Einla-
dung zur Vortragsreihe verbreitet,in dem wir vor allem Probleme
zu formulieren versuchen. Dieses Konzept ist wird als erster Beitrag diesem
Band vorangestellt. Es sollte zur Diskussion provozieren, sowohl die
Lehrerkolleginnen und -kollegen als auch die Beiträger der Vortragsreihe.

Und die Provokation ist - denken wir - gelungen: Unter den Lehrern der Region fand die Vortragsreihe ein außergewöhnliches Interesse. Die Beiträger der Vortragsreihe haben sich gegen manche Charakterisierungen ihrer - historischen - Positionen durch uns gewehrt (und wir haben einiges korrigieren müssen!). Aber: Sie haben mitgemacht.

Wir danken den Beiträgern für ihre Bereitschaft, sich unserer Kritik zu stellen, sich mit unseren Problemen auseinanderzusetzen und ihre Positionen in der aktuellen Diskussion neu zu bestimmen.

Die Herausgeber

Hans-Dieter Erlinger
Peter Faigel
Wolfgang Popp

VORTRAGSREIHE
ZUR PRAXISORIENTIERTEN WISSENSCHAFTLICHEN LEHRERAUSBILDUNG
AM BEISPIEL DER DEUTSCHLEHRERAUSBILDUNG (1)

Die Frage der Ausbildung von Deutschlehrern für die verschiedenen Schulformen bzw. Schulstufen hat in der Geschichte der Lehrerausbildung exemplarischen Charakter: Immer wenn es um Veränderungen oder Reformen der Lehrerausbildung ging, waren Veränderungen und Reformen in der Ausbildung von Deutschlehrern besonders umstritten und beispielgebend. Die Probleme einer praxisorientierten wissenschaftlichen Lehrerausbildung können deshalb am Beispiel der Ausbildung von Deutschlehrern exemplarisch in einem allgemeinen bildungspolitischen Kontext entwickelt und diskutiert werden. Dabei geht es vorrangig darum,
- die derzeitige Situation in der Lehrerausbildung zu analysieren,
- Überlegungen zur Reform der gesamten Lehrerausbildung (einschließlich der Lehrerfort- und -weiterbildung) anzustellen,
- den Diskussionsstand der Deutschdidaktik als den wissenschaftlichen Bezugsbereich der Deutschlehrerausbildung aufzuarbeiten.

I. Zur Analyse der derzeitigen bildungspolitischen Situation in der Lehrerausbildung (2)

Das Problem der Anerkennung von Lehramtsabschlüssen zwischen den Bundesländern und der daraus resultierende Druck in Richtung einheitlicher Regelungen im ganzen Bundesgebiet gewinnt zunehmend an Bedeutung. Diese Vereinheitlichungsbestrebungen, die bei den gegenwärtigen Kräfteverhältnissen mit einer Abkehr vom Konzept der integrierten Lehrerausbildung einhergehen, lassen sich wie folgt kennzeichnen:

a. Abkehr von der Gleichwertigkeit:

Nur in einem einzigen Bundesland (Bremen) ist die formale Gleichwertigkeit der Lehrämter gesetzlich fixiert. Lediglich Hamburg will diesem Beispiel folgen. Alle anderen Bundesländer bleiben bis auf weiteres bei der Festschreibung der Ungleichwertigkeit verschiedener Lehrämter durch das Kriterium unterschiedlicher Studiendauer.

b. Rückkehr zum Schulformbezug:

Nachdem in einer Reihe von Bundesländern um die Mitte der siebziger Jahre der Stufenbezug in der Lehrerausbildung gesetzlich verankert wurde, werden die Konzepte in Novellierungen dadurch aufgeweicht, daß innerhalb der Stufen wiederum eine Trennung nach Schulformbezug in der 2. Ausbildungsphase eingeführt wird. Damit wird die Gleichwertigkeit zu den Regelungen in den Bundesländern wieder hergestellt, die entsprechende Reformen nicht eingeleitet haben.

c. Entprofessionalisierung:

Mit arbeitsmarktpolitischen Begründungen, die Vielseitigkeit und Verwendbarkeit der Hochschulabsolventen außerhalb des Arbeitsmarkts Schule zu erhöhen, werden Abstriche von der berufsvorbereitenden Qualität der Lehrerausbildung gemacht.

d. Ausbau von Selektionssystemen:

Sofern mit der Entwicklung neuer Studiengänge der Überschuß an potentiellen Lehramtsabsolventen nicht vom Arbeitsmarkt Schule abgelenkt werden kann, werden zusätzliche Selektionsmechanismen bereitgestellt, in denen der Zugang zum Lehramt erhöhten Anforderungen unterworfen wird. Einen zentralen Stellenwert hat dafür die Zentralisierung des Prüfungssystems, die sich durch Herstellung von Vergleichbarkeit ('Objektivierung') in ihren Selektionsentscheidungen legitimieren soll.

e. Orientierung an der Wissenschaftsdisziplin und Abbildungsdidaktik:

Hand in Hand mit der Restaurierung der Gymnasiallehrerausbildung geht die Rückkehr zur Orientierung mindestens von Teilbereichen der Lehrerausbildung an den einzelnen Wissenschaftsdisziplinen. Zwar liegt in der angestrebten Einordnung der Fachdidaktik in die Fachwissenschaft durchaus ein wissenschaftstheoretisch wichtiger Ansatzpunkt, es setzt sich dabei jedoch die Tendenz durch, daß die Fachdidaktik zu einem reinen vermittlungsdidaktisch orientierten Appendix der Fachwissenschaft degeneriert. Ihre geringen Stundenanteile am Gesamtstudium lassen auch kaum alternative Entwicklungen zu.

f. Abschied von der Einphasigkeit:

Hatten sich selbst die Kultusminister der von der SPD regierten Länder schon frühzeitig darauf geeinigt, einphasige Studiengänge in der Lehrerausbildung lediglich als Modellversuche zuzulassen, so haben diese Versuche in der gegenwärtigen Ausbildungslandschaft überhaupt keinen Platz mehr. Konsequenterweise hat deshalb der niedersächsische Landtag kürzlich auch das Ende des letzten noch existierenden Versuchs in Oldenburg beschlossen.

g. Abdrängung und Abwertung von Praxisbezügen:

Sofern Praxisbezüge überhaupt Bestandteil von Lehramtsstudiengängen waren, werden diese entwertet und an den Rand der Studiengänge abgedrängt. Es wird nicht etwa versucht, die praxisbezogenen Ausbildungselemente in den Rahmen einer wissenschaftlichen Ausbildungskonzeption, d.h. in den engen Zusammenhang zu erziehungs- und fachwissenschaftlichen Ausbildungsanteilen als integrierendes Moment zu stellen. Praxisbezogene Ausbildungselemente werden vielmehr als isolierte Blöcke konzipiert, die beliebig gegen andere nicht auf den Lehrerberuf praxisbezogene Einheiten austauschbar sein sollen. Auch dies entspricht der "Polyvalenzkonzeption".

h. Reduzierung von Erziehungs- und Gesellschaftswissenschaften:

Erziehungs- und erst recht gesellschaftswissenschaftliche Anteile im Studium werden reduziert. Für die Grund- und Hauptschul- sowie Realschullehrerausbildung ergibt sich in dieser Hinsicht ein Rückschritt gegenüber dem Status quo. Die zögernd in dieser Beziehung reformierte Sekundarstufen-II- bzw. restaurierte Gymnasiallehrerausbildung wird dem alten praxisfernen Zustand wieder angenähert.

i. Trennung von Forschung und Lehre:

Durch immer detailliertere Vorschriften in Studien- und Prüfungsordnungen werden die Inhalte der Lehrerausbildung in immer stärkerem Maß festgelegt. Damit werden die Möglichkeiten, die Lehre aus der wissenschaftlichen Forschung heraus zu entwickeln, immer stärker eingeschränkt.

Aus dieser Analyse der allgemeinen bildungspolitischen Situation in der Lehrerausbildung ergibt sich für die Ausbildung von Deutschlehrern folgendes

Problem:
Wie machen sich diese Entwicklungen in der Ausbildung von Deutschlehrern in Nordrhein-Westfalen und den übrigen Bundesländern bemerkbar? Speziell
- bei der Ausbildung von Stufenlehrern?
- bei der Ausbildung von Primarstufenlehrern für den Lernbereich "Sprache"?
- bei der Fort- und Weiterbildung von Deutschlehrern an unterschiedlichen Schulformen?

II. Zur Entwicklung von Reformkonzepten für die Lehrerausbildung allgemein

Die Forderung nach "Professionalisierung" ist nach wie vor die Grundlage für wissenschaftliche Lehrerausbildung. Professionalisierung meint einerseits die Orientierung der Ausbildung an der Berufstätigkeit des Lehrers und damit die Qualifizierung des Auszubildenden für die Aufgabe des Lehrers. Andererseits meint Professionalisierung: In dem Maße, in dem diese Aufgaben als zentrale Erziehungs- und Sozialisationsaufgaben begriffen werden als ein wesentlicher Demokratisierungsauftrag unserer Gesellschaft, muß die Ausbildung von Lehrern eine wissenschaftliche Ausbildung sein.

Freilich ist nicht zu übersehen, daß wir von der Durchsetzung einer wissenschaftlichen und demokratischen Ausbildung für alle Lehrer im Sinne der Professionalisierung noch weit entfernt sind. - Dies wird im folgenden noch genauer ausgeführt. -
Die staatlichen Maßnahmen und Instrumente zur "Studienreform von oben" (mit überregionalen Reformkommissionen u.ä.) ermutigen nicht zu der Hoffnung, diesen Zielen in absehbarer Zeit näher zu kommen. Dabei ist unschwer zu beobachten, daß der Lehrer in seiner Berufstätigkeit zunehmend gefordert und belastet wird:
- Inhalt und Form der Unterrichtstätigkeit sind differenzierter geworden.
- Der Zwang zur fortlaufenden Vermittlung neuer Inhalte im Unterricht ergibt sich aus der zunehmenden Differenzierung und ständigen Fortentwicklung der Wissenschaften. Dies bedeutet für den Lehrer, daß er sich ständig über die Wissenschaftsentwicklung informieren muß (individuelle Weiterbildung) und bei der konkreten Vorbereitung des Unterrichts sich mehr Fachkompetenz aneignen und mehr Arbeit und Zeit aufwenden muß.
- Dabei muß der Lehrer insbesondere die Fähigkeit zur Kooperation bei der Planung und Organisation von Unterricht entwickeln und einsetzen.

- Bei der Planung von Unterricht und der Entwicklung von Lehrplänen ist es notwendig, daß der Lehrer Methoden und Ergebnisse der Curriculum-Forschung berücksichtigt und einsetzen kann.
- Das demokratische Lernziel der Erziehung der Schüler zu kritischen und mündigen Bürgern verlangt vom Lehrer insbesonders Fähigkeiten zur Entwicklung neuer Unterrichtsmethoden, vor allem des projektorientierten Unterrichts.
- Zugleich verlangt dieses demokratische Lernziel, daß der Lehrer Fähigkeiten der Leistungsbeurteilung entwickelt und anwendet, die sich nicht am Prinzip der sozialen Selektion orientieren, sondern am Prinzip der Förderung aller Schüler im Sinne der Chancengleichheit.
- In dem Maße, in dem in einer demokratischen Schule die Eltern an der Erziehungsarbeit konkret beteiligt werden, muß der Lehrer die Fähigkeit entwickeln, mit Eltern zu kooperieren.

Die bisher bekannt gewordenen "Empfehlungen" und Vorstellungen staatlicher Studienreformkommissionen berücksichtigen diesen Tatbestand kaum. Sie beschränken sich in der Regel auf Vorschläge zu Teilreformen des Studiums, ohne daß erkennbar wird, welchen Stellenwert diese Teilreformen für die gesamte Lehrerausbildung haben können und sollen. Über Teilreformen aber liegen nachgerade genug Erfahrungen vor: Zu jedem denkbaren Teilbereich der Lehrerausbildung gibt es Modellversuche verschiedener Art und mit unterschiedlichen Ergebnissen. Will man die fortschrittlichen Erkenntnisse aus solchen Modellen nicht wieder verlieren und hinter den erreichten Stand der Reformdiskussion zurückfallen, so geht es weniger um die staatliche "Verordnung" von Teilreformen als um die Entwicklung und Diskussion eines Gesamtkonzepts der Lehrerausbildung. Ein solches Gesamtkonzept wird und muß auf den fortschrittlichen Erkenntnissen einzelner Reformmodelle basieren. Zugleich aber kann der Stellenwert von Teilreformen erst eingeschätzt werden, wenn diese sich aus einem Gesamtkonzept legitimieren lassen.

Problem:
Ein Gesamtkonzept für eine demokratische Lehrerausbildung, das den Anforderungen und Belastungen des berufstätigen Lehrers gerecht wird, muß deshalb entwickelt werden aus den Grundforderungen nach
- wissenschaftlicher Lehrerausbildung,
- berufsbezogener Lehrerausbildung,
- integrierter Lehrerausbildung.

Weiter müssen folgende Aspekte berücksichtigt und aufeinander bezogen werden:

a. Ausbildung führt zu Lernprozessen des Auszubildenden. Über formale Ausbildungsabschlüsse hinaus setzen sich diese Lernprozesse als Lernen im beruflichen Handeln im Rahmen formeller und informeller Fort- und Weiterbildung fort. Ein Reformkonzept der Lehrerausbildung muß deshalb den Bereich der Fort- und Weiterbildung einbeziehen.

b. Die Aus-, Fort- und Weiterbildung von Lehrern findet an verschiedenen Orten statt: an der Hochschule, der Schule und in Institutionen außerhalb der Hochschule wie Gesamt- oder Studienseminar, Fortbildungsinstituten u.ä.. Ein Reformkonzept muß sich deshalb auf alle diese Ausbildungsorte erstrecken und diese miteinander verbinden.

c. Wissenschaftliche, berufsbezogene und integrierte Lehrerausbildung ba-

siert auf dem Zusammenhang von
- Forschung als Grundlage jeder wissenschaftlichen Lehrtätigkeit, Qualifikation und Berufstätigkeit;
- Realisierung eines arbeitnehmerorientierten Theorie-Praxis-Bezugs in der berufs- und tätigkeitsfeldbezogenen Ausbildung;
- und der Qualifikation der Ausbilder als Grundvoraussetzung für eine qualifizierte Ausbildung.

Reformelement: Theorie-Praxis-Forschung

Sowohl die Geschichte der Lehrerausbildung als auch die aktuelle Diskussion um Studienreform und Reform der 2.Ausbildungsphase dürften zeigen, daß und wie die Vernachlässigung einer wissenschaftlich fundierten Konzeption vom Theorie-Praxis-Bezug der Lehrerausbildung dazu beigetragen hat, die Lehrer und ihre berufliche Tätigkeit, die lehrerausbildenden Wissenschaften und die Studierenden zum Spielball politischer Interessen- und Machtkämpfe zu machen. Unter diesem Aspekt wäre es bereits eine wichtige, aber uneingelöste Aufgabe der Theorie-Praxis-Forschung, aufzuklären, welche historischen, politischen und gesellschaftlichen Ursachen das feststellbare Auseinanderklaffen von Theorie und Praxis in der Lehrerausbildung hat, wem es genützt und geschadet hat und heute nützt und schadet, welche Auswirkungen es hat für die Entwicklung, Stagnation und Veränderung des Schul- und Bildungssystems in der Bundesrepublik, und zwar unter historischen wie international-vergleichenden Aspekten.

Eine umfassende und systematische Theorie-Praxis-Forschung muß vorliegende Analyseansätze weiterentwickeln und vor allem herausarbeiten, welche Innovationen für eine einheitliche wissenschaftlich und gesellschaftlich verantwortete demokratische Lehreraus- und -weiterbildung möglich und notwendig sind. Die wesentlichen Perspektiven ergeben sich dabei
- aus der hochschuldidaktischen Forschung und Theoriebildung,
- aus der fachdidaktischen Forschung und Theoriebildung,
- aus der gezielten Schul- und Unterrichtsforschung.

Reformelement: Schulpraktische Studien

In den gegenwärtigen Entwicklungen in der Lehrerausbildung zeichnet sich die Gefahr ab, daß Schulpraktische Studien - sofern sie überhaupt Studiengangsbestandteil sind - aus der 1.Phase der Lehrerausbildung (Studium) in die 2.Phase (Referendariat) verlagert werden. Auch wenn diese Gefahr abgewendet werden kann, so zeigen sich doch deutliche Tendenzen, durch Ausnahmeregelungen u.ä. Schulpraktische Studien jedenfalls an den Rand der Studiengänge und in eine untergeordnete Rolle abzudrängen oder sie darin zu halten. Angesichts dieser Situation ist darauf zu verweisen, daß Schulpraktische Studien für eine professionelle Lehrerausbildung die Chance bieten, zum inhaltlich integrierenden Element der divergierenden Komponenten der Lehrerausbildung zu werden. Sie können - richtig aufgebaut - zum Bezugspunkt wissenschaftlicher Studienanteile werden, von da aus die anwendungsorientierte Aneignung wissenschaftlichen Wissens und den Aufbau von beruflichen Handlungskompetenzen auf wissenschaftlicher Grundlage einleiten.

Die langen Traditionen in der Ausgestaltung des Praxisbezugs, insbesondere an den Pädagogischen Hochschulen, die vielfältigen Reformprojekte der vergangenen Jahre an alten und neuen Hochschulen lassen zwar nicht die Ableitung eines allgemein verbindlichen Modells zu, das für alle Hochschulstandorte Verbindlichkeit erlangen sollte; wohl aber gestatten sie die Formulierung von Prinzipien, die in verschiedenen Varianten in einem Gesamtkonzept Schulpraktischer Studien wiederkehren und leitende Gesichtspunkte für die weitere Entwicklung darstellen können.

Hervorzuheben sind vor allem drei Prinzipien:
- Das Prinzip der Integration: allgemeine und berufliche, theoretische und praktische Ausbildung dürfen nicht irgendwie nur additiv-unverbunden nebeneinander stehen. Vielmehr soll jedes Studienelement, jede Lehrveranstaltung, jede Studienphase usw. - mit unterschiedlicher Gewichtung, unterschiedlicher Bedeutung - allgemeine und berufliche Aspekte berücksichtigen, und zwar in theoretischer und praktischer Hinsicht.
- Das Prinzip der unmittelbaren Einbeziehung der Berufspraxis in das Studium: Berufspraxis soll nicht nur "theoretisch" diskutiert, sondern in eigenen Studienphasen und -elementen erkundet und erprobt werden.
- Das Prinzip der Einphasigkeit: Es folgt aus den Prinzipien der Integration und der Praxiseinbeziehung. Wissenschaftliche Ausbildung darf nicht in Phasen verlaufen, in denen Theorie ohne Praxis und Praxis ohne Theorie Ausbildungszweck ist. Wo es - wie in der Lehrerausbildung - zweiphasige Ausbildungsgänge gibt und die Zusammenfassung zur Einphasigkeit kurzfristig nicht realisiert werden kann, muß mindestens gewährleistet sein, daß die theoretische Phase Praxisphasen und -elemente und daß die Praxisphase Theorie einschließt.

Reformelement: Ausbildung der Ausbilder

Fundierte und systematische Ausbildung der Ausbilder ist für den Bereich der beruflichen Bildung eine alte Forderung. Für den Bereich der Lehrerausbildung ist sie kaum konkretisiert. Hier weckt schon der Begriff "Ausbilder" Befremden oder erregt gar Anstoß. Man tut gut daran, eben diesen Begriff auch für die Lehrenden in der Lehrerausbildung einzuführen, schon um deutlich zu machen, daß es einen gesellschaftlichen Anspruch darauf gibt, zu wissen und zu kontrollieren, ob und in welcher Weise diese Lehrenden für ihre Tätigkeit als Ausbilder von Lehrern qualifiziert sind.

Die Frage nach der Ausbildung der Ausbilder von Lehrern ist für die Entwicklung eines Gesamtkonzepts zur Reform der Lehrerausbildung unerläßlich. Und diese Frage darf sich nicht nur richten an die Lehrenden in der 1.Phase der Lehrerausbildung (Studium), sondern muß ausgeweitet werden auf den Kreis der verschiedenen Ausbilder in der 2.Phase (Referendariat). Vereinfacht gesagt: Reform des Studiums ohne Reform der 2.Ausbildungsphase kann nicht gelingen; Ausbildungsreform ohne Reform der Ausbildung der Ausbilder kann nicht gelingen.

Will man die auffälige Tabuisierung der Frage nach den Ausbildern durchbrechen und die Bedeutung dieser Frage für ein Gesamtkonzept der Lehrerausbildung durchsichtig machen, so muß man sich Klarheit verschaffen
- über die wissenschaftliche und berufliche Herkunft der Ausbilder in den verschiedenen Ausbildungsphasen (Rekrutierung der Ausbilder);
- über Gegebenheiten und Möglichkeiten einer Ausbildung, die den unterschiedlichen Ausbildungsaufgaben gerecht wird;
- und über die Konsequenzen einer solchen Ausbildung der Ausbilder für ein Gesamtkonzept der Reform der Lehrerausbildung.

III. Zum Diskussionsstand der Deutschdidaktik

Die folgenden Überlegungen wollen einige Grundprobleme, Fragestellungen, Entwicklungslinien und Aporien der gegenwärtigen Deutschdidaktik darstellen. Sie können den Diskussionsstand, der sich kaum überblicken läßt, nicht in allen Details referieren. Als methodisches Prinzip liegt diesen Überlegungen zugrunde, daß ein erreichter Diskussionsstand nicht ohne seine "Geschichte" begriffen werden kann.

Literaturdidaktik und Sprachdidaktik haben in der Bundesrepublik in der gesamten Nachkriegszeit eine in vielen Punkten gleichlaufende Entwicklung erfahren; z.B. die Entpolitisierung in der Restaurationsphase, die verfestigte Ausbildung eines dreigliedrigen Schulsystems und einer entsprechend differenzierten Lehrerausbildung. Parallel haben sie sich von ihren traditionellen "Bezugswissenschaften" emanzipiert und in den 7oer Jahren Verbindungen zu neuen Wissenschaften wie z.B. Kommunikationstheorie, Curriculumtheorie, Sozialisationsforschung und Ideologiekritik geknüpft. Zwischen Literatur- und Sprachdidaktik finden sich bis in die Schwerpunkte der Diskussion hinein Analogien: z.B. die Bemühungen um kompensatorischen Literatur- und Sprachunterricht, die Erweiterung des Textbegriffes, die Problematik um literarische wie sprachliche Normen sowie der kommunikationsdidaktische Ansatz für beide Bereiche. Vor diesem Hintergrund und der Tatsache, daß der Versuch einer Aufspaltung des Schul- und Hochschulfaches in "Sprache" und "Literatur" zurückgewiesen wurde, erscheint es legitim, sich in der großen Linie, um Wiederholungen zu vermeiden, auf Ausführungen zur Sprachdidaktik zu konzentrieren.

1. Die umfassenden Didaktiken der 5oer und 6oer Jahre

Allgemein läßt sich feststellen, daß die Zeit der "großen" Didaktiken vorüber ist. Die fachdidaktische Diskussion der 7oer Jahre ist, zu einem Teil jedenfalls, auffaßbar als Auseinandersetzung mit den umfassenden Didaktiken, die in den 50er und 60er Jahren entstanden sind. Es sind dies die Konzeptionen von Robert Ulshöfer, Erika Essen und Hermann Helmers. Allerdings sind diese Didaktiken häufig noch Grundlage für Deutschunterricht. An Ulshöfer und Essen orientieren sich Deutschlehrer an Gymnasien, die mit diesen Didaktiken während ihres Referendariats konfrontiert wurden, das - nicht ohne nachteilige Folgen - von der theoretisch-wissenschaftlichen Ausbildung abgetrennt war. An Helmers dagegen, dessen Didaktik Standardwerk in der 1.Ausbildungsphase (Studium) an Pädagogischen Hochschulen war, Volksschullehrer bzw. Grund- und Hauptschullehrer. Diese historischen Zusammenhänge müssen mitgedacht werden, wenn wir uns im folgenden auf zentrale inhaltliche und formale Besonderheiten der einzelnen Didaktiken konzentrieren.

Robert Ulshöfer

Die "Methodik des Deutschunterrichts" von Robert Ulshöfer erschien mit ihrem ersten Band 1952; sie wurde mehrfach überarbeitet. Ulshöfer hat sich bis heute an der Diskussion um die Reform des Deutschunterrichts beteiligt. Die nachfolgende Darstellung basiert auf der Ausgabe von 1970 bzw. 1971 (3).

a) Hervorstechende Merkmale der Didaktik von Ulshöfer sind
- ein ausgeprägter Wille zur Erziehung;
- Kristallisierung dieses Erziehungswillens um die Begriffe "Ordnung",

"Form", "Hervorbringung", "Gestaltung", "Sinn";
- Verstehen-Lehren und Gestalten-Lehren als die beiden Aufgaben des Deutschunterrichts;
- Erziehung als Erziehung zur Individualität, zum autonomen Ich.
Ulshöfer spricht nach Wilhelm von Humboldt vom "inneren Sprachsinn", den jedermann habe, bzw. vom "Gestaltungsvermögen": Und dieses "ist nichts anderes als die Fähigkeit, den Sinn eines Lebensvorgangs oder eines Seienden zu begreifen und durch die Sprache (...) darzustellen"(4). Sprachlehre will sich "in den Dienst der personalen Bildung" stellen (5). Sie will in diese Ordnung der Sprache einführen.

Problem:
- Liegt hier nicht tendenziell nahe, mit diesem "Sprachsinn" sich auf den Sprachsinn einer ästhetisch und sprachlich spezifisch gebildeten Mittelschicht festzulegen?
- Liegt darin nicht auch die Gefahr, daß sich sprachliche Ordnung als Ordnung vor aller Kommunikation verselbständigt?

b) Wohin man in dieser Didaktik auch sieht, überall geht es um die Ordnung der Sprache, der sich, so will es scheinen, die Menschen, die mit ihr umgehen, fügen müssen. "Der Satz strebt seinem Wesen, seiner Funktion und seinem Ursprung nach zur Satzung, zum Gesetz. Das Mhd. versteht unter 'Satz' das Festgesetzte, die Verordnung, den Vertrag, das Bündnis, den festgesetzten Willen und das vom Menschen als gültig Gesetzte, das Gesetz (...). Wenn die Urfunktion des Satzes nicht mehr anerkannt wird, verliert die Sprache ihre ordnungsstiftende Kraft; es löst sich der Sinnbezug von Mensch, Wort und Sache, von Subjekt und Objekt", (6).

Problem:
Sicherlich richtig ist, daß sprachliche Äußerungen verantwortlich gemacht werden müssen und daß sich jemand etwas dabei denken muß, wenn er spricht, auch, daß sich jemand beim Wort nehmen lassen muß. Aber:
- Bedeutet es nicht eine Verkürzung, daß in der Sprache selbst die Ordnung geborgen und verborgen sei und durch den "Satz" oder durch den entsprechenden Menschen nur geäußert zu werden brauche, wenn "Satz" wie oben beschrieben wird?
- Ist nicht der Mensch hier letzten Endes nur ein Sprachrohr für das, was die Sprache an Ordnungen für ihn parat hat?
- Scheint Sprache hier nicht vom Handeln weggenommen, dadurch ausgedörrt und unlebendig zu sein?
- Gewinnt Sprache dadurch nicht einen dem Handeln vorgeordneten Stellenwert?

c) Ein Schlüsselzitat: "Das Sprachwerk und der individuelle Sprachkosmos bedürfen der sinngebenden Mitte; diese wird gebildet durch Urbilder und Urworte, Grundbegriffe und Grundsätze. Wo immer Sprache geordnet ist, ist sie es durch Kernwörter und Kernsätze. Alle früheren Zeiten hatten solche Grundbegriffe und Richtsätze, durch welche sich ihr Denken und Weiterleben ordnete. Im Hochmittelalter kristallisierte sich die Sprache der Vornehmen und Gebildeten um die Grundbegriffe und Lehrsätze des ritterlichen Sittenkatalogs und der thomistischen Ethik; im 18.Jahrhundert um die Begriffe Humanität, Maß, Persönlichkeit, Toleranz; im 19.Jahrhundert um Gott, Freiheit, Vaterland. In unserer Zeit gibt es für viele Redner, Schreiber und Hörer keine Kristallisationsbegriffe mehr; sie wissen nichts von der gesetzgebenden Funktion der Sprache. Damit verliert ihre Sprache die Richtungspunkte, sie wird spielerisch, unverbindlich". (7)

Problem:
- Wird hier nicht übersehen, daß mindestens in den zuletzt aufgeführten
Begriffen, wie wir heute wissen, Verlogenheit und Pathos, überzogener
Nationalismus, Engstirnigkeit und sozialer Chauvinismus mitschwingen?
- Wird hier nicht verschwiegen, daß "Lebenssinn", d.h. der Sinn, den wir
unserem Alltagsleben unterlegen, in Alltagsbegriffe eingebunden ist, die
das Alltagsleben deuten und interpretieren, und daß dieser alltägliche
Lebenssinn individuell und gruppenspezifisch verschieden ist und demnach
gruppenspezifisch aufgefaßt, ausgelegt und gewürdigt werden muß?

d) In einem Grundsatzkapitel: "Die Wechselwirkung zwischen Anthropologie,
Bildungsbegriff und Unterrichtsverfahren" fordert Ulshöfer, einen "personalen und sozialpädagogischen Bildungsbegriff zu entwickeln, der den Unterricht durchwaltet und der auf junge Menschen als Anspron wirkt" (8). Als
Merkmale dafür werden genannt:
"- soziale Betätigung in der Gemeinschaft;
- gesellig-gesellschaftliches Verhalten;
- Bereitschaft zum Dienst um einer Sache willen;
- Objektivität, Wahrhaftigkeit;
- Selbstdisziplin, Selbstkritik." (9)

Problem:
Richtig ist sicherlich, daß der Lehrer und der Didaktiker seine Schüler
nicht indoktrinieren darf, sie nicht in eine bestimmte Denkrichtung zwingen darf.
- Aber wird sich nicht jeder Lehrer auch darüber Gedanken machen müssen,
welche Position er selbst innerhalb der Gesellschaft vertritt und von
welcher Position her er seine Schüler verstehen muß?
- Wird nicht von dieser Position aus das Merkmal "Objektivität" zumindest
relativiert?

Erika Essen

a. "Kern des Deutschunterrichts ist die Tatsache, daß der Mensch sein Dasein in der Welt durch die Sprache verwirklicht und bewältigt. Dies ist
Voraussetzung für eine muttersprachliche Bildung, ist aber zugleich deren
Ziel." (10) "Sinn des Deutschunterrichts ist die K r ä f t i g u n g und
B i l d u n g des sprechenden Menschen durch seine Sprache." (11) Damit
stellt Erika Essen den Deutschlehrer unter die Verpflichtung, alles in
seinen Möglichkeiten Stehende zu tun, um jungen Menschen über Sprache zu
Selbstverwirklichung und Weltbewältigung zu verhelfen.

b. In dieser Methodik bzw. Didaktik, deren erste Auflage 1955 für das Gymnasium konzipiert war und deren (erneut) überarbeitete achte Auflage (1969)
auch "in Diskussion, Fachliteratur und Unterrichtsarbeit der Haupt-, Realund Berufsschule" (12) Eingang zu finden intendiert, wird immer wieder vom
Gespräch gehandelt. An vielen Stellen sind Klassengespräche protokolliert,
Klassengespräche zum Bereich Grammatik, zum Aufsatzunterricht, zur Betrachtung dichterischer Texte, zum Lesen, zu Problemen, die zum sonstigen
Klassenalltag gehören usw. Erika Essen zeigt in diesen Protokollen, daß sie
versucht, das Ziel Selbstverwirklichung und Weltbewältigung methodisch im
Dialog zu erreichen. Die Verschränkung von Ziel und Weg sieht Erika Essen
folgendermaßen: "Da aber nur die Betätigung der Kräfte zu deren Erkenntnis
führen kann, arbeitet der Deutschunterricht in einer eigenartigen gegenseitigen Durchdringung von Handeln und Erkennen. Das Handeln überwiegt, da

es sowohl Grundlage als Sinn des Erkennens ist. Das gibt dem Fach Deutsch seine intensive Lebendigkeit vom 1.Schuljahr an bis zur Oberprima." (13)

c. Fragt man nun nach dem Sprachunterricht im engeren Sinne, nach seinen Voraussetzungen, nach seinen Zielen und seinem methodischen Verfahren, stößt man auf folgende Überlegung: "Indem wir zur Sprache erziehen, setzen wir Sprache voraus. Wir rechnen mit den im Menschen ursprünglich lebendigen Sprachkräften, zugleich erstreben wir nichts anderes als eben die Entwicklung dieser Sprachkräfte im jungen Menschen." (14) Und: "Die m e t h o - d i s c h e A b s i c h t dieses Buches ließe sich am ehesten bezeichnen als das Bestreben, aufzubauen auf das natürlich Gegebene, hinzuarbeiten auf das natürlich Mögliche, auf der Suche nach dem Weg der natürlichen Entwicklung. Ziel ist die geistige Durchdringung, Klärung und Ordnung des sprachlichen Verhaltens: der junge Mensch möge auf den rechten Weg kommen, seinem Dasein in Sprachlichkeit frei und sicher zu entsprechen (...)" (15).

Das Buch ist geschrieben, als die Soziolinguistik, also die Code-Forschung, in Deutschland noch nicht bekannt war. Erika Essen hat die Ansätze dieser Forschungsrichtung in ihren Arbeiten der späten 6oer und 7oer Jahre aufgenommen.

Problem:
- alle beteiligten Kräfte wirken im Gleichmaß harmonisch zusammen;
- Interessengegensätze sind ausgleichbar;
- provoziert wird die Vorstellung eines stetigen Wechsels von Spannung und Lösung;
- das im Gespräch Richtige wird hypostasiert zum ethisch "Rechten";
- jeder einzelne hat in sich die Grundvorstellung der rechten Proportionen von der Welt;
- letztlich sind Interessengegensätze vordergründig vor der Perspektive ausgleichender Beziehungen aller zueinander;
- trifft all das angesichts der vielschichtigen Wirklichkeit, in der wir, die Schüler und die Lehrer, leben?
- Schlägt hier nicht das Dialogische als harmonisierendes Prinzip so durch, daß davon abgesehen wird, daß Ausgleich durch Sprachhandeln nur eine Seite der menschlichen Möglichkeiten ist und daß wir mit dialoghemmenden und dialogzerstörenden Faktoren rechnen müssen?
- Erscheint hier nicht das Klassenzimmer als Insel, in dem gegen alle sonstige Praxis Kommunikation im idealtypischen Sinn zu praktizieren ist?
- Wird nicht für den Deutschunterricht eine "ideale Kommunikationssituation" gefordert, die kommunikative Erfahrungen machen läßt, die nicht auf das Handeln außerhalb der Klasse übertragbar sind?
- Muß man nicht weiter vermuten, daß man den Zielperspektiven in einer Klasse nur dann Raum verschaffen kann, wenn man alles ausscheidet, was ihnen nicht entspricht, was also die ideale Kommunikationsgemeinschaft zu stören scheint?

Vor diesem Hintergrund stellen sich einige weitere Fragen zu dieser Didaktik:
- Ist diese Sprachbetrachtung nicht lediglich geeignet für sprachlich schon hoch sensitive Kinder?
- Ist nicht Sprachbetrachtung hier auch ein hochwirksames Ausleseinstrument, vielleicht ungewollt, aber doch diejenigen treffend, die wegen ihrer Sozialisation mehr Sinn für das, was gesagt ist, haben und weniger auf die kunstvolle und spannungsreiche Formung von Sprache achten können?

Hermann Helmers

a. Die erste Auflage von Helmers' "Didaktik der deutschen Sprache" erschien 1966. Ihr folgte 197o die fünfte, aus der hier weitgehend zitiert wird (16). 1979 erschien die 1o.Auflage. - Die folgenden Ausführungen wollen sich weder aus der Perspektive des Jahres 198o einzig mit der ersten Auflage dieser Didaktik auseinandersetzen, noch wollen sie der Streitfrage nachgehen, ob und wann zwischen welchen Neuausgaben entscheidende Revisionen vorgenommen wurden. Sie wollen vielmehr den einen oder anderen Zugriff oder Argumentationszusammenhang sichten, der - von unbedeutenden Änderungen einmal abgesehen - in verschiedenen Auflagen zu finden ist, der wiederholt kritisiert wurde und der somit konstitutiv für diese Didaktik und die Geschichte ihrer Rezeption erscheint.

b. Helmers kommt das Verdienst zu, in der Ära nach Adenauer eine alle Teilbereiche des Deutschunterrichts umfassende Reform-Didaktik erarbeitet zu haben. Sie nimmt zudem erstmals eine horizontale Einteilung nach Bildungsstufen vom 1. bis 13.Schuljahr und nicht eine vertikale Trennung nach Schularten in bezug auf die didaktisch-methodischen Probleme vor. Damit füllt diese Veröffentlichung eine beachtenswerte Lücke; eine Funktion, die ihr mit Sicherheit noch längere Zeit nicht streitig gemacht werden kann. Prinzipiell zu begrüßen ist auch das Bemühen des Verfassers um eine wissenschaftliche Begründung des Deutschunterrichts aller Schulformen und Schulstufen. Gleiches gilt für die Ablösung des bildungstheoretischen Ansatzes durch mehr oder minder überprüfbare Lernziele, im Kontext der Entstehungszeit für den Versuch der Entideologisierung des Deutschunterrichts analog Helmers' Abwendung vom Gesinnungslesebuch zugunsten einer Besinnung auf das spezifisch Literarische (17) - und die Absage an eine bloße Didaktisierung der zuständigen Fachwissenschaften.

c. Die aufgezeigten positiven Aspekte können und sollen allerdings den Blick nicht für Schwächen dieser Didaktik verstellen: So bleibt der Widerspruch zwischen Helmers' Zielvorstellung, "keine bestimmten Verfahren oder Gehalte des Deutschunterrichts vorschreiben" zu wollen (18), und der Fülle seiner normativen Aussagen unaufgelöst. Zwar übt er Verzicht "auf eine vorgetäuschte Vereinheitlichung" und "stellt ohne Ableitung aus einem Prinzip die Teilbereiche des Sprachunterrichts dar" (19), doch wird damit das Ergebnis seiner Didaktik "synkretistisch" (20), dessen Wertschätzung durch Hoppe unverständlich bleibt oder allenfalls aus der problematischen Entscheidung für einen vermeintlich wertfreien Deutschunterricht erklärbar ist (21).

Aus den vier traditionellen Teilbereichen (Sprechen, Schreiben, Lesen, Verstehen) und dem Rückgriff auf die Kategorien "recte" (bezogen auf das Repertoire) und "bene" (bezogen auf die Gestaltung) der antiken Rhetorik gewinnt Helmers sein System der acht bzw. sieben Lernbereiche:

Schematische Darstellung der sieben Lernbereiche des Deutschunterrichts (22)

	Sprechen	Lesen	Schreiben	Verstehen
Repertoire	Sprachübung		Rechtschreib-unterricht	Sprach-betrachtung
		Leselehre		
Gestaltung	Sprech-erziehung		Aufsatz-unterricht	Literatur-unterricht

Dieses System enthält Ungenauigkeiten und Widersprüche. So ist Lesen ohne Verstehen nicht denkbar, und die vorgenommene Einordnung des schulischen Aufsatzes kann zu dem "Trugschluß" führen, "Aufsatzunterricht sei nur ein Problem des 'schönen' Schreibens, nicht des 'richtigen' Sprachhandelns." (23)

Vor allem aber ist in diesem Zusammenhang festzuhalten: Helmers "nimmt eine historisch entstandene Gliederung des Deutschunterrichts als unbefragte Voraussetzung (liefert dabei bestenfalls eine pseudorationale Begründung mit Hinweis auf die moderne Informationstheorie und die antike Rhetorik) und leitet daraus seine Ziele ab. Auch er akzeptiert all das, was sich historisch durchgesetzt hat. Daß aber historisch herausgebildete Unterscheidungen und damit die historisch entstandenen Lernziele keineswegs immer vernünftig sind, sondern der kritischen Überprüfung bedürfen, bleibt unbeachtet." D.h. die von Helmers intendierte wissenschaftliche Begründung der "Didaktik der deutschen Sprache" findet aus der Perspektive moderner Wissenschaftstheorie allenfalls in Ansätzen statt (24).

d. Das Defizit an wissenschaftlicher Rechtfertigung spiegelt sich in Helmers' Lernzielfixierung für einzelne Bereiche erneut: "Lernziel der Sprachübung ist der grammatisch richtige Gebrauch der Sprache." (25) Um dieses Ziel zu erreichen, läßt Helmers in der Primarstufe die "Reihung" mit der Absicht "der Übergabe von Leitschemata ('patterns') an das Sprachgefühl" üben (26). Es geht also nicht um das "kommunikativ-effektive sprachliche Handeln, das auf Intentions-, Situations- und Partneradäquatheit abzielt" (27), sondern um das Kriterium der grammatischen Richtigkeit, deren Beherrschung im Sinne der Hochsprache durch den aus der Fremdsprachendidaktik unreflektiert übernommenen pattern-drill erreicht werden soll. - Die Kennzeichnung als "pattern-drill" wurde in der späteren Diskussion als überzogen kritisiert, das entsprechende Kapitel von Helmers in der 8.Auflage der Didaktik überarbeitet.

Im Grammatikunterricht hält Helmers an der traditionellen Schulgrammatik fest, obwohl dem gewichtige Forschungsergebnisse entgegenstehen. Die Rechtfertigung des Grammatikunterrichts sieht er einmal in dem Umstand, daß die "Sprachbetrachtung" einen eigenen Lernbereich darstelle. D.h. ihm unterläuft beim Grammatikunterricht ein "Zirkelschluß, da er dessen Lernziele mit Hinweis auf einen 'spezifischen Lernbereich' begründet, die Festlegung eines eigenen Lernbereichs seinerseits nur mit dem Hinweis auf bestimmte Lernziele rechtfertigen könnte." Zum andern ergänzt Helmers in der 7.Auflage seiner Didaktik zur Begründung des Grammatikunterrichts den völlig neuen Aspekt: "Indem die Sprachbetrachtung in der Schule sich kritisch mit den überlieferten linguistischen Erkenntnissen auseinandersetzt und sie konfrontiert mit modernen Forschungsergebnissen, leistet sie der Gesamtaufgabe muttersprachlicher Bildung den besten Dienst. Sprache soll erkannt werden in ihrer Manipulierbarkeit, so daß sich der Sprachbenutzer emanzipieren kann. Ziel der Sprachbetrachtung ist also eine Haltung gegenüber der Sprache, die aufgrund kritischer Einsichten verhindert, daß Sprache manipulativ angewandt werden kann." (29) Hier aber wäre mit Diegritz/König zu fragen: "Ist die traditionelle Schulgrammatik geeignetes Mittel, um zu erkennen, daß semantische Normen der Sprache ungerechtfertigt bzw. Ausdruck ungerechtfertigter Herrschaftsinteressen sein können? Die Antwort muß eindeutig negativ ausfallen. Zu wissen, was ein Gliedsatz, was ein Subjekt ist und nach welcher Präposition der Dativ steht, ist im Hinblick auf diesen Zweck nicht gerechtfertigt - im Gegenteil, der Grammatikunterricht könnte eher dazu beitragen, die Einsicht in eine mögliche Manipulierbarkeit durch

Sprache zu verschleiern." (30)

Problem:
"Helmers ist schwerer zu entkräften als zu widerlegen, ein zentraler Deutschdidaktiker, der beträchtliche Anteile der Fachdiskussion und vor allem der Lehrerzimmer besetzt hält. Die Gefahr liegt kaum in der positiven Überzeugungsgewalt dieses Konzepts - Helmers blendet nicht, formuliert eher zu trocken als zu brillant oder mitreißend -, sie liegt in seiner objektiven Position. Es faßt wie kein anderes Standardwerk den Minimalanspruch des (Deutsch-d.Verf.)lehrers zusammen." (31) - Dringendes Bedürfnis ist also eine lehrerfreundliche Didaktik des Deutschunterrichts, die ähnlich umfassend wie die referierte ansetzt und die Helmers' Proklamation nach wissenschaftlicher Begründung der Didaktik der deutschen Sprache konsequent verwirklicht.

2. Die Diskussion der 7oer Jahre

Vorbemerkung: Die Diskussion der 7oer Jahre nimmt alle diese Fragen auf. Sie wird bestimmt durch das Bewußtsein, eine "Bestandsaufnahme Deutschunterricht" (32) machen zu müssen.

Die 7oer Jahre suchen nach einer Orientierung für eine neue Didaktik. Wenn man in Betracht zieht, welche Entwicklungen sich nach 197o vollzogen haben, scheint eine umgreifende Didaktik des Deutschunterrichts auch vorstellungsmäßig kaum noch realisierbar. Die Entwicklung der Curriculumtheorie, die Forschungen zur Kommunikation, zum sprachlichen Handeln, zum situativen Sprachgebrauch, zur Literaturtheorie und Literatursoziologie, zur Wissenschaftstheorie, zur Rollentheorie usw. sind derart umfangreich und stellen eine solch neue Qualität dar, daß ihre Verarbeitung für eine Didaktik der Schule erst in Ansätzen geleistet ist. Einer umfassenden Didaktik steht auch die immer weitergehende Spezialisierung einzelner Wissenschaftsbereiche im Kontext der Sozialwissenschaften im Wege. Wenn man schließlich mit der Forderung Ernst machen will, schulische Inhalte mit Experten aller Bereiche, mit verschiedenen Interessengruppen der Gesellschaft, aber auch mit den unmittelbar Betroffenen, also den Schülern, zu diskutieren und für eine ständige Korrektur offen zu halten, ist kaum abzusehen, wann ein solches Curriculum, ohnehin nur als Rahmen denkbar, verwirklicht werden wird. Bis dahin behilft sich die Schule eigentlich mit vorläufigen Lösungen oder mit der Praktizierung des Überkommenen.

Diese Entwicklung wird in den letzten Jahren zunehmend durch die Kultusbürokratie unterstützt und vorangetrieben, vor allem durch die zunehmende Bevormundung im Zusammenhang mit Genehmigungsverfahren von Lehrmitteln. Hier macht sich die Tendenz breit, wichtige demokratische Fertigkeiten, die im Unterricht entwickelt werden sollen, aus dem Bereich didaktischer Ziele wieder zu verdrängen. Hervorstechendes Beispiel: die Auseinandersetzung um die Erziehung zur "Konfliktfähigkeit".

Didaktik der Alltagskommunikation:

a. Wesentlicher Gegenstand der Diskussion der 7oer Jahre ist die Auseinandersetzung um die Didaktik der Alltagskommunikation: In einer Situation, in der die Orientierung an vorgegebenen Ordnungsgefügen der Sprache nicht mehr ausreicht, in der auch die Suche nach dem Konsens durch Dialog der Beobachtung tatsächlicher Kommunikationssituationen nicht standhält, sucht man sein Heil in der Reflexion auf alltägliche Kommunikation selbst. Es läßt sich wohl sagen, daß die Didaktik des Deutschunterrichts von der in den 7oer Jahren sich stark entwickelnden Kommunikationsforschung außerordentlich wichtige, noch längst nicht zureichend verarbeitete Impulse empfängt. Dabei kommt es zu Orientierungen vor allem an der neu entstehenden Pragmalinguistik, an der Massenkommunikationsforschung und an einer Wissenschaftstheorie, die versucht, sozialwissenschaftliches Erkennen in Verbindung mit den Betroffenen zu halten. Es ist unmöglich, alle einzelnen Aspekte dieser Entwicklung darzustellen.

b. Zugleich entwickelt sich eine gewisse wissenschaftstheoretische Grundorientierung in dieser Richtung. Seitdem Habermas in seinem grundlegenden Aufsatz von 1971, der sich wie kaum eine andere wissenschaftliche Äußerung als allgemeines Basiswissen didaktisch bemerkbar macht, empirische Pragmatik, Universalpragmatik und Linguistik voneinander unterscheidet und den verschiedenen Wissenschaftsbereichen verschiedene Aufgabenstellungen zuweist, wird erkennbar, daß sich didaktische Diskussion in einer Richtung bewegt, die den Schüler im Bereich seines pragmatischen Handelns mit den Mitteln einer empirischen Pragmatik erreichen will. Grundannahme ist dabei: nur wenn alle Gesprächsteilnehmenden gleichmäßig das Recht haben, alle Sprechakte, die der Gemeinschaft zur Verfügung stehen, zu benutzen, wird Diskurs möglich. Solche Sprechakte gehören aber nach Habermas zu den allgemeinen, Kommunikation erst allgemein ermöglichenden und herstellenden Bedingungen menschlicher Gemeinschaft.

Problem:
- Die Konstellation Lehrer-Schüler im Unterricht stellt die Möglichkeit eines Diskurses dieser Art von vornherein in Frage; unter den Bedingungen des Erziehens, des Lehrens und Lernens scheint das Recht, alle Sprechakte wechselseitig zu benutzen, definitionsgemäß außer Kraft gesetzt. Es bleibt die Frage: Welche Schwierigkeiten ergeben sich für die Konzipierung einer Didaktik des Deutschunterrichts im Hinblick auf diese Problematik?

c. Vielfach rezipiert worden sind auch die Axiome zur Kommunikation, die Watzlawick erarbeitet hat. Vor allem die Überlegungen, daß Sprache neben dem Inhaltsaspekt immer auch einen Beziehungsaspekt hat, sind, gerade für das Gespräch in der Klasse, wichtig geworden. Der diesen Zusammenhang erhellende Begriff, der zugleich auch Zusammenhänge zur Sprachtheorie von Habermas herstellt, ist "Metakommunikation". Für Habermas bedeutet Metakommunikation die Fähigkeit des Sprechers, bei der Vermittlung von Inhalten seine Intention dem Gesprächspartner gegenüber verständlich zu machen. Nach Watzlawick trägt Metakommunikation mehr eine therapeutische Einfärbung; d.h. vor allen Dingen, in nicht mehr "stimmender" Kommunikation das eigene "Meinen" als Partner unter Partnern nachzufragen und entsprechend zu regulieren. Metakommunikation wird für den Lehrer dann wichtig, wenn das Klassengespräch selbst in den Blickpunkt gerät. In diesem Zusammenhang werden auch Bemühungen um Projektunterricht oder projektorientierten Unterricht wichtig, die ohne eine kommunikativ stimmige Basis zwischen Lehrer und Schüler nicht denkbar sind, wenn Projekte gemeinsam ausgehandelt und in all ihren Schritten durchgeführt werden sollen.

Problem:
- Welche Rolle spielt Metakommunikation für Lernprozesse im Deutschunterricht, speziell im Projektunterricht oder projektorientierten Deutschunterricht?

- Wie sind die Ansätze einzuschätzen, die Metakommunikation selbst zum Lernziel des Deutschunterrichts machen?

Explizit politische Didaktik-Vorstellungen:

a. Im Gefolge der Frankfurter Schule und marxistischer Wissenschaftler (im engeren Sinn) will das Bremer Kollektiv Verpflichtungen aus der deutschen Geschichte, wie sie sich in dem bekannten Satz "Nie wieder Auschwitz!" niederschlagen, zur didaktischen Basis eines politisch verankerten Deutschunterrichts machen und mit Hilfe der Schule den Gegensatz zwischen kapitalistischer Wirtschaftsordnung und Angeboten des Grundgesetzes in der Bundesrepublik Deutschland zugunsten einer emanzipatorischen Lösung im Sinne einer Demokratisierung der Gesellschaft in allen Bereichen aufheben: "Die allgemeine politische Demokratie bürgerlicher Provenienz, die sich für die große Mehrheit der Bevölkerung darauf beschränkt, alle paar Jahre per Akklamation Mandatsträger in Parlamente zu schicken, ist nicht die Vollendung der Demokratie, sondern bescheidener Ansatz und Beginn eines Prozesses, der in wichtigeren Bereichen seine Fortsetzung finden wird. Die kapitalistischen Herrschaftsverhältnisse in Wirtschaft und Gesellschaft und die korrespondierenden autoritär-hierarchischen Machtstrukturen in Staat, Verwaltung, Schule, Militär, Massenmedien etc. müssen auf dem Weg über Mitbestimmung demokratisiert und schließlich durch Autonomie der unmittelbar Beteiligten ersetzt werden. Diesem obersten Ziel hat sich jeder Unterricht unterzuordnen. Damit scheiden eo ipso alle Inhalte und Methoden für den Deutschunterricht aus, die ihm zuwiderlaufen."

Nun ist freilich für den Unterricht wenig gewonnen, wenn es bei dieser abstrakten Programmatik sein Bewenden hat. Der historisch-soziale Prozeß ist nicht das Werk der Selbstverwirklichung einer inhärenten Weltvernunft oder abstrakten Gesetzmäßigkeit, auf deren Realisierung es zu warten gilt, sondern konkret lebender Individuen, die nicht zu Demokraten geboren, wohl aber mittels Erziehung dazu gemacht werden können. Folglich tritt neben das allgemeine Fernziel gleichwertig ein konkreteres: *Die Emanzipation des Individuums*, d.h. *die Ablösung aus individueller und sozialer Heteronomie durch die Befähigung des Schülers, sie zu erkennen und im politischen Handeln zu überwinden.* Im Zentrum des Unterrichts steht der Schüler, einerseits als durch Sozialisation bereits weitgehend determiniertes Objekt, das für seine Prädispositionen, bei denen ein politischer Deutschunterricht anzusetzen hat, individuell nicht haftbar gemacht werden kann; zum anderen als potentiell freies politisches Subjekt. Der Deutschunterricht muß im Rahmen seiner bescheidenen Mittel und Möglichkeiten dazu beitragen, einen Schritt weiter auf dem Weg zur sozialen Selbstbestimmung der Schüler zu gelangen.(33)

- Auch die Versuche der Lüneburger Gruppe, Deutschunterricht am Kommunikationsverhalten innerhalb der Gesellschaft zu orientieren, haben diese politische Grundrichtung. - Nachzutragen wäre, daß zwischen kommunikativem und ideologiekritischem Deutschunterricht vielfältige Berührungspunkte und Wechselbeziehungen bestehen und die Trennung hier nur aus Gründen der Systematisierung vorgenommen wurde.

b. Den Prüfstein dafür, wie weit eine Deutschdidaktik im politischen Selbstverständnis einer Gesellschaft verankert werden kann, liefern die "Hessischen Rahmenrichtlinien für das Fach Deutsch an der Sekundarstufe I". Sie sind in den 70er Jahren zum Kristallisationspunkt dafür geworden, was bestimmte Kreise der bundesrepublikanischen Öffentlichkeit an konkret-politischer Verankerung des Deutschunterrichts für verkraftbar halten. (34)

Hubert Ivo, der mit seinem Buch "Kritischer Deutschunterricht" (35) die Diskussion um den Deutschunterricht in Gang gebracht hat, ist einer der Mitverfasser der Rahmenrichtlinien in Hessen von 1972. Er sieht die Brisanz der Rahmenrichtlinien Deutsch "in der Bejahung zweier grundlegender Forderungen:

1. Die neuen Lehrpläne in Form von Rahmenrichtlinien sollen - soweit dafür das Fach Deutsch überhaupt einen Beitrag leisten kann - am Abbau sozialer Bildungsbarrieren, Bildungsbeschränkungen mitwirken.

2. Sie sollen so gehalten werden, daß die Inanspruchnahme der Schüler durch e i n z e l n e mächtige Erziehungspotentiale erschwert oder nach Möglichkeit unterbunden sein würde.

Die "Rahmenrichtlinien Deutsch" (RRD) sind insofern tatsächlich 'einseitig' zu nennen, als in den verschiedenen Lernbereichen und Lernstufen des Deutschunterrichts nach der Realisierbarkeit dieser beiden Forderungen gesucht wurde, die so, jedenfalls der Absicht nach, zu den tragenden Pfeilern der Konzeption wurden.

Folgende 'Gewißheiten' waren Voraussetzung der Arbeit:
Die Integration der jeweils nachfolgenden Generation in die erreichten sozio-kulturellen Muster vollzieht sich in der neueren Geschichte zunehmend auch über die Institution Schule. Sie gehört heute mit dem 'Elternhaus' und der 'medialen Öffentlichkeit' zu den drei Einrichtungen, in denen sich diese Integration vollzieht. Die einzelnen Kinder und Jugendlichen sollen entsprechend den Idealen bürgerlicher Aufklärung die gleichen Zugänge zu den erreichten sozio-kulturellen Standards erhalten; Barrieren, die solche Zugänge für einzelne Schüler oder für Gruppen von Schülern erschweren oder gar versperren, müssen abgebaut werden." (36)

Problem:
- Welche Einzelaspekte und Ansätze in dieser Entwicklung erweisen sich als tragfähig für die Konzipierung einer demokratischen Didaktik des Deutschunterrichts?
- Welche Rolle spielt dabei insbesondere der Gedanke der "Demokratisierung der Gesellschaft" für die Entwicklung eines emanzipatorischen und kritischen Deutschunterrichts?
- Und wie geht in solche Ansätze die grundlegende sozial-geschichtliche Perspektive des Lernens aus der Geschichte ein, wie sie vor allem durch Adorno mit dem Satz "Nie wieder Auschwitz" entworfen wurde?

Versuch einer vorläufigen Bilanz:

a. Die didaktische Diskussion der Zukunft muß herausarbeiten, welche Ansätze sich tatsächlich als fruchtbar erweisen. Niedergeschlagen hat sich jedoch weitgehend und wirkungsvoll die Grunderkenntnis der Soziolinguistik, daß das Sprachverhalten von Menschen nicht abtrennbar ist von deren Sozialisationsgang. Dem Deutschunterricht ist sie vermittelt worden etwa durch vielfältige Überlegungen zur sprachlichen Kompensatorik und zum sprachlichen Handlungsfeld der Schüler. Der Arbeitsbereich "Reflexion über Sprache" ist ohne soziolinguistische Überlegungen nicht mehr verstehbar, Aufsatzdidaktik und der Arbeitsbereich mündliche Kommunikation sind in vielen Sprachbüchern auf diesem Hintergrund erarbeitet worden. Dazu kommen pädagogische Entwürfe wie z.B. der von Schäfer und Schaller für eine kommunikative Didaktik. (37) Es hat sich das Bewußtsein dafür entwickelt, daß die Menschen durch ihre alltäglichen Situationen geprägt sind und daß man sie in ihren alltäglichen Situationen "abholen" muß. Im Deutschunterricht sind nicht mehr sprachliche Ordnungen schlechthin zu betrachten, sondern die inhaltlichen und alltags-situativ geprägten Bewußtseinsformen, die einzelne Sprecher und Sprechergruppen aus ihrem Alltagshandeln mitbringen.

Problem:
- Wie konkretisieren sich solche Erkenntnisse in den einzelnen Arbeits-/Lernbereichen des Deutschunterrichts?
- Welche Rolle spielt dabei die Erkenntnis, daß Sprache "symbolische Interaktion" ist; daß diese mit der Rolle des Sprechers, mit seinem Rollenbild und den Rollenbildern der Kommunikationspartner von ihm zusammenhängt?
- Welche Rolle spielt die Erkenntnis, daß Individualität und Ich-Identität Leistungen sind und wie kann der Deutschunterricht zu solchen Leistungen befähigen?

b. Die Forderungen der Rahmenrichtlinien - wie auch die des Bremer Kollektivs - entfachten dagegen einen öffentlichen Streit, der keineswegs "von gestern" ist. Kernpunkt der Auseinandersetzung war vor allen Dingen das Konzept, das die Rahmenrichtlinien für den Komplex "Sprache" und "Literatur" boten. Dazu kam als Hauptangriffspunkt das "konflikttheoretische Modell der Gesellschaft", das den Hessischen Rahmenrichtlinien für viele zugrundezuliegen scheint und schien. Dieses Modell, für Ulshöfer sozialistisch-revolutionär, ein Beispiel für "sozialistischen Soziologismus", geht davon aus, daß eine Einübung in die Hochsprache, zwanghaft, vorschnell und mit Sanktionen verbunden, weitgehende Auslese zur Folge hat. Die Schüler sollen vielmehr die Möglichkeit erhalten, Erfahrungen ihrer Welt, die zu ihrer Sozialisation gehören, auch weiterhin in der Sprache aussprechen zu können, in der sie diese Erfahrungen gemacht und sedimentiert haben. Die 'Bedrohung' des Arbeitsfeldes Deutschunterricht durch die Hessischen Rahmenrichtlinien von 1972 wird als so gravierend empfunden, daß sie in die Nähe der sozialistischen Erziehung der DDR gerückt oder in einzelnen Teilen linear mit dieser Erziehung verglichen werden. Negativ wird auch angemerkt, daß die "Hessischen Rahmenrichtlinien" keine gemeinsamen Zukunftsziele aller Schichten enthielten, weil der Klassengegensatz zwischen Herrschenden und Beherrschten gesellschaftstheoretisches Prinzip sei, aus dem monokausal Lernziele abgeleitet werden. Diesem Desiderat der fehlenden gemeinsamen Zukunftsziele stellt dann eine zukunftsorientierte Didaktik, wie sie Ulshöfer vor Augen steht, als Ziel die "Schaffung eines europäischen Nationalbewußtseins, eines kritischen nationalen Selbstverständnisses, Weltbürgerbewußtseins, Friedenserziehung" entgegen. Werde in den Hessischen Rahmenrichtlinien das Blickfeld der Schüler durch Indoktrination verengt, so soll es in der "zukunftsgerichteten Didaktik" Ulshöfers geweitet werden: "Weitung des Blickfeldes der Schüler nach allen Seiten. Immunisierung gegen Indoktrination". Wird kritisch festgestellt, die "Hessischen Rahmenrichtlinien" betonten die Sprache der sozialen Schichten und Gruppen, und wird dieses abgelehnt, ist man erstaunt, was als Pendant dazu als zukunftsorientiertes didaktisches Programm angeboten wird. Ulshöfer bietet als "Lerninhalte Sprachtheorie und Grammatik" an: "Das mehrdimensionale Kommunikationsmodell: Sprache als Initiator des Bewußtseins und als Medium der literarischen Formen als Kommunikationsmuster" (38).

Die Gegenüberstellung der Kritik an den "Hessischen Rahmenrichtlinien" mit den Zielen, die Ulshöfer für seine, die progressiv-evolutionäre Didaktik, im Auge hat, macht einen Differenzpunkt deutlich, der in der Diskussion um das Fach Deutsch in den 70er Jahren eine wesentliche Rolle spielt. Bei Ulshöfer schlagen die Einzeldisziplinen des Faches Germanistik als Orientierungsrichtlinien und als Orientierungshilfen für die Auswahl der Inhalte des Faches Deutsch immer wieder voll zu Buch. Die althergebrachten Bereiche der Germanistik: Nationalliteratur, Gegenwartsliteratur, Weltliteratur, Trivialliteratur, politische Literatur, Naturlyrik, Sagen der Griechen, Standardsprache, Grammatik, Kommunikationsmodell, syntaktische Formen, literarische Formen usw. tauchen immer wieder auf. Selbstverständlich orientieren sich auch die "Rahmenrichtlinien" an solchen Arbeitsbereichen und herkömmlichen Wissenschaftsgebieten der Germanistik. Sie versuchen aber darüber hinaus und fundamental, Aufgaben des Deutschunterrichtes aus der gesellschaftlichen Bedingtheit und im gesellschaftlichen Auftrag abzuleiten, aus der heraus der Schüler kommt und auf den hin Erziehung erfolgt. Dieses kann nur vordergründig als Indoktrination verstanden werden, auch wenn so etwas wie ein konflikttheoretisches Modell zugrundezuliegen scheint. Die Intention der "Hessischen Rahmenrichtlinien" sei, jedenfalls nach Hubert Ivo, den Schüler gerade frei zu halten von Indoktrinationen, gleich von welcher Seite. Der für diesen Zusammenhang wichtigste Gesichtspunkt dieses Konzepts sei, "eine Pufferzone zwischen den Erziehungspotentialen und den Schülern zu schaffen, in der eine professionalisierte Lehrerschaft nicht nur sach- und fachverständig die Weitergabe des kulturellen Standards betreibt, sondern ebenso sach- und fachverständig die Ansinnen a l l e r Erziehungspotentiale aufnimmt, in ihrer Wucht auffängt und so in den Unterricht einbringt, daß Räume für kritische Auseinandersetzung überhaupt erst möglich werden." (39) Ivo erläutert: "Die RRD betonen darum alle jene sprachlichen Fähigkeiten, die für den kritischen und solidarischen Dialog auf der einen Seite und zum Widerstand gegen offene oder verdeckte unnötige Herrschaft notwendig scheinen. Darum betonen sie für den Umgang mit Texten vor allem jene Fähigkeiten, die die Schüler langfristig in die Lage versetzen sollen, Identifikationsangebote von Texten gleichsam probeweise anzunehmen, aber zunehmend weniger fremdbestimmt die Angebote zu nutzen. Darum in den einzelnen Arbeitsbereichen die Hinweise, die diese Grundsätze verdeutlichen sollen: z.B. Sensibilisierung gegen verdeckte Gesprächsreglementierung, Schreiben als Möglichkeit der Selbstreflexion, aber auch zur Herstellung von Öffentlichkeit, kreatives Schreiben als Aufbrechen von 'Normen', Texte, soweit das möglich, aus und für Verwendungszusammenhänge verstehen lernen, Nachdenken über Sprache, insofern Erfahrung in Sprache eingelagert ist, aber auch insofern mit ihr Macht ausgeübt wird." (40)

c. So zeigt die Diskussion um die "Hessischen Rahmenrichtlinien" nicht zuletzt, daß es hier um eine Kontroverse darum geht, an welchen "Bezugswissenschaften" oder Bezugsgrößen sich die Deutschdidaktik orientieren soll. In seinem Beitrag über "Sprachwissenschaft und Sprachdidaktik" diskutiert Wolfgang Herrlitz dieses Problem in Anlehnung an Ivo folgendermaßen: Erfolgversprechend scheint ihm eine Orientierung an dem "P r o b l e m f e l d 'Deutschunterricht' als Kristallisationspunkt einer Kommunikationsgemeinschaft" zu sein. "Alltagswissen und Alltagskommunikation wären dann die Brücken zwischen den Theorieentwürfen der einzelnen Forscher aus verschiedenen Disziplinen. Vor dem Hintergrund der Leistungsfähigkeit von Alltagswissen und Alltagskommunikation gerade auch für die ideologische Auseinandersetzung mit der eigenen Position erhält der Vorschlag Ivos seinen Sinn:

'Wissenschaft vom Deutschunterricht (...) kann eigentlich in einem Verbund realisiert werden, in dem jeder Fachwissenschaftler bleibt, was er ist; in dem aber jeder die wechselseitige Verpflichtung eingegangen ist, seine Forschung unter dem Gesichtspunkt der Handlungsbedürfnisse der Schule zu strukturieren'" (41). Und er fährt fort: "Orientierung an den Handlungsbedürfnissen des Deutschunterrichts heißt einerseits Rekonstruktion des Handlungszusammenhanges aus der Perspektive der Beteiligten (und schon dies verbietet die klassische Subjekt-Objekt-Trennung) und andererseits gemeinsame Aufklärung der Restriktionen, denen dieses Handlungsfeld im Lichte bestimmter Interessen und Bildungsziele unterliegt (...). Die Wissenschaft vom Deutschunterricht muß die symbolischen Verallgemeinerungen, Modelle und Musterbeispiele in ihre 'disziplinäre Matrix' aufnehmen, die sich unmittelbar auf die bedeutungskonstituierende Leistung des in seiner Alltagssprache kommunizierenden Subjekts beziehen und diese Leistung insbesondere in ihrer sozialen Bestimmtheit durchschaubar und veränderbar macht." (42) Einen wesentlichen Fortschritt sieht Herrlitz unter den drei fundamentalen Perspektiven: ideologische Auseinandersetzung mit den bildungspolitischen Bedingungen - Handlungsforschung als Errichtung einer wissenschaftsorientierten Kommunikationsgemeinschaft mit allen am Deutschunterricht Beteiligten, Rekonstruktion der Kommunikationssituation Deutschunterricht aus der Perspektive der Kommunikationspartner." (43)

d. Es wäre wünschenswert, wenn die weitere Diskussion zur Didaktik des Deutschunterrichts und zur Aufgabe des Faches Deutsch in dieser Richtung weiterginge. Vor allem aber sollte vermieden werden, daß die berechtigte Kritik an einigen Schwächen der Reformdidaktik wie "ihre mangelnde Psychologie, ihre Überziehung kognitiver Verhaltensweisen, ein Übergewicht der Didaktik und damit des Lehrers im Vermittlungsprozeß, die Wertungsoffenheit bzw. -nachrangigkeit" und die zunehmende Widerstand mächtiger gesellschaftlicher Kräfte Positionen aus der Zeit vor der Reformphase erneut belebten, statt die Reform "beim Wort zu nehmen und durch Aufdecken von Widersprüchen" des emanzipatorischen Deutschunterrichts dessen "Einseitigkeiten zu überwinden". (42)

Robert Ulshöfer
WAS HEIßT "PRAXISORIENTIERTE WISSENSCHAFTLICHE DEUTSCHLEHRERAUSBILDUNG"?

Kritische Anmerkungen zu herrschenden Trends in der Deutschdidaktik und der Deutschlehrerausbildung.
Eine offene und integrativ-kooperative, nach Lerngruppen differenzierende Theorie des Unterrichts als Grundlage für Lehrpläne, Unterricht und Lehrerausbildung.

G l i e d e r u n g

Zielsetzung: Begründung von Thesen und Vorschlägen
- Kontinuität und Diskontinuität in der Geschichte des Faches und seiner Theorie seit 1945
- Ohne Gesamtkonzept der Didaktik kein Gesamtkonzept der Lehrerausbildung
- Dringlichkeit des Ausbaus der vorhandenen offenen und integrativ-kooperativen Didaktik
- Dringlichkeit der Schaffung eines Rahmenrichtplans Deutsch durch die KMK als Grundlage für Lehrpläne und Lehrerausbildungsgesetze.

1. D i e   g e g e n w ä r t i g e   L a g e   d e s   D e u t s c h u n t e r r i c h t s   u n d   s e i n e r   T h e o r i e

1.1 Zwei Phasen in der Entwicklung seit 1945: Bis 1968 kontinuierlich und evolutionär; seit 1968 diskontinuierlich und antagonistisch

1.2 Die gegenwärtige Lage: Verworrenheit, Vereinseitigungen; Ansätze zum Ausbau einer offenen und kooperativen Theorie

2. V o r s c h l ä g e   z u m   A u s b a u   e i n e r   o f f e n e n   u n d   k o o p e r a t i v e n   D i d a k t i k

2.1 Vorschlag zur Schaffung eines Rahmenrichtplans Deutsch durch die KMK, vorentworfen durch Fachdidaktiker

2.2 Entwurf eines Rahmens für eine sprachliche und literarische Grundbildung aller Schüler, differenziert nach Lerngruppen oder Schularten. Revision der situativ-kommunikativen und der lernzielorientierten Didaktik

2.3 Entwurf eines Rahmens für die Unterrichtsorganisation: Kooperativer Unterricht; Revision herrschender Theorien des kreativen Schaffens und des Projektunterrichts

3. V o r s c h l ä g e   z u r   A u s b i l d u n g   d e r   D e u t s c h l e h r e r   i n   d e r   B u n d e s r e p u b l i k

3.1 Organisatorischer Rahmen:

- Der Zweistufenlehrer
- die zweiphasige Ausbildung

3.2 Inhaltlicher Rahmen:
- Grundausbildung für alle; Differenzierung nach Zielgruppen
- Offene und integrative Sprach- und Literaturtheorie
- Verbindung von Fachwissenschaft und Fachdidaktik mit Schulpraktika in der 1.Phase, von Fachdidaktik und Unterrichtspraxis in der 2.Phase.

Anmerkungen:

0 Zielsetzung (1)

Die Vortragsreihe verfolgt nach dem Plan der Veranstalter zwei Ziele: Sie soll einen Beitrag leisten zur Entwicklung eines Gesamtkonzepts der demokratischen Lehrerbildung, die drei Forderungen gerecht wird: der Wissenschaftlichkeit, der Berufsbezogenheit und der Integration; und sie soll einen Beitrag leisten zu einer "Reformdidaktik", wie sie sich im Gefolge der Hessischen Rahmenrichtlinien angebahnt hat, und zugleich verhindern, daß die "restaurative Didaktik" der 60-er Jahre wieder auflebe. Zu beiden Zielen möchte ich konkrete Vorschläge machen; allerdings auf anderen Denkgrundlagen als denen der "Begleitschrift". Ich verstehe meine Ausführungen nicht als Gegenmodell zu dem der "Begleitschrift", sondern als Korrektivmodell.

Meine Bedenken gegen die Position der "Begleitschrift" veranlassen mich zur Formulierung einiger Thesen und Vorschläge:

1. Die "Begleitschrift" scheint auf die Antithetik von Restauration und Reform aufgebaut zu sein: Die Didaktik der 60-er Jahre sei - wie die Lehrerbildung - restaurativ; die Didaktik der 70-er Jahre begründe eine "Reformdidaktik"; ihr entspreche die Reform der Lehrerausbildung im letzten Jahrzehnt; die "Reformdidaktik" sei heute bedroht durch Tendenzen einer Restauration, die es zu überwinden gelte. Meine These: Die "Begleitschrift" zwingt der historischen Entwicklung seit 1945 ein antithetisches Denkschema auf, das die geschichtliche Wirklichkeit verzeichnet. Die Folge ist, daß sich die Autoren selbst den Weg für eine länderübergreifende Reform des Deutschunterrichts und der Lehrerausbildung verbauen. Im Blick auf die "Begleitschrift" und andere Beurteilungen der Deutschdidaktik seit 1945 läßt sich der Satz wagen: Das Bemühen um eine umfassende Bewältigung der vielfältigen Gegenwartsaufgaben im Fache Deutsch und die vorurteilsfreie Auseinandersetzung mit der Geschichte des Faches seit 1945 sind unlösbar miteinander verknüpft. (2)

2. Die "Begleitschrift" hält eine "umgreifende Didaktik des Deutschunterrichts auch vorstellungsmäßig für kaum noch realisierbar".

"Die 70-er Jahre suchen nach einer Orientierung für eine neue Didaktik. Wenn man in Betracht zieht, welche Entwicklungen sich nach 1970 vollzogen haben, ist die Idee einer auf der theoretischen wie praktischen Ebene umgreifenden Didaktik des Deutschunterrichts auch vorstellungsmäßig kaum noch realisierbar"

Dagegen sei die These gewagt: Ohne eine umfassende Theorie des Faches gibt es keine ausgewogenen Lehrpläne und Schulbücher, keinen ausgewogenen Unterricht und keine sinnvolle Lehrerausbildung. Nichts ist heute vordringlicher,

als die Leitlinien und Umrisse einer solchen umfassenden Theorie sichtbar
zu machen und zur Diskussion zu stellen.

3. Die Begleitschrift nimmt zu wenig zur Kenntnis, daß sich heute in der
fachwissenschaftlichen und didaktischen Literatur eine Abkehr von den Denkgrundlagen und Erkenntnissen der 7o-er Jahre vollzieht, die die Einseitigkeiten und Verengungen der Positionen der 7o-er Jahre zu beseitigen sich
anschickt und doch nicht restaurativ an die Positionen der 6o-er Jahre an-
knüpft, sondern sich konstruktiv mit ihnen auseinandersetzt. Die These lautet: Es gibt heute bereits in Grundzügen eine offene und integrativ-kooperative, nach Zielgruppen oder Schularten differenzierende Didaktik, die verdient, weiter entwickelt zu werden. Eine solche Didaktik allein kann als
Grundlage des Unterrichts und der Lehrerbildung dienen. Sie sollte für die
Lehrpläne der Bundesländer aller Schularten richtungsweisend sein.

4. Es geht heute darum, im Bereich des Deutschunterrichts und des gesamten
Bildungswesens das den verschiedenen Parteien und didaktischen Richtungen
Gemeinsame herauszuarbeiten und in der Bundesrepublik eine gemeinsame Bil-
dungspolitik der großen Parteien zu fordern und zu initiieren. Daher der
Vorschlag: Didaktiker, die sich für das Ganze unseres Staats- und Gesell-
schaftswesens mitverantwortlich wissen, könnten sich anschicken, einen
Rahmenrichtplan für das Fach Deutsch und die Deutschlehrerausbildung auszu-
arbeiten und der KMK wie der Öffentlichkeit zur Diskussion vorzulegen. Das
Ziel sollte/könnte sein, auf der Grundlage einer umfassenden Theorie des
Faches, bestehende politische/ideologische Gegensätze auszugleichen/zu mil-
dern. Möglichkeiten zur Beseitigung gravierender Mängel in der Bildungspolitik wie in der Fachdidaktik aufgrund dieser Theorie zu nennen und dadurch
einen spezifischen Beitrag zur Weiterentwicklung unserer zu Freiheit und
sozialer Gerechtigkeit verpflichteten und verpflichtenden Demokratie zu
leisten.

1. Die gegenwärtige Lage des Deutschunterrichts und seiner Theorie

Der gegenwärtige Stand der Didaktik des Faches Deutsch ist verworren und
verwirrend. Der Versuch, sich einen Gesamtüberblick zu verschaffen, ist
deshalb so schwierig, weil er ohne kritische Auseinandersetzung mit den verschiedenen Theorien und Ideologien, die den einzelnen didaktischen Positionen
zugrundeliegen, nicht gelingen kann. Die Voraussetzung für eine solche kritische Auseinandersetzung mit didaktischen Theorien ist eine eingehende Be-
schäftigung mit der Geschichte des Deutschunterrichts, mit der sozialen und
politischen Entwicklung seit 1945, mit der Geschichte der Bezugswissenschaften, mit den Lehrplänen und eine auf eingehender Erfahrung beruhende Kenntnis der Schulwirklichkeit.

1.1 Zwei Phasen in der Entwicklung seit 1945

In der Entwicklung des Faches und seiner Theorie seit 1945 lassen sich zwei
Phasen unterscheiden. Die erste, von 1945 bis 1968/7o verläuft kontinuierlich, evolutionär, ohne harte Konfrontationen; die zweite, von 1968 bis
heute, verläuft diskontinuierlich, antagonistisch. Bei einer Gruppe von
Didaktikern soll der Deutschunterricht eine Gesellschaftsveränderung initiieren; bei einer anderen steht er im Dienste der Weiterentwicklung der

freiheitlichen und sozialen Demokratie.

Leistungen der Didaktik in der 1.Phase 1945-1968/7o
- Begründung des Faches auf dem offenen System "Sprache"
  (Vgl. Heft 1 der Reihe "Der Deutschunterricht" 1947)
- Aufbau einer nach entwicklungspsychologischen Phasen gegliederten Didaktik für den gymnasialen Bereich
- Begründung eines thematisch verbundenen, problemorientierten Unterrichts, verbunden mit einer Einführung verschiedener Arbeits- und Unterrichtsformen
- Begründung eines hermeneutisch begründeten Literaturunterrichts
- Erschließung neuer Bereiche der Literatur: Gegenwartsliteratur, Exilliteratur, Expressionismus
- Begründung der Medienerziehung Zeitung, Funk, Fernsehen
- Versachlichung der Schreiberziehung, Einführung neuer Formen des Schreibens, z.B. journalistische Formen
- Neue Formen kreativen Hervorbringens: Hörspiel, Fabel, Gedicht, Haiku, Kurzgeschichte, Kurzdrama, Lustspiel
- Schrittweise Verwirklichung der Theorie des kooperativen Unterrichts mit Gesprächs- und Redeerziehung, differenzierenden Hausaufgaben, Mitbeteiligung der Schüler bei der Unterrichtsplanung
- Ständige Neubearbeitung der Methodiken. Durchführung von Unterrichtsversuchen zur Theorie und Praxis des kooperativen Unterrichts. Begründung der Didaktik auf dem Grundgesetz.

Kennzeichnungen der didaktischen Situation in der 2.Phase seit 1968/70

- Vielsträngiger Antagonismus der Ideologien, der wissenschaftlichen Forschungsrichtungen, der politischen Einflußgruppen
- Errichtung von Lehrstühlen für Soziologie. Gegensatz von "kritischer Theorie" (Habermas) und "bürgerlicher" Soziologie (Schelsky)
- Errichtung von Lehrstühlen für Erziehungswissenwissenschaft und für Didaktik und Methodik. Gegensatz von "emanzipatorischer" und auf Reform angelegter Erziehungswissenschaft, von gesellschaftsverändernder und evolutionärer Didaktik
- Errichtung von Lehrstühlen für Linguistik. Gegensatz von inhaltsbezogener und strukturaler, von idealistischer und behavioristischer Sprachwissenschaft; Soziolinguistik und Pragmalinguistik
- Auseinandersetzung um die Gesamtschule
- Die evolutionäre Didaktik in Verteidigungsstellung: die emanzipatorische Didaktik im Angriff

Wechselbezüge im Umkreis des Faches Deutsch 197o-198o

Die Entwicklung der Didaktik darf nicht losgelöst von der Gesamtentwicklung in der Bundesrepublik gesehen werden. Ein Übersichtsschema möge die Zusammenhänge und Antagonismen verdeutlichen:

Politik und staatl. Leben	Unterrichtsverwaltungen	Deutschdidaktik	Sprach- und Lit.-wiss.	Soziologie Erziehungswissenschaft
Koalition SPD/FDP Opposition CDU/CSU: Antagonist. Bildungspolitik: -"Gesamtschule" -Integration von Berufs- und Allgemeinbildung versus Gegliedertes Bildungswesen Stufenlehrer versus Schulart bezogenem Lehrer	Gegensätze der CDU/CSU regierten und der SPD reg. Länder: Neufassung der Lehrpläne Neufassung der Lehrpläne	Kritische Theorie Habermas Bremer Kollektiv. Diskussion Deutsch Hessische Rahmenrichtlinien Deutsch Gesellschaftsverändernde Didaktik versus Bürgerl. Didaktik Situativ-kommunikative Did. versus inhaltsbezog. Didaktik	Lit.wiss. als Gesellschaftswiss. Linguistik als Gesellschaftswiss. Neopositivismus: Behaviorismus. Sozioling. Pragmaling. versus Bürgerliche Sprach- u. Literaturwissenschaft	Soziologie als kritische Theorie/Neomarxismus versus bürgerliche Soziologie Emanzipatorische erziehungswiss. Versuche versus Bürgerl. Erz.wiss. Bloomsche Lernzieltaxonomie versus Funktionsziele (inhalts- und formbezogen) des exemplarischen Lehrens
Konfrontation statt Kooperation, statt gemeinsamer Bildungspolitik	Reglementierung der Schule und Lehrer. Beginn der Reform der Reform	Verworrenheit. Vernachlässigung der Praxis. Antagonistische Tendenzen. Beginnende Selbstkritik	Verworrenheit. Beginnende Selbstkritik	Beginnende Selbstkritik der Soziologie

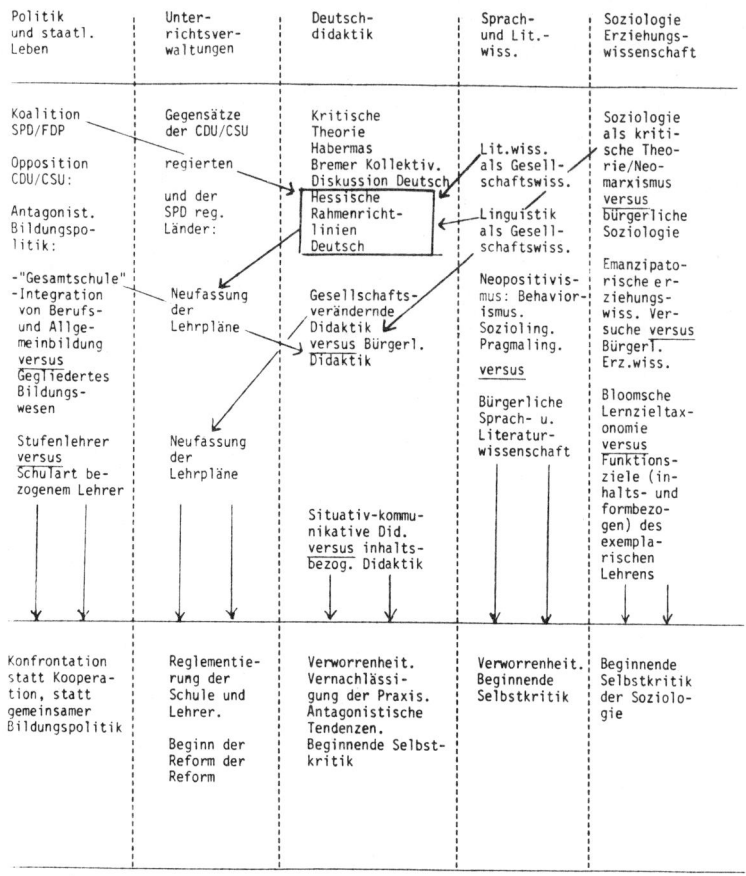

1.2 Die gegenwärtige Lage

Es läßt sich beobachten
1. Das Weiterwirken ideologischer Verfestigungen aus den 7o-er Jahren. Beispiele:
- Festhalten an einer gesellschaftsverändernden Didaktik, z.B. in der Literaturdidaktik und in den Vorschlägen zum kreativen Schaffen, oft verbunden mit einer Verfemung der evolutionären Didaktik.
- Festhalten an einer situativ-kommunikativen Didaktik in Lehrplänen, Sprachbüchern und Schulbuchgutachten unter Vernachlässigung der Lerninhalte und eines kontinuierlichen Lernprozesses.

2. Das Vorherrschen von Teildidaktiken unter Verzicht auf den Aufbau einer Gesamtdidaktik. Beispiele:
- Literaturdidaktik ohne Zugrundelegung einer umfassenden Sprach- und Literaturtheorie
- Sprachdidaktik ohne umfassende Sprachtheorie
- Aufsatzdidaktik, nicht integriert in das Gesamtfach Deutsch

- Mediendidaktik ohne Berücksichtigung eines Gesamtplans für die Unterrichtsorganisation
- Gesamtschuldidaktik Deutsch unter Vernachlässigung der verschiedenen Lerngruppen mit unterschiedlichem Abstraktionsvermögen, Interessenhorizont und Lerntempo.

3. Übernahme wissenschaftlicher Teilerkenntnisse ohne ausreichende didaktische Aufarbeitung. Beispiele:
- Rezeptionsästhetik unter Vernachlässigung der Erkenntnisse der Hermeneutik. Folge: Anleitung zu subjektiver Meinungsäußerung statt zu sachlichkritischer Interpretation
- Fortwirken der "Linguistisierung" im Grammatikunterricht ohne Reflexion über die sprachtheoretischen Grundlagen der verschiedenen Forschungsrichtungen
- Weiterwirken der behavioristisch/neopositivistisch orientierten Lernzieltheorie im Gefolge der Bloomschen Lernzieltaxonomie unter Vernachlässigung der mit der Theorie des exemplarischen Lehrens verbundenen Funktionsziele
- Bekenntnisse zur Pragma- oder Soziolinguistik, ohne nach der dahinterstehenden Sprach- und Gesellschaftstheorie zu fragen

4. Vernachlässigung der drängenden Probleme der Schulstube.
- Wie schafft man Lernmotivation, wie entfaltet man Schülerinteressen angesichts von Gleichgültigkeit und fehlender Bereitschaft zur freiwilligen Mitarbeit?
- Wie läßt sich die Theorie des exemplarischen Lernens der 60-er Jahre heute weiterentwickeln und konkretisieren; wie lassen sich konkrete Funktionsziele formulieren, die zugleich auf Lerninhalte und Arbeitsformen gerichtet sind?
- Wie läßt sich die innerfachliche und die fachübergreifende Konzentration auf den einzelnen Altersstufen und in den verschiedenen Lerngruppen/Schularten verwirklichen?
- Wie läßt sich die von Industrie- und Handelskammern beklagte sprachliche Grundbildung, wie die von Universität und Öffentlichkeit beanstandete sprachliche und literarische Grundbildung verbessern?
- Wie erstellt man - und nach welchem Zielkatalog - Modelle zur kurz-, mittel- und langfristigen Unterrichtsplanung?
- Wie verwirklicht man das Prinzip des kooperativen Unterrichts unter sinnvollem Ausgleich zwischen lehrer- und schülerzentriertem Unterricht?
- Wie weckt man bei Lehrern und Schülern Freude am Fach?

2. V o r s c h l ä g e   z u m   A u s b a u   e i n e r   o f f e n e n
   u n d   k o o p e r a t i v e n   D i d a k t i k

Eine umfassende und ausgewogene Gesamtdidaktik für das Fach Deutsch ist erforderlich als Grundlage zur Erstellung von Lehrplänen, als Rahmen für die Lehrerausbildung, als Ausgangspunkt für die Unterrichtsorganisation/Unterrichtsplanung und als Beitrag des Faches zu einem unserer Gesellschaftslage angemessenen Demokratieverständnis. Eine solche Gesamtdidaktik läßt sich nur entwickeln im Zusammenhang mit dem Bemühen um eine offene und integrative Bildungspolitik, Anthropologie und Soziologie, Sprach- und Literaturtheorie. Jede einseitige Theorie des Faches schadet der Praxis: Sie beschränkt die Arbeits- und Fragemöglichkeiten; sie verhindert einen anregenden und spannungsreichen Unterricht. Schüler wollen einen zugleich unterhaltenden, abwechslungsreichen, problemoffenen und ihre vielfältigen Fähigkeiten herausfordernden Unterricht. Jede inhaltlich oder formale Verengung ermüdet, erzeugt Mißmut, erregt Widerstand und ist auf die Dauer von beschränkter Wirkung. Es gibt Anzeichen dafür, daß sich die bereits vorhandene kooperative Didaktik weiter entwickeln und als für alle Lerngruppen/ Schüler verschiedener Schularten geeignet erweisen wird. Dabei ist darauf zu achten, daß sie bei einem Minimum an Grundsätzen ein Maximum an Freiheit für alle Lehrer- und Schülerindividualitäten und -aktivitäten sichert.

2.1 Vorschlag zur Schaffung eines Rahmenrichtsplans Deutsch durch die KMK, vorentworfen durch Fachdidaktiker

Angesichts der sich rasch verändernden Weltlage und der beschränkten Lebensmöglichkeiten auf unserer Erde erscheint es an der Zeit, die ideologischen Gegensätze der 7o-er Jahre im Bereich des Faches Deutsch abzubauen und das Gemeinsame innerhalb der großen Parteien, innerhalb der didaktischen Gruppierungen deutlich herauszustellen, damit die heute auftretenden Schwierigkeiten bewältigt werden können: Überwindung eines Provinzialismus der Lehrpläne in den Bundesländern, Abbau der Reglementierung des Unterrichts durch Rechtsverordnungen und Erlasse, Beseitigung eines starren, lähmenden Lernzielkatalogs einer "verwalteten Schule". Die Forderung einer gemeinsamen Bildungspolitik der Länder und Parteien ergibt sich m.E. aus dem Grundgesetz. Die Institutionen der Lehrerbildung könnten einen Beitrag zu einer gemeinsamen Schulpolitik der Länder leisten, indem sie einen elastischen Minimalkanon an Lerninhalten und zu erwerbenden Fähigkeiten und Fähigkeiten für die einzelnen Altersstufen und Lerngruppen/Schularten in Absprache mit den politischen Parteien, den Industrie- und Handelskammern und der Rektorenkonferenz erarbeiten. Die Vertreter der Fachdidaktik Deutsch könnten einen Rahmenrichtplan Deutsch erstellen, der der KMK und der Öffentlichkeit zur Diskussion vorgelegt wird. Für einen solchen Rahmenrichtplan wären m.E. zwei Vorentscheide zu treffen bzw. zu erörtern: Nötig ist
- eine Verständigung über die Inhalte einer sprachlichen und literarischen Grundbildung für alle Schüler der Sekundarstufe I, differenziert nach Lerngruppen bzw. Schularten mit Festlegung der zu erwerbenden Qualifikationen,
- eine Verständigung über die Grundsätze einer offenen und kooperativen Unterrichtsorganisation von Beginn der Sekundarstufe I an, die Lehrern und Schülern die notwendige Selbständigkeit sichert und die schrittweise zu der Arbeitsweise der reformierten Oberstufe hinführt.

Zu diesen beiden Vorentscheidungen sollen nachstehend Erläuterungen in Form eines Diskussionsbeitrags gegeben werden.

2.2 Entwurf eines Rahmens für eine sprachliche und literarische Grundbildung, differenziert nach Lerngruppen oder Schularten

Vergleicht man die Lehrpläne des Landes Nordrhein-Westfalen für Gesamtschule, Hauptschule, Realschule und Gymnasien, so stellt man fest, daß diesen Lehrplänen gegensätzliche didaktische Konzeptionen zugrundeliegen, die alle Bemühungen um die Schaffung eines übergeordneten Gesamtkonzepts in Form eines Rahmenrichtplans als zum Scheitern verurteilt erscheinen lassen könnten: Eine situativ-kommunikative Didaktik bestimmt den Lehrplan der Gesamtschule; eine lernziel- und wissenschaftsorientierte Didaktik bestimmt den Lehrplan des Gymnasiums. Die verschiedenen Didaktiken sind verschiedenen

Konzeptionen der Bildungspolitik zugeordnet. Eine Konvergenz dieser Didaktiken hätte m.E. auf die Dauer gesehen, sofern sich die Diskussion über die vorliegende Problematik in der Öffentlichkeit abspielte, eine Annäherung der gegensätzlichen Positionen der Bildungspolitik zur Folge. Eine solche Konvergenz ist möglich und im Interesse unseres Bildungswesens notwendig. Sie setzt voraus, daß beide didaktischen Konzepte ihre Grundlagen überprüfen und bereit sind, die Gegenposition als gleichberechtigt anzuerkennen. Die Kritik an beiden wird heute mit Leidenschaft geführt, aber selten mit dem Ziel einer Überwindung der Gegensätze und der Schaffung einer gemeinsamen Gesprächsbasis. Nicht ein billiger Kompromiß, sondern eine sachliche Klärung der Sachlage ist gefordert: Die situativ-kommunikative Didaktik kommt den Bedürfnissen von Haupt- und z.T. Gesamtschule entgegen, vernachlässigt jedoch die Kontinuität und Zielbestimmtheit der Lernprozesse und damit den Lernerfolg; die lernziel- und wissenschaftsorientierte Didaktik entspricht den Anforderungen des Gymnasiums, vernachlässigt jedoch die Spontaneität und Unmittelbarkeit alles situationsgebundenen Planens, Arbeitens und Hervorbringens.

Die Auflösung der Gegensätze ist theoretisch denkbar und praktisch realisierbar, sofern innerhalb eines Gesamtrahmens Lerntempo, Interessen und Abstraktionsvermögen der verschiedenen Lerngruppen in den verschiedenen Schularten berücksichtigt werden.

Im Gymnasium besteht seit seinen Anfängen die Forderung einer sprachlich-literarischen Grundbildung mit elastischem, ständig revidierbarem Kanon; - in der Hauptschule liegt seit ihren Anfängen die literarische Grundbildung im argen. Bei dem Versuch, hier eine Wende herbeizuführen (Helmers), stoßen die Lehrer und die Didaktiker auf den Widerstand der Schüler, bedingt durch deren Mentalität, durch soziale Barrieren, durch das Anspruchsniveau, das künstlerisch gestaltete Literatur darstellt. Der Ausweg der Haupt- und Gesamtschuldidaktiker aus dem Dilemma ist die situativ-kommunikative Didaktik, verbunden mit Projektunterricht, deklariert als Reformdidaktik im Interesse einer Demokratisierung von Schule und Gesellschaft. Diese Didaktik kann sich stützen auf die Kommunikationsforschung, auf die Rezeptionsforschung, auf die Forschungen zur Trivialliteratur, auf die Erfahrungen von Psychologen und Deutschlehrern. Die Vorzüge dieser Didaktik liegen auf der Hand; ihre Mängel werden erst allmählich in der Öffentlichkeit erkennbar. Es sind dies:
- Der Unterricht trägt trotz Anpassung an die tatsächlichen oder vermeintlichen Interessen der Schüler nicht zu einem besseren Verständnis der komplexen Wirklichkeit, zu besserer Sprachbeherrschung, zu größerer Arbeitsintensität, zu einer sprachlichen Grundbildung bei, denn
- es gibt keinen auf längere Sicht planbaren, auf eine grundlegende sprachliche und literarische Grundbildung ausgerichteten Unterricht: die spontane Entscheidung des Lehrers wird als Willensentscheid der Schüler ausgegeben und zur didaktischen Norm erklärt.
- Das Interesse der Schüler am Unterricht wird nicht größer; es werden zu wenig Interessen geweckt, vertieft, erweitert.

Bedenklich und gefährlich wird dieses didaktische Konzept, wenn es für alle Schüler aller Schularten und Lerngruppen verbindlich gesetzt werden soll: Gerade wer sich zu einer solchen situativ-kommunikativen Didaktik bekennt, muß die Schüler zu adäquaten Lern- und Arbeitsgruppen zusammenfassen und sie entsprechend ihren Interessen und Fähigkeiten fördern. Dabei muß der Didaktiker den Entscheid darüber, ob die Lerngruppen in einer differenzierenden Gesamtschule oder in den traditionellen Schularten ausgebildet werden, dem Gesetzgeber überlassen. Grundsätzlich muß betont werden, daß der Didaktiker in einem freiheitlichen Rechtsstaat weder gesellschaftsverändernd noch restaurativ wirken darf, sondern gehalten ist, zur ständigen Weiterentwicklung der freiheitlichen und sozialen Ordnung beizutragen.

Kritik an der situativ-kommunikativen Didaktik wird in jüngster Zeit von verschiedenen Seiten aus geübt:

Klaus-Peter Klein hält in seinem Aufsatz "Handlungstheorie und kommunikative Didaktik. Zur theoretischen Grundlegung eines pragmatisch fundierten Sprachunterrichts" (Linguistik und Didaktik 39, 1979) den Handlungsbegriff der Sprachpragmatik für tragfähiger als den behavioristisch beeinflußten Kommunikationsbegriff und plädiert für eine "handlungstheoretische Didaktik" (S.21).

Ludwig Jäger differenziert in seinem Aufsatz "Einführung in die Sprachtheorie" (Linguistik und Didaktik 41, 1980) den Begriff der Kommunikationsfähigkeit und fordert die "Einführung der Schüler in eine hermeneutische Sprachtheorie..., der es um die Bildung der personalen und sozialen Identität der an den Verständigungsprozessen beteiligten Dialogpartner" zu tun ist (S.11).

Harro Müller-Michaels übt in seinem Buch "Positionen der Deutschdidaktik seit 1949" (Scriptor 1980) Kritik an dem Kommunikationsbegriff wie an dem der Situation: "Es geht sicher nicht an, den gesamten Deutschunterricht an artikulierten Bedürfnissen der Schüler auszurichten" (S.195f). Er plädiert für eine "didaktische Handlungsforschung" (S.203ff).

Gerhart Wolff plädiert in seinem Aufsatz "Projektunterricht im Fach Deutsch" (DU 6/1980) wie in seinem Buch "Sprechen und Handeln. Pragmatik im Deutschunterricht" (Scriptor 1981) für eine Weiterentwicklung des kooperativen Unterrichts, wie er in dem Werk "Theorie und Praxis des kooperativen Unterrichts" (Klett 1971^2, 1975) dargestellt worden ist.

Eine alle Schularten bzw. Lerngruppen umfassende, unserem Gesellschaftsverständnis angemessene Gesamtdidaktik für das Fach Deutsch hat m.E. folgende Aufgaben zu bewältigen:

Sie muß
- die enge Verwandtschaft zwischen einer "handlungsorientierten" und einer "kooperativen" Didaktik aufhellen: die kooperative Didaktik ist handlungsorientiert,
- den Begriff "Handlung" so differenzieren, daß alle Formen individuellen und kooperativen Arbeitens, Hervorbringens, Spielens und forschenden Lernens erfaßt werden,
- den Begriff "Situation" und "situatives Lernen", der im Rahmen der "situativ-kommunikativen Didaktik" zu eng und zu wenig differenziert verwendet wird, differenzieren und konkretisieren: Situation als Grundlage für subjektive Lebenserfahrung der Schüler dient immer als Lernmotivation; die Analyse von menschlichen Grundsituationen, idealtypisch gefaßt, ist eine Aufgabe des Unterrichts; die Auflistung solcher menschlicher Grundsituationen für die einzelnen Altersstufen und Lerngruppen ist Gegenstand einer offenen didaktischen Diskussion; denn in der Auswahl der Beschreibung solcher Grundsituationen manifestiert sich eine je verschiedene Anthropologie, Sprach- und Literaturtheorie,

- für die einzelnen Lerngruppen ein offenes Spiralcurriculum aufbauen, das menschlichen Grundsituationen Lernziele und zur Auswahl empfohlenen Lerninhalte zuordnet,
- den Begriff Kommunikation so erweitern und differenzieren, daß das Gemeinsame und das Unterschiedliche der Begriffe Kooperation, Kommunikation und Handlung sichtbar wird: der Begriff "Kooperation" scheint mir als der umfassendste, ideologisch am wenigsten vorbelastete zu sein,
- die Theorie des exemplarischen Lehrens und Lernens weiterentwickeln und für die einzelnen Lerngruppen durch alternativ anzubietende Lerninhalte und Formen des Gesprächs, der Rede und des Schreibens konkretisieren.

Will man Möglichkeiten für einen Konsens heute divergierender Didaktiken und Didaktiker ausloten, so tut man gut, bei den Fundamenten des Faches zu beginnen: der Diskussion über die Aufgabenfelder, Lern- und Bildungsziele der Sekundarstufe I; denn hier vor allem herrscht ein Dissens, der sich negativ auf Lehrpläne und Lehrerbildung auswirkt. Gelingt es, hierbei eine allgemeine Verständigung für alle Schularten und Lerngruppen zu erzielen, so ist damit zugleich eine gemeinsame Grundlage für eine Gesamtdidaktik des Faches gefunden, die eine Zusammenarbeit über die eigenen Fachgrenzen, über die Schularten, über die Ideologien hinaus ermöglicht. Der nachstehende Rahmenentwurf möchte als Diskussionsbeitrag zur Bewältigung der Aufgabe verstanden werden.

Rahmen für eine sprachliche und literarische Grundbildung

Aufgabenfelder, Lern- und Bildungsziele für den Deutschunterricht der Sekundarstufe I

Grundlage für
1. elastischen Literaturkanon,
2. problemorientierten kooperativen Unterricht,
3. kurz-, mittel- und langfristige Unterrichtsplanung,
4. Aufbau eines Spiralcurriculums,
5. die Lehrerausbildung

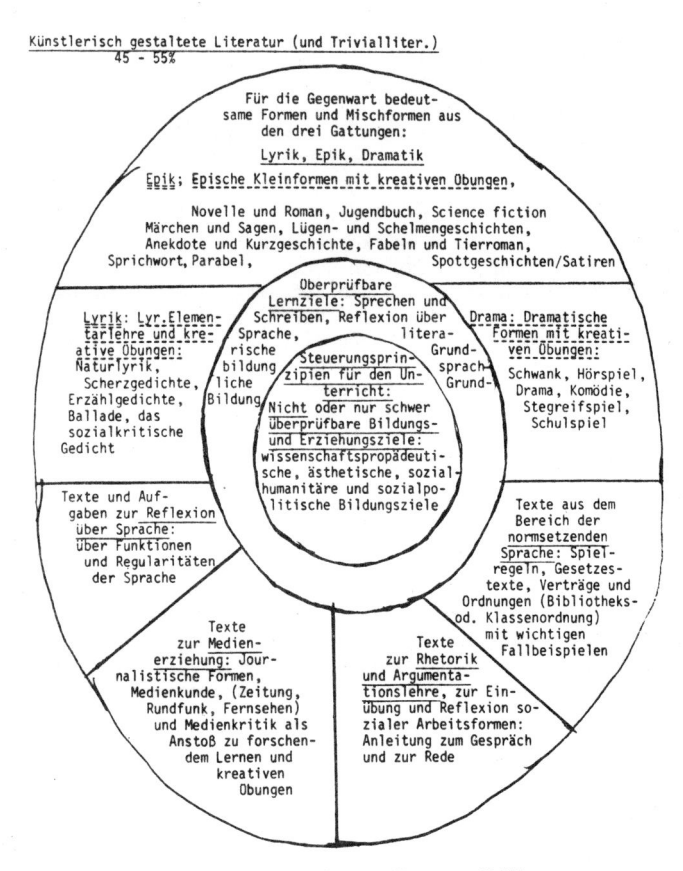

Künstlerisch gestaltete Literatur (und Trivialliter.)
45 - 55%

Für die Gegenwart bedeutsame Formen und Mischformen aus den drei Gattungen:

Lyrik, Epik, Dramatik

Epik; Epische Kleinformen mit kreativen Obungen,

Novelle und Roman, Jugendbuch, Science fiction
Märchen und Sagen, Lügen- und Schelmengeschichten,
Anekdote und Kurzgeschichte, Fabeln und Tierroman,
Sprichwort, Parabel, Spottgeschichten/Satiren

Überprüfbare Lernziele: Sprechen und Schreiben, Reflexion über Sprache, literarische Grundbildung, sprachliche Grundbildung

Steuerungsprinzipien für den Unterricht:
Nicht oder nur schwer überprüfbare Bildungs- und Erziehungsziele: wissenschaftspropädeutische, ästhetische, sozialhumanitäre und sozialpolitische Bildungsziele

Lyrik: Lyr.Elementarlehre und kreative Obungen: Naturlyrik, Scherzgedichte, Erzählgedichte, Ballade, das sozialkritische Gedicht

Drama: Dramatische Formen mit kreativen Obungen: Schwank, Hörspiel, Drama, Komödie, Stegreifspiel, Schulspiel

Texte und Aufgaben zur Reflexion über Sprache: über Funktionen und Regularitäten der Sprache

Texte aus dem Bereich der normsetzenden Sprache: Spielregeln, Gesetzestexte, Verträge und Ordnungen (Bibliotheks- od. Klassenordnung) mit wichtigen Fallbeispielen

Texte zur Medienerziehung: Journalistische Formen, Medienkunde, (Zeitung, Rundfunk, Fernsehen) und Medienkritik als Anstoß zu forschendem Lernen und kreativen Obungen

Texte zur Rhetorik und Argumentationslehre, zur Einübung und Reflexion sozialer Arbeitsformen: Anleitung zum Gespräch und zur Rede

Fachspezifische Gebrauchsliteratur: 45-55%

Dieser Rahmenentwurf legt fest:
1. die Unterscheidung zwischen überprüfbaren Lernzielen und nichtüberprüfbaren Bildungs- und Erziehungszielen als den eigentlichen Steuerungsprinzipien des Unterrichts;
2. das Verhältnis von fiktionaler Literatur (Dichtung und Trivialliteratur) und nicht fiktionaler Literatur (Gebrauchsliteratur); rund 5o% der im Unterricht gelesenen Texte gehören nach vorstehendem Plan der künstlerisch gestalteten Literatur an, davon höchstens 5% der bloßen Unterhaltungsliteratur, rund 5o% der Gebrauchsliteratur einschließlich der Texte zur Reflexion über Sprache;
3. Der Rahmenentwurf sieht vier Bereiche der Gebrauchssprache vor, deren Bedeutung im Rahmen des Faches Deutsch unbestritten sein sollte:

- Texte zur Reflexion über Sprache, d.h. zur Einführung in ein elementares Sprachverständnis (Sprachtheorie), in die Textgrammatik, in die Regularitäten der Sprache (Grammatik), in das Verstehen von Texten (elementare Hermeneutik),
- Texte zur Gesprächs- und Redeerziehung, zur Rhetorik und Argumentationslehre als Grundlage zur Einübung individueller und sozialer Arbeits- und Unterrichtsformen wie Rund- und Streitgespräch, Referat und freie Rede,
- Texte zur Medienerziehung - Presse, Funk, Fernsehen -, verbunden mit Medienkunde und Medienkritik, zugleich Beispiele zur Einübung der journalistischen Formen des Schreibens,
- Texte aus dem Bereich der normsetzenden Sprache - Spielregeln, Verträge, Gesetze mit Fallbeispielen aus dem Familien-, Vertrags- und Strafrecht: die normsetzende Funktion der Sprache unterscheidet sich von der Funktion der Information, des Appells, der Erkenntnisfindung, der künstlerischen Gestaltung, der Unterhaltung und der metasprachlichen Verständigung; die Fallbeispiele aus diesem Bereich eignen sich zur selbständigen Beobachtung der Umwelt, zur Einübung von Rund- und Streitgesprächen.

Die Steuerungsprinzipien des Unterrichts sind zugleich fachspezifisch und fachübergreifend. Aus ihnen läßt sich eine Lern- und Arbeitsmotivation schaffen; sie sind geeignet, Problembewußtsein, Freude am Spiel, am selbstgeschaffenen Werk, am eigenen Können zu erzeugen; sie tragen bei zum Aufbau von Selbstvertrauen und Selbstbewußtsein sowie zu einem sozialen und kulturellen Weltverständnis. Dabei ist zu bedenken, daß die Erziehungs- und Bildungsziele sich mehr an den Normen des Grundgesetzes als an denen der Länderverfassungen zu orientieren haben.

Sämtliche Texte des Faches sind fachspezifisch und fachübergreifend; sie eignen sich für einen problem- und projektorientierten Unterricht wie für die Durchführung des Lehrgangssystems auf Sekundarstufe I; sie dienen der Einübung kooperativer Unterrichtsformen und Arbeitsweisen, der Textanalyse, Textinterpretation und Textproduktion; und sie fordern zum Aufbau eines Spiralcurriculums heraus, wobei Unterrichtsformen, Aufgabenfelder und Arbeitsmethoden im Prinzip zwar von Klasse 5 bis 1o gleichbleiben, jedoch durch neue Themen, Fragestellungen und Texte von Stufe zu Stufe mit steigendem Anspruchsniveau immer wieder neu eingeübt werden müssen.

2.3 Entwurf eines Rahmens für die Unterrichtsorganisation: Kooperativer Unterricht

Die Neuvermessung des Bereichs der deutschen Sprache und Literatur für Sekundarstufe I ist nötig, damit Einigkeit darüber erzielt werden kann, welche Aufgaben dem Fach grundsätzlich und innerhalb der einzelnen Schularten obliegen und wie Lehrer sinnvoll auf ihren Beruf vorbereitet werden. Darüber hinaus schafft sie die Voraussetzung für eine Verständigung über die Unterrichtsorganisation auf Sekundarstufe I. Wiederum sollten die Grundsätze hierfür in gleicher Weise für alle Lerngruppen und Schularten gelten, jedoch nach Bedürfnissen und Abstraktionsvermögen unterschiedlich gehandhabt werden.

Die KMK-Erklärung vom 25.Mai 1973 fordert die schrittweise Verwirklichung des kooperativen Unterrichts, der den Schülern ein partielles Mitspracherecht auch bei der Auswahl der Unterrichtsgegenstände, Themen für Lehrgänge und der Unterrichtsformen zugesteht:

"IV. Rechte des einzelnen Schülers....
"Beteiligungsrechte.

Der Schüler soll seiner persönlichen Reife, seinen Kenntnissen und seinen Interessen entsprechend Gelegenheit erhalten, sich im Rahmen der Unterrichtsplanung an der Auswahl des Lehrstoffs, an der Bildung von Schwerpunkten und an der Festlegung der Reihenfolge durch Aussprachen, Anregungen und Vorschlägen zu beteiligen. Dieses Mitwirken des Schülers an der Gestaltung des Unterrichts soll auch bestimmte Methodenfragen einschließlich der Erprobung der Unterrichtsformen umfassen".

Wie die Erfahrung lehrt, ist die Verwirklichung eines kooperativen Unterrichts vom 5.Schuljahr an möglich, jedoch an vier Voraussetzungen gebunden, die viele Lehrer davon abhalten, ihn zu erproben:
- eine elastische kurz-mittel- und langfristige Unterrichtsplanung durch den Lehrer mit Alternativvorschlägen für die Schüler,
- planmäßige Einübung von Partner- und Gruppenarbeit, von Rund- und Streitgespräch,
- Gliederung des Unterrichts in Lehrgänge und Vorhaben sowie in einige wenige nicht planbare kürzere Unterrichtseinheiten.
- Bereitstellung von Arbeitsmaterialien für die einzelnen Lehrgänge und Vorhaben (Projekte).

In der didaktischen Literatur wird eine solche Art der Unterrichtsorganisation teils als utopisch und unnötig, teils als unabdingbar dargestellt; in der Praxis wird sie ganz selten verwirklicht. Die jüngsten Lehrpläne der Bundesrepublik für Sekundarstufe I gehen auf das Problem der Unterrichtsorganisation nicht oder nebenbei ein: so Nordrhein-Westfalen, Baden-Württemberg, Rheinland-Pfalz, Schleswig-Holstein. Hessen bildet eine Ausnahme. Selbst im Lehrplan der Gesamtschule NRW, der von einer situativ-kommunikativen Didaktik ausgeht und den Begriff des sprachlichen Handelns in den Mittelpunkt stellt, wird nur einmal auf S.19 von "kooperativem Handeln" gesprochen, und dies im Zusammenhang mit der "Analyse von Kommunikationssituationen". Die "Vorläufigen Richtlinien Deutsch. Gymnasium. S.I NRW" geben lediglich für die Jahrgangsstufe 9/10 zum 1.Lernziel des Lernbereichs "Mündliche und schriftliche Kommunikation" genauere Hinweise.

"... Die Diskussionsfähigkeit ist in einem größeren sozialen Zusammenhang zu sehen, da die Bereitschaft, das eigene Verhalten und die eigenen Ansichten aufgrund von Argumenten zu ändern, Voraussetzung einer jeden sinnvollen Diskussion ist (S.116)."

Ausführlich geht der Lehrplan Rheinland-Pfalz der Klassen 7-1o Hauptschule, Realschule, Gymnasium auf die Gesprächs- und Redeerziehung ein (S.41-46, S.127-131). Aber auch hier wird die Gesprächs- und Redeerziehung nicht im Zusammenhang mit der gesamten Unterrichtsorganisation gesehen.

Die Hessischen "Rahmenrichtlinien Sekundarstufe I. Deutsch" 1980 widmen der Unterrichtsorganisation ein ganzes Kapitel (Ka.VI) und gehen ausführlich auf die Entwicklung kooperativer Fähigkeiten ein (S.3off, 55, 6off. 234). Die "Formen der Unterrichtsorganisation" (S.225ff.) werden unter den Teilüberschriften "Projektorientierter Deutschunterricht", "Unterrichtseinheiten", "Frontalunterricht", "Unterrichtsgespräch", "Partnerarbeit", "Gruppenarbeit", "Lehrgänge", "Übungsphasen", "Rollenspiel", "Innere Differenzierung", "Neigungsidfferenzierung" reihend beschrieben, jedoch nicht in ein praktikables Gesamtkonzept, das zwischen Unterrichtsorganisation, Unterrichtsformen, Arbeitsformen und Lerngruppen klar unterscheidet, gebracht. Immerhin ist hier erstmals der Versuch unternommen, ein Grundproblem des Faches Deutsch faßlich zu beschreiben.

In der gegenwärtigen didaktischen Diskussion finden sich hoffnungsvolle Ansätze, die in Richtung auf eine Weiterentwicklung der Forschungsergebnisse zum kooperativen Unterricht laufen, wie sie in dem Werk "Theorie und Praxis des kooperativen Unterrichts" (Klett 1971^2, 1975) dargestellt worden sind. Diese Ansätze fordern zugleich eine Revision didaktischer Positionen der 7o-er Jahre, vor allem zur Theorie des kreativen Schaffens und des Projektunterrichts, und sie erfordern eine Vielzahl von planmäßig durchgeführten Versuchen mit Lehrgängen und Vorhaben (Projekten) auf allen Altersstufen und in allen Lerngruppen/Schularten; denn mit dem Prinzip des kooperativen Unterrichts ist untrennbar verbunden das Ziel der Anleitung der Schüler zur Mitplanung und Mitgestaltung, zum selbständigen Schaffen und Hervorbringen, zum sozialen Handeln in der Gruppe, zur sinnvollen und behutsamen Einbeziehung von Freizeitaktivitäten in den Unterricht, zur sprachlichen Bewältigung von sozialen und kulturellen Problemen der Umwelt, zum planmäßigen Lernen und Arbeiten. Ohne eine Revision herrschender Vorstellungen über die Möglichkeiten einer Erziehung zu kreativem Schaffen und projektorientiertem Handeln, die bereits im Gang ist, dürfte es unmöglich sein, ein ausgewogenes Konzept für eine kurz-, mittel- und langfristige Unterrichtsplanung und Unterrichtsorganisation zu schaffen.

Zur Revision der Theorie des kreativen Schaffens

Karlheinz Fingerhut/Hartmut Malenk fordern in ihrem Aufsatz "Über den Stellenwert von 'Kreativität' im Deutschunterricht" (Diskussion Deutsch, 55, 1980) dazu auf, den Begriff Kreativität preiszugeben und die Phantasie der Kinder wieder an feste Formen und Regeln des Schaffens zu binden: "Regel, Gesetzmäßigkeit, 'Zwang' ist Voraussetzung und Stimulans für kreatives Problemverhalten". "Lernen erfolgt handelnd und experimentierend, aber das Moment des Spiels bedeutet nicht die phantastisch schweigende Freiheit, sondern - wie im Spiel ja auch - die Anwendung und Ausnutzung von Regeln und Gesetzmäßigkeiten" (S.496, 498, 5o1).

Der Aufsatz greift die Erkenntnisse und Erfahrungen der 6o-er Jahre auf. In einer Übersichtstafel "Kreativität im Umgang mit Texten" werden alle Verfahrensweisen der 6o-er Jahre zusammengestellt. Allerdings findet sich in diesem wie in manchen anderen Aufsätzen ein Mangel: Die vorgeführten Unterrichtsbeispiele sind nicht in einen Lehrgang oder ein Projekt eingebunden, sondern werden als Einzelbeispiele vorgeführt, so daß am Ende keine Erfolgskontrolle möglich ist. M.E. kann der Alltag der Schule nicht durch Modelle von Einzelstunden, sondern nur durch Modelle für Lehrgänge und Vorhaben (Projekte) nachhaltig verbessert werden.

Zur Revision der Theorie des Projektunterrichts

Das Prinzip des Projektunterrichts wurde von John Dewey, Kil Patrik, Hugo Gaudig und Georg Kerschensteiner entwickelt. Für den Deutschunterricht an Gymnasien wird es seit 1947 mit vielen Beispielen im Rahmen der Staatsschulen empfohlen. In dem Werk "Theorie und Praxis des kooperativen Unterrichts" wird es als eine wichtige Sonderform des Lehrgangs beschrieben. Im Gefolge der Hessischen Rahmenrichtlinien der 7o-er Jahre sind verschiedene Konzepte für einen Projektunterricht vorgelegt worden, die Gerhart Wolff und Harro Müller-Michaels kritisch überprüfen. Sie nehmen Stellung zu den

Versuchen der Lüneburger Gruppe um Werner Schlotthaus, der Aachener Gruppe mit W.Böttcher, J.Firges, H.Sitta und H.J.Tymister sowie denen Werner Ingendahls. Alle diese Gruppen interpretieren den Begriff Projekt auf ihre Weise; aber in keinem der vorgeführten Versuche wird die Projektarbeit in eine umfassende und offene Unterrichtstheorie eingebunden. Sie haben insofern fragmentarischen Charakter. Wolff kommt zu dem Ergebnis, daß die Theorie des kooperativen Unterrichts dem projektorientierten Unterricht einen eindeutigen Stellenwert in einer umfassenden Didaktik mit klarer Unterrichtsorganisation zuweist. M.E. können Projekt-Vorhaben in einer Klasse im Durchschnitt etwa zweimal im Jahr durchgeführt werden, ohne daß die Schüler überfordert und die anderen Unterrichtsfächer benachteiligt werden. Ob es sich dabei um die Schaffung und Ausführung eines Spieltextes, um die Schaffung eines Gemeinschaftswerkes, um die Durchführung und Auswertung von Interviews, um die Durchführung einer Ausstellung handelt, immer ist das Vorhaben eingebunden in einen Jahresplan mit klar umrissenen Lernzielen, die den amtlichen Lehrplänen entsprechen und von der Klasse freiwillig nach vorher festgelegtem Zeitplan durchgeführt werden. Jede Verabsolutierung eines didaktischen Prinzips engt den Deutschunterricht ein: Nur im Verbund verschiedener didaktischer Prinzipien können die vielfältigen, mehrdimensionalen Aufgaben des Faches Deutsch bewältigt werden.

Zur Überprüfung der Theorie einer "Handlungsdidaktik"

Der allgemeine Trend der Didaktik geht auf eine "Handlungsdidaktik". Jedoch hat sie bislang noch keine festen Konturen angenommen. Harro Müller-Michaels schließt seinen Band "Positionen der Deutschdidaktik seit 1949" mit einem Kapitel "Didaktische Handlungsforschung" in der Annahme, daß eine Handlungsdidaktik alle Vereinseitigungen früherer Didaktiken aufhebe. Dabei ist jedoch der Begriff "Handlung" als eine Metapher im Bereich des Deutschunterrichts selbst nicht eindeutig geklärt und nicht eindeutig bestimmbar: Ist Spielen, Arbeiten, Schaffen, Hervorbringen, ist Nachdenken, Forschen, Lernen, ist Interpretieren, Analysieren, Synthetisieren ein Handeln? Wenn nicht, dann ist eine "Handlungsdidaktik" schon im Ansatz als zu eng und damit als gescheitert zu betrachten. Ist nach herrschendem Sprachgebrauch "Handeln" primär sozialbezogen, "Schaffen" hingegen primär sach- oder gegenstandsbezogen? Sollte jedoch der Begriff "Handlung" für alle Formen von sprachgebundenen Aktivitäten verwendet werden und sollte die "Handlungsdidaktik" nicht durch den philosophischen Pragmatismus eingeengt sein, so dürfte der Unterschied zwischen einer kooperativen und einer Handlungsdidaktik schwer auszumachen sein.

3. Vorschläge zur Ausbildung der Deutschlehrer in der Bundesrepublik

Ob die Vorschläge zur Weiterentwicklung einer offenen und kooperativen, nach Lerngruppen bzw. Schularten differenzierten Didaktik überzeugen oder nicht: Gibt es eine Alternative? Und gibt es einen sinnvollen Plan für eine Lehrerausbildung ohne ein Konzept für das Fach, das die Lehrer unterrichten sollen? Ferner: Ist es nicht erstrebenswert, daß die Deutschlehrer in der Bundesrepublik über die Ländergrenzen hinweg nach einem einheitlichen Plan ausgebildet werden? Wenn sich die Institutionen der Lehrerbildung nicht aus Sachverstand und Verwantwortung für das Ganze unseres Staatswesens zum Entwurf eines solchen Plans zusammenfinden, kann man we-

der von der KMK noch von den politischen Parteien erwarten, daß sie in
diesem komplexen Bereich der Bildungspolitik sich auf einen gemeinsamen
Weg einigen.
Die folgenden Vorschläge lassen sich auf knappem Raum nur skizzieren. Sie
sind der Niederschlag einer 3o-jährigen Tätigkeit als Leiter eines Studienseminars, vieler Gespräche mit Abgeordneten und vieler Sitzungen zur
Vorbereitung einer inzwischen schon in der Planungsphase wieder aufgegebenen Gesamthochschule Reutlingen-Tübingen.

3.1 Organisatorischer Rahmen

Mit der Neugliederung des Schulaufbaus in Primarstufe, Sekundarstufe I
und Sekundarstufe II wurde von der KMK auch die Ausbildung des Lehrers für
eine der drei Stufen in Aussicht genommen: der Stufenlehrer. Die Anhänger
der Gesamtschule wie die Vertreter gemeinsamer Lehrpläne für die drei herkömmlichen Schularten haben darin einen bildungspolitischen Fortschritt gesehen. Inzwischen ist in den CDU/CSU-regierten Ländern eine rückläufige
Bewegung zu beobachten: Die Unterschiede der drei Schularten werden stärker herausgearbeitet; von einer einheitlichen Lehrerbildung ist nicht mehr
die Rede. In dem SPD-regierten NRW hingegen ist die Ausbildung des Stufenlehrers durch Gesetz verordnet.
Mit gleicher Intensität wie die Ausbildung des Stufenlehrers wurde in den
7o-er Jahren die einphasige Lehrerausbildung propagiert und an mehreren Orten erprobt. Die einphasige Lehrerausbildung ist inzwischen in Niedersachsen wieder rückgängig gemacht.
Stufenlehrer und einphasige Lehrerausbildung gehörten in den 7o-er Jahren
zusammen mit einer emanzipatorischen Erziehung zum Grundbestand einer progressiven Bildungspolitik. Was aber nun heute?

3.1.1 Der Zweistufenlehrer

Der Lehrer, der nur für eine der drei Schulstufen ausgebildet wird, muß
4o Jahre hindurch Schüler derselben Altersstufe unterrichten: Er erfährt
nicht, wie die Gesamtschullaufbahn seiner Schüler verläuft; er erfaßt nicht
den Zusammenhang eines progressiven Lernens über die Stufe hinweg; er erfährt nicht das Belebende des Wechsels zwischen den Stufen. Das Berufsbild
des Einstufenlehrers ist erheblich ärmer als das des seitherigen Lehrers.
Ratsam im Sinne einer Annäherung der Schularten und der Erhaltung eines
reichen Berufsbildes ist deshalb die Ausbildung des Zweistufenlehrers
d.h.
- Ausbildung für Primar- und Sekundarstufe I
- Ausbildung für Sekundarstufe I und II
in jeweils vierjährigem Studium bis zum 1.Staatsexamen. Dabei ergibt sich
von selbst, daß der Primar- und SI-Lehrer sich in erster Linie für Grund-
und Haupt- plus Realschule vorbereitet, der SI- und SII-Lehrer in erster
Linie für Realschule und Gymnasium. An der Gesamtschule fänden beide Gattungen von Lehrern Verwendung.
Die Vorzüge dieser Regelung wären
- für den Staat: vielfältige Einsatzmöglichkeit der Lehrer,
- für den Lehrer: variable Lehraufträge nach persönlichen und schulischen
                      Bedürfnissen,
- für den Studierenden: Horizonterweiterung, Blick für größere fachwissen-
                        schaftliche und erziehungswissenschaftliche didaktische
                        Zusammenhänge, größere Befriedigung beim Studium.

3.1.2 Die zweiphasige Ausbildung

Der Erfahrungsbericht der Universität Osnabrück "Reform der Realität - Erfahrungen mit der einphasigen Lehrerausbildung (ELA) an der Universität Osnabrück" von Joachim Kuropka/Eberhard Ockel in "Die Deutsche Schule", 3, 1980, gibt zu denken. Alle Zielvorstellungen der einphasigen Lehrerausbildung sind an der Wirklichkeit zerronnen:

"- Integration von Theorie und Praxis,
- Integration der erziehungswissenschaftlichen, gesellschaftswissenschaftlichen und fachdidaktischen Ausbildungsteile,
- Berufsbezogenheit der Ausbildung
- Studienorganisation in drei aufeinander bezogenen Studienabschnitten und
- Einheitlichkeit der Ausbildung für alle Schulstufen" (S.168).

Der Bericht schließt mit der grundsätzlichen Feststellung:

"An wenigstens zwei Punkten ergeben sich Probleme: Aus dem Gedanken der Berufspraxisbezogenheit der wissenschaftlichen Ausbildung kann der Student der Gefahr erliegen, das Studium eher als reine Praxiszulieferung zu verstehen denn als wissenschaftliche Aufarbeitung der Problemfelder seines zukünftigen Berufes. Zum zweiten, wenn Konsens darüber bestünde, daß Integration von Theorie und Praxis in der Lehrerausbildung als Gewinn anzusehen ist, dann müßte dies für alle Phasen der Ausbildung gelten und selbstverständlich für alle daran beteiligten Wissenschaften und Wissenschaftler" (S.175).

Nicht restaurative Tendenzen, sondern Praktikabilitätserwägungen lassen die zweiphasige Ausbildung als das kleinere Übel erscheinen, wie die Erfahrungen in Baden-Württemberg in den 5o-er Jahren zeigen:

Gefordert wurde in Baden-Württemberg von den zukünftigen Gymnasiallehrern von 1952 an die Ableistung eines Schulpraktikums während des Studiums. Einige Jahre später wurde darauf wegen der Undurchführbarkeit bei den großen Zahlen von Studierenden verzichtet: Die Schulen können nicht gleichzeitig die Studienreferendare und die Studierenden aufnehmen.

Zu erwägen ist folgende Möglichkeit: Für Primar- und S.I-Lehrer 1-3 Schulpraktika von 4-6 wöchiger Dauer, davon 1-2 während der Semesterferien am Heimatort/Heimatschule. Für S I und S II-Lehrer 1 Schulpraktikum während der Semesterferien möglichst am Heimatort/Heimatschule. Jedes Praktikum wird sorgfältig vor- und nachbereitet. Die Betreuung übernehmen Didaktiker und Ausbildungslehrer der Universität-Pädagogischen Hochschule und Schule. Bedingung: Während des Praktikums wird ein geschlossener Lehrgang von 15-25 Unterrichtsstunden vorbereitet, durchgeführt und nachbereitet. Verzicht auf Lehrproben, d.h. auf Unterrichtsversuche, die nur aus 1-2 Unterrichtsstunden bestehen. Zum Abschluß des Lehrgangs führt der Studierende in Absprache mit dem Fachlehrer eine Erfolgskontrolle durch und benotet die einzelnen Schülerleistungen.

3.2 Inhaltlicher Rahmen

Die fundamentale Frage ist: Zu welcher Theorie und zu welcher Praxis sollen die Lehrer ausgebildet werden? Was ist unter Wissenschaftlichkeit und unter Berufsbezogenheit zu verstehen? Solange darüber keine Verständigung erzielt ist, kann jeder das Ausbildungskonzept des anderen als unwissenschaftlich,

restaurativ bzw. gesellschaftsverändernd und berufsfremd bezeichnen.
Gehe ich aus von einer offenen und integrativen, nach Zielgruppen differenzierenden Theorie des Unterrichts, so muß ich dem Studium und der unterrichtspraktischen Ausbildung eine offene und integrative Sprach- und Literaturtheorie, eine offene und integrative Anthropologie und Gesellschaftstheorie zugrundelegen.

1. Phase Ausbildung in Deutsch

Grundausbildung für alle zukünftigen Deutschlehrer:

1. Einführung in Grundfragen der Sprachtheorie und in linguistische Forschungsrichtungen. Probleme einer Textgrammatik. Verschiedene Modelle der Satzanalyse und ihre kritische Beurteilung. Die Lehre vom Wort, vom Satz, vom Text.

2. Einführung in Grundfragen der Literaturwissenschaft und der Literaturtheorie. Verschiedene Methoden der Textanalyse und ihre kritische Beurteilung. Textsorten, -arten.

3. Einführung in Grundfragen einer umfassenden Theorie des Deutschunterrichts: Probleme der Textarbeit in der Schule, Probleme der Schulgrammatik, Probleme der Textproduktion - mit praktischen Beispielen in Verbindung mit Schulpraktika - stufenbezogen durchgeführt.

Zielgruppenspezifische Ausbildung der Deutschlehrer

Primar- und S I-Lehrer	S I und S II-Lehrer
stärkere Betonung entwicklungs- und schichtbedingter Probleme aus dem Bereich der Sprach- und Literaturwissenschaft: Literaturwissenschaft unter dem Gesichtspunkt der literarischen Kleinformen und ihrer gesellschaftlichen Funktion; Das Verhältnis von Dialekt-Soziolekt-Ideolekt zur Gesamtsprache	stärkere Betonung der geschichtlichen Entwicklung von Sprache und Literatur im Zusammenhang mit der gesamtgesellschaftlichen Entwicklung Fortführung der Probleme der Literatur- und Sprachtheorie, der Grundausbildung mit Interpretations- und Analysebeispielen
---	---
Wahlweise Einführung in Medientheorie, Logik und Argumentationslehre, Theater und Schulspiel, kreative Übungen	Wahlweise Einführung in Medientheorie, Logik und Argumentationslehre, Theater und Schulspiel, kreative Übungen
---	---
Kooperation der Didaktiker der 1.Phase mit denen der 2.	Kooperation der Didaktiker der 1.Phase mit denen der 2.

Mängel der 1.Phase der Deutschlehrerausbildung aus der Sicht der 2.Phase und der Schulaufsicht

Die folgenden Feststellungen dürfen nicht den Dozenten und Didaktikern der ersten Ausbildungsphase angelastet werden; sie sind m.E. die Folgen, die sich aus dem Fehlen einer Hochschuldidaktik und aus dem Fehlen eines Gesamtkonzepts für das Fach Deutsch bei einem Großteil der Referendare und Junglehrer ergeben:

1. Zu schmale Basis für das Literaturverständnis:
   - Fehlen eines Gesamtüberblicks über die Literaturentwicklung und die literarischen Gattungen,
   - Fehlen eines Überblicks über die Analyse- und Interpretationsmethoden von künstlerisch gestalteter und von Gebrauchsliteratur,
   - zu geringe Kenntnisse selbst im Bereich der Spezialgebiete; die Spezialgebiete selbst sind zu eng gespannt;
2. Zu schmale Basis für das Sprachverständnis:
   - Fehlen eines Gesamtverständnisses für das Phänomen Sprache, d.h. für ihre Funktion und Wirkungsmöglichkeiten,
   - Fehlen von Ansätzen zu einer Sprachtheorie,
   - zu frühe und zu starke Spezialisierung auf eine bestimmte linguistische Forschungsrichtung, sei es generative oder Dependenzgrammatik, Soziolinguistik oder Pragmalinguistik;
3. Mißverstandenes Prinzip der Theorie des exemplarischen Lehrens und Lernens:
   - Am Exempel kann man nur lernen, wenn man zugleich das Bezugssystem mitlernt, für das das Exempel steht; kein exemplarisches Lernen ohne Aufbau eines Koordinatensystems, dem das Gelernte einzuordnen ist,
   - Fehlen einer Reflexion über die Funktionsziele des Unterrichtsgegenstandes, d.h. über die Ziele, die zugleich auf Form und Inhalt gerichtet sind, die einen personalen und einen Sachbezug anstreben;
4. Fehlen eines Gesamtkonzepts für Unterricht. Die Folgen sind:
   - Sich Klammern an Vorschriften, Lehrpläne, Schulbücher, an Publikationen des letzten Jahres,
   - Drängen nach einer starren Reglementierung des Unterrichts,
   - Geringe Aufgeschlossenheit für Initiative und durchdachte eigene Unterrichtsversuche,
   - Geringes berufliches Selbstvertrauen,
   - Rückwirkung der Lehrermentalität auf die Schüler: Stöhnen über Leistungsdruck, Gleichgültigkeit, geringer Unterrichtserfolg.

Gewiß kann keine Didaktik, kann keine Studien- und Ausbildungsordnung, gewiß kann kein noch so engagiertes Team von Dozenten und Ausbildungsleitern all diese oft beklagten Mängelerscheinungen abstellen: Studium und Referendariat schaffen nur eine erste Grundlage an Kenntnissen, Erkenntnissen und Verhaltensweisen; das, was der Lehrer im Beruf braucht, lernt er aufgrund seiner Vorbildung im Beruf selbst: Aber wie er lernt, wozu, was er für den Beruf für unabdingbar, für wünschenswert, für nicht unbedingt erforderlich hält, das sollte er während seiner Ausbildungszeit in der ersten und zweiten Phase reflektieren lernen.

Es ist zu befürchten, daß die heute zu beobachtenden Mängel in der Ausbildung der Lehrer sich in Zukunft verstärken durch die Mängel der Oberstufenreform: Auch dort wurde den Schülern in den letzten Jahren kein Gesamtzusammenhang der Probleme und der Arbeitsbereiche vermittelt, sondern durch einzelne Grund- oder Leistungskurse wurden punktuelles Wissen und punktuelle Arbeitsmethoden vermittelt; und dies als eine Folge der mißverstandenen Theorie sowohl des exemplarischen Lehrens und Lernens als auch der Unterrichtsorganisation auf der reformierten Oberstufe. Es gibt Anzeichen für eine Reform der Reform. Aber auch sie setzt ein durchdachtes Gesamtkonzept voraus, wenn sie Erfolg haben soll.

Erika Essen
STRUKTUREN DES UNTERRICHTSFACHES DEUTSCH - IN BEZIEHUNG UND SPANNUNG
ZU STRUKTURIERUNGSMÖGLICHKEITEN IM GERMANISTISCHEN STUDIUM

Das Thema dieser Vortragsreihe enthält drei variable Größen: Praxis - Wissenschaft - Lehrerausbildung. Sollen diese am Beispiel der Deutschlehrerausbildung diskutiert werden, so könnte man den einfachen Schluß ziehen: Praxis, das sei hier Deutschunterricht; Wissenschaft, das seien hier die germanistischen Disziplinen der Sprach- und Literaturwissenschaft; und im Spannungsfeld zwischen beiden habe sich die Lehrerausbildung zu orientieren. Zwischen Wissenschaft und Unterricht wäre also ein Beziehungsgefüge aufzubauen, mit dem die Wechselbeziehungen zwischen beiden in einem Prozeß der didaktischen Umsetzung einsichtig und wirksam würden.
Für unsere gegenwärtige Zeit und Wirklichkeit gibt es diesen einfachen Schluß nicht.
1. "Praxis" ist nicht selbstverständlich "Unterricht". Nach rund 25 Jahren der Reformdiskussion, alle Bildungsinstitutionen betreffend, ist wenigstens eins zwingend deutlich geworden: die Theoriebedürftigkeit, aber auch die Theorie-kontrollierende Funktion von Schule und Unterricht.
Unterrichten ist zwar auch ein Handwerk, ein außerordentlich anspruchsvolles - was die erlernbaren Handlungs- und Verhaltensweisen betrifft. Aber in der Grundlegung ist Unterricht allgemein wie fachspezifisch theoretisch bezogen, und das theoretische Konzept steuert bis in die Verzweigungen hinein Verhalten und Handeln in der Praxis. Praxisorientierung bedeutet also im Ansatz: Auseinandersetzungen mit den theoretischen Grundlagen, von denen aus jede Praxis in ihren Erscheinungsweisen verständlich, in ihren Intentionsrichtungen vollziehbar wird.
Wenden wir dies auf das Fach Deutsch an, auf die Praxis des Deutschunterrichts, so stoßen wir auf die komplexe Problematik, mit der dieses Fach im besonderen - und unter vielerlei Wechsel der Aspekte - eigentlich seit seinem Bestehen, zumindest seit Beginn unseres Jahrhunderts belastet und vielerlei Verwirrungen preisgegeben ist.
Das liegt begründet in der Realität der fachlichen Substanz: Die Sprachwirklichkeit des Menschen hat viele Schichten, spielt auf vielen Registern, ist mit der menschlichen Daseinswirklichkeit so zentral - und zugleich so allgegenwärtig - verknüpft, daß es keine Bestimmungsgrenzen zu geben scheint. In der Unfestigkeit und Plastizität des Mediums Sprache ist es angelegt, daß sich je nach Standpunkt und gesamtsituativem Kontext das Konzept und das Erscheinungsbild des Faches verändern. Mehr als die meisten anderen Fächer ist das Fach Deutsch gesellschaftlichen und politischen Interessenauseinandersetzungen offen. So kommt es immer wieder, je nach Standpunkten und Standpunktveränderungen, zu "Krisen des Deutschunterrichts".
Dies verschärft sich, wenn auch die institutionellen Bedingungen von Schule und Unterricht, in Bewegung und Widerstreit, nicht mehr voll tragfähig sind, wie wir es in unserer Gegenwart erfahren müssen. Deutschunterricht: ist es das differenzierte Fach der Orientierungsstufe? ist

es das schulformübergreifende oder das schulformspezifische Fach der Sekundarstufe I? ist es das Konglomerat aus Kursen der Sekundarstufe II? An welcher "Praxis" soll - oder auch nur: kann sich die wissenschaftliche Deutschlehrerausbildung orientieren?

2. "Wissenschaft" in Studium und Forschung des künftigen Deutschlehrers ist nicht einfach "Germanistik". Nach den Entwicklungen und Neubildungen an den deutschen Hochschulen seit dem zweiten Weltkrieg haben sich die verhältnismäßig übersichtlichen, meist historisch strukturierten Zusammenhänge weitgehend verloren. Bis dahin waren Überblick und Einsicht in Beziehungen sozusagen selbstverständlich gegeben: etwa in der regelmäßigen Abfolge der großen orientierenden Vorlesungen in Sprach- und Literaturgeschichte, die auch den Seminaren und Übungen - bei sehr hohen Anforderungen an das selbständige Forschen und Erarbeiten - Ort, Beziehungsrichtung und Sinnzusammenhänge vermittelten. Die Wendung von der Sprachgeschichte zur gegenwärtigen Sprachwirklichkeit mußte unter neuen Fragestellungen die historische Abfolge-Ordnung zunächst auflösen. Aus den nun erkennbar werdenden Aspekten und Forschungsbedürfnissen entstanden neue Anforderungen, Hypothesenbildungen und Wechselbeziehungen. So hat sich das wissenschaftliche Bezugsfeld des Deutschunterrichts verändert: die Gegenstandsbereiche sind sehr unterschiedlich gelagert, in ihren Orientierungsrichtungen schwierig zu bündeln, in vielerlei Spezialisierung anspruchsvoll, mit der Tendenz zu isolierender Schwerpunktsetzung. Die Leistung des überschauenden Orientierens, des Auswählens und Strukturierens wird weitgehend von jedem einzelnen Studierenden in selbständigen Entscheidungen aus eigener Initiative erbracht werden müssen - so weit dies unter allen schwierigen Bedingungen der gegenwärtigen Gesamtsituation überhaupt möglich ist.
Was kann man also unter "wissenschaftlicher Ausbildung des Deutschlehrers" begreifen? Wie kann im Rahmen gegenwärtiger Wissenschaftsbereiche und -situationen "Praxisorientiertheit" wissenschaftlich begründet werden?

3. Die gegenwärtige Problematik und Wirrnis der Lehrerausbildung in Situation, Zielverständnis und äußeren Bedingungen möchte ich im gegebenen Rahmen nur ins Bewußtsein rufen. Die mehr als je notwendige Analyse müßte Gegenstand einer eigenen Vortragsreihe sein, nachdem mehr als 25jährige Reformbemühungen - nach gelegentlichen, wenigen Einzelerfolgen - sich doch immer wieder, und dies in steigendem Ausmaß, zum Scheitern verurteilt sehen, fast überall aus Gründen, die mit der Substanz der Sache nichts zu tun haben.

Vor dem Hintergrund dieser Realität könnte mein Thema wie ein utopischer Entwurf erscheinen. Denn wir müssen fragen: Gibt es denn überhaupt die Voraussetzung einer institutionell gesicherten, der Bedeutung und dem Anspruch der Sache entsprechenden Lehrerausbildung?

Unter solchen Voraussetzungen steht der Versuch, über Deutschlehrerausbildung nachzudenken, in keiner seiner Blickrichtungen auf tragfähigem Grund. Wir können nur neu ansetzen, um Grundlagen herauszuarbeiten, an die sich die Orientierung zwischen Wissenschaft und Unterricht möglicherweise halten könnte.

Wir fragen im folgenden nach Möglichkeiten und Ansätzen zur Strukturierung des Faches Deutsch und versuchen im weiteren, die Problematik einer Strukturierung des wissenschaftlichen Studiums im Bezugsfeld der Germanistik zu erörtern. Dabei wird die Frage zu stellen sein nach der Möglichkeit und nach der Notwendigkeit vorgegebener Sinnstrukturen oder aber nach einer Strukturoffenheit bei Vielfältigkeit der Strukturelemente. Ich gehe grundsätzlich davon aus, daß Bemühungen um Übertragung von Strukturierungsformen zwischen Wissenschaft und Unterricht oder umgekehrt in Frage zu stellen sind auf Grund der Andersartigkeit beider Bereiche, die ich in der Gegenüberstellung zu skizzieren versuche.

Ich setze nun an mit der Frage nach Strukturansätzen und strukturellen Beziehungen im Fach Deutsch. Dabei können - wie schon gesagt - die vielfältigen und zufälligen Erscheinungsweisen der praktischen Unterrichtsgestaltung nur sehr bedingt zugrunde gelegt werden. Unser Versuch muß sich in der Zusammenschau auf die vorauszusetzenden theoretischen Konzepte von Praxis richten. Da solche bestimmt werden von unterschiedlichen Leitbegriffen, muß ich meine konzeptionelle Ausgangsposition bestimmen.

Ich begreife das Fach Deutsch in seinem zentralen Auftrag als sprachliche Grundbildung.
Im Hinblick auf das Gesamtsystem von Schule und Unterricht verstehe ich darunter: Bildung und Sicherung der sprachlichen Voraussetzungen zur Lern- und Arbeitsfähigkeit in allen Fachbereichen; eingeschlossen die Fähigkeit, fachspezifische Sprachhandlungsformen und -verhaltensweisen unterscheiden und mitwirkend leisten zu können.
Im Hinblick auf die gegenwärtige Sprachwirklichkeit aller Bereiche und Ebenen, die in Schule und Unterricht wie in allen übrigen Lebenssituationen als Anforderung zwingend wirksam ist, verstehe ich darunter: die Bildung eines von Sprachbewußtsein gesteuerten Sprachverhaltens und -handelns in Erkenntnis von Notwendigkeiten, Möglichkeiten und Wirkungen.

In der so definierten komplexen Fundamentalfunktion erkenne ich den Anspruch und die Unvertretbarkeit des Faches Deutsch. Im Hinblick darauf erscheinen mir Revisionen der gegenwärtigen Bildungspolitik - das Fach im gesamten Schulbereich betreffend - unerläßlich.

Ich versuche nun, von dieser Grundlage aus Strukturansätze herauszuarbeiten.

Es läge nahe, anzusetzen bei einem Leitbegriff, der gegenwärtig die didaktische Literatur und Praxisdiskussion fast ausschließlich bestimmt: das Schlagwort "Kommunikation". Sollte dieser bereits abgebrauchte und vieldeutig verschwimmende Begriff didaktisch transparent werden, so müßte er sich strukturell gegliedert darstellen. Zu diesem Zwecke wurde das sogenannte "Kommunikationsmodell" aus der Kommunikationswissenschaft unmittelbar in den Unterricht überführt. Dort allerdings stößt der Versuch, das Modell auf die besondere und vieldimensionale Wirklichkeit der sprachlichen Kommunikation anzuwenden und umzusetzen, an nahe Grenzen, die sich daraus ergeben, daß das Modell für alle kommunikativen Erscheinungen unter einem bestimmten wissenschaftlichen Aspekt übergreifend abstrakt gesetzt ist.

Ich möchte das an den Strukturelementen des Modells deutlich machen. Die Beziehungsgrößen "Sender" und "Empfänger" wären - auf sprachliche Kommunikation bezogen - personal zu denken: "Sender" wäre zu verstehen als produzierend Sprachhandelnder; "Empfänger" als seinerseits produzierend Sprachverstehender. Das Modell aber zieht die damit vorauszusetzende Vielseitigkeit der sprachlichen Existenz auf eine einzige Bezugsrichtung zusammen. Senden und Empfangen beziehen sich im Modell auf den Vermittlungsgegenstand "Nachricht" und realisieren sich als Prozesse des Kodierens und Dekodierens. Dafür steht das Medium vereinbarter Signale und deren Verknüpfungsregeln als Kodierungsrepertoire zur Verfügung. Vermittelt wird die Nachricht auf dem Weg über einen "Kanal", innerhalb dessen Störungen die Vermittlung beeinträchtigen oder verhindern können.

Es wird sofort deutlich, daß auch der Strukturbegriff "Kode" - bezogen auf Sprache - eine äußerste Vereinfachung und Abstraktion bedeutet. Unter didaktischer Intention ist das Phänomen "Sprache" so undifferenziert nicht darstellbar. Sowohl vom notwendigen Ansatz einer Strukturierung des personalen Sprachhandelns vom handelnden - sprechenden oder verstehenden - Subjekt aus als auch im Blick auf die Wirklichkeitsdimensionen des Systems "Sprache" müssen im besonderen die als "Kodieren" und "Dekodieren" abstrakt zusammengefaßten Aspekte des Sprachhandelns anders als im Modell begründet und differenziert werden. Dabei darf u.a. nicht übersehen werden, daß "Störungen", bezogen auf den sprachlichen Vollzug und Austausch, durchaus nicht nur auf einen "Kanal" zurückzuführen, sondern in allen Bezugspunkten und -richtungen latent allgegenwärtig sind, wie es sich aus der personalen Realität als Aktualisierungswirklichkeit notwendig ergibt.

In einem Punkt besonders ist das Modell unzureichend: es läßt die Frage der Inhalte aus, die für sprachliche Kommunikation von durchgreifender Bedeutung ist. Für den Bereich der sprachlichen Bildung stößt damit eine der wichtigsten Fragen des Spracherwerbs und der Sprachverwendung ins Leere: die Frage nach dem Zustandekommen der Inhalte als individuellem sprachlichem Besitz eines in Sprachkommunikation handelnden personalen Subjekts. Das betrifft der Sacherfassung in Korrespondenz mit der Erweiterung von Sprachbesitz und -verfügung.

Als Instrument zur Strukturierung des Deutschunterrichts halte ich also das Kommunikationsmodell - ohne dessen Wert innerhalb eines Teilbereiches der Sprachwissenschaft zu verkennen - für ungeeignet.

Ich möchte das noch einmal im Blick auf die pädagogischen Anforderungen der sprachlichen Bildung beleuchten, und zwar in den Punkten: personales Zentrum des Sprachhandelns - Spracherwerb - Sacherfassung und Sachdarstellung - Aufschließung der Beziehungsstrukturen des Phänomens Sprache. -

Der personale "Sender" des Sprachhandelns ist nicht aus der einseitigen Funktion des Kommunikationsmodells, dem "Senden" zu begreifen. In Ausübung dieser Funktion erscheint und wirkt zugleich das Individuum, das in seiner eigenen Welt, auf den Grundlagen der eigenen Sprachwelt und in seinem eigenen Sprachhorizont lebt. Mit dem Handeln ist die Notwendigkeit der persönlichen Bewußtwerdung verbunden. Denn beim personalen Subjekt geht es fundamental um die Bildung der sprachlichen

Identität des einzelnen, d.h. um die Selbstfindung im eigenen sprachlichen Horizont. Das heißt zugleich: um die Sicherung der sprachlichen Ursprünglichkeit und Spontaneität.Hier sehe ich die Bedingung sowohl für kommunikatives Sprachhandeln als auch für den dafür notwendigen Übergang vom natürlichen Gebrauch der Eigensprache zur Verfügung über die allgemeine Standardsprache.

Von struktureller Bedeutung für den Deutschunterricht erscheint mir unter diesem Aspekt eine Entscheidung über die Wertung der sprachlichen Eigenwelt des einzelnen Schülers. Wertet man z.B. die Sprachheimat "Dialekt" als "Sprachbarriere", so entsteht die Überleitung zur Standardsprache als sukzessive Ersetzungsstruktur. Versteht man dagegen die ursprüngliche Verfügung über einen Dialekt als eine besondere und wertvolle Kompetenz, die für den künftigen Gebrauch der Standardsprache fortdauernde Bedeutung hat, so bildet sich die Vermittlung der Standardsprache in wechselseitigem Vergleich zur konstruktiven Kontrastierung aus. Meine eigenen Versuche und Beobachtungen lassen vermuten, daß das letztere weiterführt, da es dem Selbstverständnis des Sprachhandelnden die Freiheit der offenen Zugänge zwischen beiden Systemen erhält und jede Gefahr der verunsichernden Abwertung vermeidet.

Ich führe meinen Ansatz weiter:
Wenn Sprache auch in kommunikativen Beziehungen entwickelt und angeeignet wird, so vollzieht sich der individuelle Umgang mit Sprache doch auch und in wesentlichen Sinnrichtungen kommunikationsfrei, auf die subjektive Mitte bezogen. Darin verwirklicht sich das unmittelbare Bedürfnis, eine Befindlichkeit und Stimmung, vorschwebende Inhalte und Gedanken Sprache werden zu lassen, und zwar zunächst durchaus für das eigene, sich selbst suchende Ich. Hier ist nicht nur die Ausdrucksqualität des Sprachhandelns gemeint, sondern auch die Freude an der sprachlichen Erfassung und Gestaltung der persönlichen Vorstellungsinhalte. Diese werden dadurch wirklicher, haltbarer; gleichzeitig werden sie aber auch in befreiender Weise abgerückt.

Gemeint ist ebenso die Anstrengung, eigene Denkfragen und Gedankengänge mit sich selbst ins Klare zu bringen durch sprachliche Ausformung. Diese subjektive Dimension des Sprachhandelns im offenen, subjektiven Bezug entfalteten Sprach- und Lebenshorizont ist der Weg der Selbstsuche und Selbstfindung. Auf diesem Weg wächst dem Individuum Sicherheit zu und damit die Freiheit, gegenüber andringenden Einflüssen sich selbst zu behaupten.

Mir erscheint eine subjektive Begründung des Sprachhandelns als gegenwärtig besonders notwendig gegenüber dem Ausmaß von Sprachverbrauch und sprachlichem Identitätsverlust. Unsere Sprachwirklichkeit ist dadurch gekennzeichnet, daß jeder einzelne - vom Kindergarten bis zur politischen Debatte - überall und immer wieder herausgefordert, wenn nicht sogar gezwungen wird, über irgend etwas zu reden;das führt leicht dazu, daß schnell griffige Muster und Sequenzen geschickt abgespult werden. In unserer durch Medien aller Art sprachüberfluteten, zugleich sprachstereotypen Realsituation kann nur durch Widerstand des einzelnen die sprachliche Eigenexistenz entwickelt und verstärkt werden. Man muß sich aber wohl klar darüber sein, daß ohne diese zentrale Voraussetzung eine Erziehung zum "mündigen Bürger" nicht begründet werden kann.

Der Strukturansatz "sprachhandelndes Individuum" ist mehrdimensional.
Ich gehe jetzt über zur zweiten Dimension: über den Subjektbezug zum
Objektbezug. Damit gehe ich über die Grundstruktur des Kommunikationsmodells hinaus.
Der Grundsatz Watzlawicks, daß wir in jeder Kommunikation einen "In-
halts-" und einen "Beziehungsaspekt" finden,(1) bezieht zwar Inhalte
ein, klammert aber aus, wie denn Sender und Hörer zu den Inhalten kommen,
über die sie kommunizieren. Diese Frage aber erschließt erst das Bezugsfeld des Sprachhandelns im vollen Sinn. Denn die sprachliche Per-
formanz aktualisiert sich nicht erst und nicht nur im kommunikativ bezogenen Darstellen von Wirklichkeit, sondern ebenso im subjektiv moti-
vierten Erfassen von Wirklichkeit· in der eigenständigen Auseinandersetzung im Spannungsfeld zwischen Sache und Sprache.

Ich möchte hier zurückgreifen auf einen frühen, in der Entwicklung der
Sprachtheorie niemals widerlegten Grundsatz aus Platons "Kratylos". (2)
Hier heißt es in bezug auf die Frage der Sacherfassung: "Indem wir ver-
mittels des Namens nennen/des Wortes worten, unterscheiden wir die
Gegenstände/ Tatsachen/ Sachlagen/ das Wirkliche."
Karl Bühler hat in seinem, auf den Platon-Text zurückgreifenden "Or-
ganonmodell der Sprache" (3) diesen Teil des Platonischen Satzes aus-
gelassen und die drei "Relationsfundamente" seines Modells einfacher
abgeleitet: "Die Sprache sei ein Organum, um einer dem andern etwas
mitzuteilen über die Dinge." Es fehlt der wichtige Aspekt, der die
Sprache als Werkzeug der Unterscheidung begreift, gerichtet auf die
"Pragmata".

Was für den grundsprachlichen Unterricht die Handlung des sachgerichte-
ten sprachlichen Unterscheidens bedeutet, möchte ich am Beispiel einer
einfachen Fragenkette verdeutlichen: Wie heißt dies (notwendige Überleitung aus der Frage: was ist dies?) - wie nennt man dies? - gibt es
verschiedene Benennungen? - wie unterscheiden sie sich? - wie verändert sich die Ansicht der Sache mit einer anderen Benennung? - für
welche Benennung entscheide ich mich? - wie komme ich zu meiner Entscheidung? - welche Konsequenzen hat sie in möglichen Kontexten?
Mit dem Beispiel soll eine grundsätzliche Intention der Sprachbildung
erkennbar werden: Es ist notwendig, daß der einzelne mit der eigenen,
auf sich selbst gestellten Anstrengung der sprachlichen Sacherfassung,
Sach- und Sprachklärung zu seinem eigenen Standpunkt findet; daß er
in dieser Anstrengung sachbezogenes Sprachhandeln in eigener Entscheidung erfährt. Das ist die elementare Voraussetzung zur Bildung einer
selbständigen Urteilsfähigkeit.
Ohne die Voraussetzung bleibt auch der kommunikative Austausch, bleiben
Gespräch und Meinungsstreit im Ablauf von Klischees und üblichen
Sprachmustern stecken. Erst die Grundlage der personalen Positionen zur
Sache gewährleisten Anhalt und Anstoß zu weiterführender Auseinandersetzung.

Wo in der gegenwärtigen Praxis des Deutschunterrichts der allgemeine
Leitbegriff "Kommunikation" absolut gesetzt wird, kann die Notwendigkeit der personalen Voraussetzungen bald ausgeklammert werden. So wird
z.B. ein Text ausgegeben oder ein Problem gestellt. Bereits die erste
Phase der Konfrontation wird als "Partnergespräch" angesetzt, das dann
unmittelbar übergeleitet wird in eine gemeinsame "Diskussion". Hier

wird die notwendige Einführungsphase der individuellen Erfassung und
Auseinandersetzung übersprungen: es fehlt die Pause im kommunikativen
Austausch, in der jeder einzelne zur Sache und zu sich selbst kommen
könnte, und damit die Grundvoraussetzung für ein sachlich, methodisch
und kommunikativ weiterführendes Arbeitsgespräch.

In dieser Hinsicht wird das Schreiben im Deutschunterricht zu einem
strukturellen Schwerpunkt, verstanden als eine Konkretisierung des
sprachlichen Ausdrucks-, Erfassungs-, Gestaltungs- und Selbstorientierungsprozesses.

Wenn also das Kommunikationsmodell eine abstrakt gesetzte, ihrem Begriff
nach zweidimensionale Struktur setzt, so ergibt sich aus dem Ansatz beim
personalen Zentrum des Sprachhandelnden eine dreidimensionale Struktur:
der Sprachhandelnde verhält sich und handelt in subjektivem Bezug, im
Sachbezug und - Subjektivität und Sachbezug einschließend - im kommunikativen Bezug zu anderen Sprachhandelnden. Für jeden solcher Partner,
gleich ob in der Funktion des Senders oder Empfängers handelnd, ist in
jedem Fall die Dreidimensionalität der individuellen Sprachwirklichkeit
gegenwärtig und in der Weise des Sprachhandelns wirksam.

Es erscheint mir wichtig und notwendig, in Gegenüberstellung mit dem
Kommunikationsmodell die konkrete Wirklichkeit der sprachlichen Individualität und deren Grundstruktur in der Dreidimensionalität der Beziehungsrichtungen bewußt zu machen. Damit nämlich fällt Licht in ein
fundamentales Problem aller menschlichen Kommunikation: die Schwierigkeit, oft Unmöglichkeit der Verständigung und des Verstehens. Denn dieses Problem erklärt sich nicht aus den abstrakten Begriffen des Kodierens und Dekodierens, auch nicht aus der Erkenntnis, daß das Kodierungsrepertoire der Partner nur in einer Teilmenge übereinstimmt,
ebenso wenig aus dem theoretischen Begriff der Störungen oder des
"Rauschens". Die Problematik des Verstehens und Nichtverstehens im
Sprachaustausch erscheint und wirkt als die Wirklichkeit der subjektiven
Horizonte, in die alles Sprachhandeln und Sprachverstehen von vornherein
eingebunden ist: die Äußerung des Sprechenden kommt aus Vorstellungs-,
Gedanken- und Beziehungszusammenhängen, die anders beschaffen sind als
die Zusammenhänge, in die hinein der Hörer sie aufnimmt und von denen
her er sie deutet. Unter diesem Gesichtspunkt nennt Ortega y Gasset
"Sprechen - ein utopisches Bemühen". (4)

Wer verstehen und sich verständlich machen will, muß die Realität der
subjektiven Sprachhorizonte als Brechungen in unserer gesamten Sprachwirklichkeit im Bewußtsein haben. Das Wissen, daß das persönliche Gespräch, die öffentliche Verhandlung, die politische Diskussion immer
zwischen Horizont und Horizont an den Grenzen des Scheiterns spielt,
ist das einzige, was wir in Sprachhandeln und Sprachaustausch dem
Scheitern als Bewußtsein entgegensetzen können.

Ich möchte noch kurz eingehen auf die Problematik der Anwendung des Begriffs "Kode" auf Sprachwirklichkeit und Sprachbildung. Geht man davon
aus, daß Sprachuntersuchung, Sprachbeschreibung und Nachdenken über
Sprache im Deutschunterricht ansetzt als reflektierender Bezug auf das
Sprachhandeln, so strukturiert sich der Reflexionsbereich sowohl vom
kommunikativen als auch vom individuellen Ansatz aus. Im ersten richten
sich Untersuchung und Nachdenken auf das Phänomen der Sprechsituation.

Im zweiten entwickelt sich in jeder Dimension des Handelns das Nachdenken über das Handeln im Blick auf die mit dem Handeln aktualisierten Funktionen der Sprache: Ausdrucksfunktion, Appellfunktion, Darstellungsfunktion (mit Bühlers Begriffen); oder im Blick auf unterschiedliche Verwendungsweisen von Sprache: so etwa im sachlich definierenden, im logisch entwickelnden, im kommunikativ Kontakt-suchenden, im poetisch evozierenden Sprachgebrauch.

Ich sehe den unmittelbar handlungsbezogenen Ansatz des Nachdenkens über Sprache in Untersuchung, Beschreibung und Experiment als notwendigen Hinweg zu der nun in eigener Struktur anzusetzenden Untersuchung der Sprache als System. Hier folgen die systematisch aufzubauenden Untersuchungsrichtungen der Sachstruktur des Gegenstandes. Dieser Arbeitsbereich nähert sich Ebenen und Aspekten der Sprachwissenschaft, so weit es die für den Unterricht gebotene Elementarisierung erlaubt. Wir können hier einen Ort der nächstmöglichen Berührung zwischen Unterricht und Wissenschaft erkennen, wobei allerdings die grundsätzliche Bedingung der didaktischen Umsetzung im Einzelnen wie im Ganzen bewußt bleiben muß. Der Modellbegriff "Kode" als auf äußerste abstrahierender Modellbestand kann für den Sprachunterricht eigentlich nur in Gegenüberstellung zur Vielschichtigkeit und Vieldimensionalität des Phänomens "Sprache" Erkenntniswert gewinnen.

Ich fasse zusammen.
Eine Grundstruktur des Unterrichtsfaches Deutsch leite ich ab aus den Dimensionen individuellen Sprachhandelns in Wechselbeziehung zum kommunikativen Sprachhandeln: Subjektbezug - Partnerbezug - Sachbezug. Daß es sich dabei um eine Schwerpunktunterscheidung innerhalb von gleichzeitig Gegenwärtigem und Wirkendem, nicht aber um Isolierung handelt, dürfte selbstverständlich sein. Differenzierungen innerhalb jeder Dimension - sei es nach Grundcharakteren von Sprechsituationen; sei es nach Grundformen des individuellen Sprachgebrauchs; sei es nach funktional unterschiedlichen Verwendungsweisen von Sprache; sei es schließlich nach dem Wechsel der Blickrichtungen: Handeln oder Reflexion - solche Differenzierungen innerhalb der Grundstruktur führen zur Entwicklung eines Beziehungssystems von Arbeitsbereichen mit den didaktischen Möglichkeiten sowohl vielfältiger Schwerpunktsetzung als auch der Hin- und Herverweise in den Beziehungen und Ergänzungen einer übergreifenden Sinnstruktur.

Abschließend noch ein Wort zu Text und Literatur im Deutschunterricht.

Ich sehe dieses große Arbeitsfeld der Sprachbildung nicht in eigener Struktur, sondern in vielfältigen Beziehungen einbezogen in die vorher dargestellten strukturellen Zusammenhänge. Grundsätzlich ist das Verstehen eines Textes ein Prozeß der Sacherfassung, individuell und kommunikativ zu leisten. Dabei möchte ich den Text als fachspezifischen Gegenstand im Schwerpunkt der methodischen Analyse und Verstehenserarbeitung wissen. Die Textsorten stehen naturgemäß in enger Beziehung zu den Dimensionen der Grundstruktur und deren differenzierten Arbeitsbereichen und haben in diesem Zusammenhang Ort und Funktion.

Für den - in die sprachliche Grundbildung einbezogenen - Literaturunterricht könnte man vielleicht die Frage zur Diskussion stellen, ob nicht doch eine historisch aufbauende, großzügige Orientierung über Phasen der literarischen Produktion und deren Komponenten grundlegend notwendig wäre - gegenwärtig im besonderen im Sinne eines Widerstands gegen Kulturverlust und Beziehungslosigkeit in einem zentralen Kulturbereich, für den das Fach Deutsch Verantwortung trägt. Die Bildung der Fähigkeit zur Teilnahme an Kultur in den fachspezifischen Bereichen ist im pädagogischen Auftrag des Faches Deutsch begründet.

Im Blick auf den im vorigen entwickelten didaktischen und pädagogischen Umriß des Faches Deutsch stellt sich nun die Frage nach den Möglichkeiten eines unterrichts-orientierten wissenschaftlichen Studiums.

Ich gehe davon aus, daß Unterricht und Wissenschaft grundsätzlich andersartig sind. Der Wechsel vom Studenten zum Lehrer ist kein organischer Übergang, sondern ein Abbruch des einen und ein von Grund auf neuer Ansatz zum andern. Der vielberufene "Praxisschock" liegt allein in der ahnungslosen Gleichsetzung beider Bereiche begründet. Bei einer bewußten Umstellung auf das andersartige, neu zu erschließende Handlungsfeld wird eine unvoreingenommene Forschungs- und Handlungsbereitschaft für den "Schock" weder Raum noch Zeit haben.

Die Andersartigkeit besteht vor allem darin - und das gilt für den Deutschunterricht wohl mehr als für die meisten anderen Fächer -, daß Unterricht anzulegen und zu strukturieren ist in Ausprägung des pädagogischen Auftrags, also vom Zentrum des zu bildenden oder zu erziehenden Menschen aus, und auf dieses immer bezogen bleibt. Wissenschaft dagegen gewinnt ihre Problemfelder aus den Sachstrukturen der Gegenstandsbereiche in Forschung, Erkenntnis und Lehre. Auch die Wissenschaft vom Menschen, die Wissenschaft von Sprache und Sprachlichkeit wird als Forschungsgebiet objektiviert. Sachaspekte steuern Problemstellungen, Methoden und Erkenntnisse der Forschung. Mit der Konzentration auf jeweils einen bestimmten Sachaspekt entsteht ein spezifischer Forschungsbereich, der sich im Prozeß wissenschaftlicher Verselbständigung mehr und mehr isoliert gegenüber anderen, eigentlich bezugsnahen Bereichen. So kommt es dazu, daß auch im Gesamtbereich der Sprachwissenschaft fast selbständige Disziplinen weitgehend beziehungslos nebeneinander bestehen, so etwa Phonetik, Phonologie, Morphologie, Lexikologie, Syntax, Semantik, Textlinguistik, Pragmalinguistik, Psycho- und Soziolinguistik - ganz zu schweigen von der Ferne, die sich von alters her und in unserer Gegenwart neu aufgebrochen zwischen Sprach- und Literaturwissenschaft ausbreitet.

Die Bemühung um verknüpfende Übersicht wird weiterhin dadurch erschwert, daß der einzelne Bereich meist in sich noch wieder ausgegliedert ist und daß innerhalb jedes Bereiches verschiedenartige, oft widerstreitende theoretische Konzepte mit Hypothesen- und Modellbildungen den Studierenden vor Sach- und Entscheidungskonflikte stellen.

Von solchem Sachverhalt ausgehend möchte ich nun - provokativ, wie mir scheint - zwei Thesen aufstellen.
Die erste: so wie es in der Realität des pädagogischen Feldes begründet ist, daß es in seinen Bildungsfunktionen im Blick auf das zu bildende Subjekt strukturiert werden muß, so ist in der Realität des wissenschaftlichen Feldes begründet, daß es struktur-offen bleiben muß. Erst in der wissenschaftlichen Auseinandersetzung können und müssen für sich bestehende Forschungsgebiete zu Strukturelementen eines jeweils neu zu setzenden Forschungsprojekts bestimmt und in Beziehungen gebracht werden. Solches zu leisten, ist als Forderung an jeden Studenten gestellt. In der

Art, wie diese Forderung verwirklicht wird, erweist sich die wissenschaftliche Qualifikation.
Meine zweite These ist eine Konsequenz aus der ersten:
Der Sinn des wissenschaftlichen Studiums kommt für den zukünftigen Lehrer nicht oder nur annähernd zur Erfüllung, wenn der Student von Anfang an und durchgehend, wo möglich ausschließlich, praxis-orientiert studiert. Er geriete damit in den Zwang einer Engsteuerung, die den Blick verstellt. Praxisorientierung des Lehrers setzt geleistete Wissenschaftsorientierung voraus. Anders kann eine Unterscheidung der beiden Bereiche nicht erkennbar werden. Ohne Unterscheidung aber kommt keine gültige Beziehung zustande. Umsetzungsprozesse zwischen Wissenschaft und Unterricht und umgekehrt standen unter falschen Voraussetzungen. Der "Curriculum-Entwurf für die Ausbildung von Deutschlehrern" (5) weist - wie mir scheint, mit Recht - auf die "Gefahr der Austrocknung von Wissenschaftsbereichen" und einer "Verstümmelung des Faches" hin (S. 81), die entstehen müsse aus der "Bevorzugung und schließlich exklusiven Favorisierung derjenigen Teile der Fachwissenschaft, die am Curriculum teilhaben" (S. 80). Dabei droht eine Entwicklung, die die "Frage nach der Relevanz wissenschaftlicher Inhalte verdrängt" zugunsten derjenigen Bereiche, die "unmittelbar an der Lehrerausbildung beteiligt sind" (S. 81). "Die Diskussion über die Richtung der weiteren Entwicklung auch der historischen und sozialen Wissenschaften wird nicht im Horizont fachdidaktischer Postulate geführt" (S. 82)

Nach den Entwicklungen des letzten Jahrzehnts und deren weitreichender Problematik muß man sich wohl darüber klar werden, daß mit einer Verschulung der Wissenschaft der Schule selbst am wenigsten gedient wäre. Unterricht, auch und im besonderen Deutschunterricht, kann nicht auf Dilettantismus in der Sache beruhen. Mit seiner wissenschaftlichen und wissenschaftsorientierten Arbeit erwirbt sich der künftige Lehrer die sachliche Kompetenz als Voraussetzung für seine didaktische, aber auch für seine pädagogische Arbeit.
Dazu ist es nötig, daß der Studierende im Angebot der wissenschaftlichen Bereiche seinen individuellen Schwerpunkt sucht, hier die Erfahrung selbständiger Erkenntnissuche gewinnt und von da aus Beziehungen zu möglichst vielen Teilbereichen des gesamten Feldes in Zentrum und Umkreis seines Faches erarbeitet. Ein Studium z.B., das seinen Schwerpunkt im Bereich der Pragmalinguistik findet, strukturiert sich in anderen Gewichtungen als etwa ein Studium vom Schwerpunkt Syntax ausgehend oder ein Studium mit dem Schwerpunkt Literaturwissenschaft. Wichtig und unerläßlich erscheint mir einerseits die Anstrengung selbständiger, konzentrierter Erkenntnisfindung, andererseits die stetige Erweiterung und überlegte Ausstrukturierung des eigenen wissenschaftlichen Kompetenzfeldes in ergänzungs-offenen Kobinationen. Damit sollten möglichst vielseitig Kenntnisse, Methodenerfahrung und Erkenntnisprozesse in selbständiger Orientierung ausgebaut werden.
Für den künftigen Deutschlehrer gibt es allerdings einen integrierenden Bezug seines Denkens und Erkennens: die Frage nach der menschlichen Wirklichkeit, die sich unter allen Aspekten des Studiums von Sprache und Literatur stellt. Ein intensives Studium der Sprache und der Sprachwerke muß in der Konsequenz zu sprachphilosophischen Fragen und zu den Grundfragen der Anthropologie führen.

Die Anstrengung des wissenschaftlichen Erkenntnisprozesses läßt diesen in wachsendem Maße transparent werden für fundamentale Problemerkenntnis. Darin vollzieht sich der Bildungsprozeß, innerhalb dessen sich das Selbstverständnis des jungen Lehrers klärt. So wird er fähig, von sich aus die Frage nach den Notwendigkeiten und Möglichkeiten der sprachlichen Bildung zu stellen, die ihm im weiteren Verlauf für sein Studium neue Perspektiven eröffnen und ihn schließlich in eine bewußt berufsbezogene Konzentration einmünden lassen.

Wer von solcher Ausgangsposition herkommend seine Lehrtätigkeit aufnimmt, wird sie auf das forschende Interesse für die pädagogische Wirklichkeit gründen, auch wenn sie zunächst fremd und befremdend erscheint. Mehr und mehr wird er in der Folge vom Forschenden zum begründet pädagogisch Handelnden werden.

Ich bin mir bewußt, daß im Blick auf die gegenwärtige Realität auch meine Auffassung von wissenschaftlicher Vorbereitung auf Unterrichtspraxis als Utopie erscheinen könnte. Ich bin aber überzeugt, daß nur das Wagnis des Anspruchs und der Anstrengung in Wissenschaft wie in Unterricht den Ansprüchen entsprechen kann, die unsere gegenwärtige Gesellschaft, die individuelle und die politische Wirklichkeit an das Fach Deutsch zu stellen hat. Gegenüber dessen komplexer Funktion als sprachliche Grundbildung ist in unserer Zeit weniger als jemals Oberflächlichkeit und Dilettantismus verantwortbar.

Zum Abschluß möchte ich noch einige Folgerungen ziehen im Hinblick auf Fachdidaktik und Unterrichtspraktikum während des Studiums und im Hinblick auf die zweite Phase der Deutschlehrerausbildung.

Der Fachdidaktik im Rahmen des wissenschaftlichen Studiums sind - so meine ich - zwei Grundaufgaben zu stellen:
die Einführung der Studierenden in didaktische Theorien und Theoriediskussionen, vor deren Hintergrund die Praxis des Deutschunterrichts nach Zielrelationen und Begründungszusammenhängen begreifbar und in Frage gestellt werden kann;
der Ansatz von fachdidaktischen Versuchen und Projekten in Blickrichtung auf didaktische Umsetzung wissenschaftlicher Erfahrungen zu Unterrichtsentwürfen.
Auf solche Weise wird die wissenschaftlich begründete fachdidaktische Diskussion dem Studenten den Ausblick auf neue, praxisorientierte Perspektiven zur Ausgestaltung seines Studiums eröffnen.

Das unterrichtliche Praktikum während des wissenschaftlichen Studiums möchte ich in gleichem Zusammenhang und vordringlich in der Funktion der Orientierung verstehen: es konfrontiert den Studierenden mit den konkreten Erscheinungsweisen von Praxis des Deutschunterrichts. Es fordert ihn heraus, in eigener Beobachtung und Untersuchung Praxis mit Theorie zu vergleichen, Relationen zwischen beiden zu finden, aber auch die Relativität des einen wie des anderen zu erkennen. In einigen praktischen Versuchen wird er erste Erfahrungen von der Praxiswirklichkeit gewinnen.

Funktion und Sinn der zweiten Phase der Lehrerausbildung ist vielfach in Frage gestellt worden. In meiner Sicht ist es Aufgabe dieser Phase, das wissenschaftliche Studium zu ergänzen durch die systematische Ausbildung des jungen Lehrers zur Umstellung vom Erkenntnisfeld des Studierenden auf das Handlungsfeld des pädagogisch Verantwortlichen. Dabei ist die wechselseitige Beziehung zwischen beiden immer deutlicher herauszuarbeiten und immer genauer zu leisten. Hier liegt der Ausgangsort und Ansatz aller - in Permanenz notwendigen - Schul- und Unterrichtsreform.

Ich fasse zusammen.
Praxisorientierte wissenschaftliche Lehrerausbildung beider Phasen möchte ich so verstehen: Im Verlauf eines aus eigener Initiative strukturierten Studiums sollte mit wachsender Übersicht und Einsicht des Studierenden ein Gleichgewicht erkennbar werden zwischen der Verpflichtung zu selbständiger wissenschaftlicher Erkenntnis und der Verpflichtung zu selbstverantwortlichem pädagogischem Handeln. Dieser Grundsatz bezieht sich auf die Ausbildung der Deutschlehrer aller Schulformen und Schulstufen, für die ebenso mein Strukturentwurf des Faches grundsätzlich gelten soll.

Die Selbstbildung des Lehrers und seine ständige Horizonterweiterung sollen den gleichen Rang und die gleiche Bedeutung haben wie sein pädagogisches Handeln am Bildungsprozeß anderer. Die konstruktive Spannung zwischen beidem ist die Voraussetzung für didaktische und methodische Entscheidungsfähigkeit, aber auch für das Bewußtsein pädagogischer Freiheit in der Verantwortung.

Wie weit die institutionellen Bedingungen diese entscheidende Voraussetzung begründen und gewährleisten, könnte ein Prüfstein sein, an dem der Wert jeder Reform im Problemfeld der Lehrerausbildung zu messen wäre.

Hermann Helmers
ZUR WISSENSCHAFTLICHKEIT DER DEUTSCHDIDAKTIK

Die Frage nach der Wissenschaftlichkeit der Deutschdidaktik - ein Politikum

Die Antwort auf die Frage nach der Wissenschaftlichkeit bestimmter Objekte der Realität ist von Macht- und Verwertungsinteressen abhängig. Dies gilt zunächst für die grundlegende Frage, ob überhaupt der jeweilige Gegenstand erforscht werden soll und ob dafür ein entsprechender wissenschaftlicher Apparat zur Verfügung gestellt werden soll. Der jahrhundertelange Ausschluß der Naturwissenschaften aus dem Katalog der Wissenschaften während des Feudalismus ist ein Beleg dafür, daß herrschende Interessen breite Felder der Realität aus der Erforschung ausschließen können. So ist die Wissenschaftsgeschichte, die Geschichte der Entstehung neuer Disziplinen, nicht nur ein Dokument fortschreitender differenzierter Erkenntnis und neu aufkommender Beobachtungsrichtungen, sondern auch ein Beleg für die politische Einwirkung herrschender Mächte in die Wissenschaft.

Eigentlich müßte jedem die Wissenschaftlichkeit des Realitätsfeldes der muttersprachlichen Bildung mit dem Zentrum des muttersprachlichen Deutschunterrichts sofort einleuchten. Da hier und heute jeder Mensch im Laufe seiner Entwicklung vielfältig muttersprachlich gebildet wird, nicht zuletzt im Deutschunterricht der Schule, ist der Realitätsbereich des muttersprachlichen Lernens ein zentraler, dessen Wissenschaftlichkeit im Sinne der grundsätzlichen Frage, ob er als solcher zu erforschen ist, eigentlich nicht zu bestreiten sein dürfte. Und dennoch ist festzustellen, daß die Deutschdidaktik als Wissenschaft, die sich dieser Aufgabe anzunehmen hat, erst heute als spezifische Disziplin in die Universitäten einbezogen werden kann. Dieser Prozeß ist allerdings noch nicht abgeschlossen und in unserer Gesellschaft auch noch nicht endgültig abgesichert. Daher ist die Erörterung der Frage nach der Wissenschaftlichkeit der Deutschdidaktik in jeder Beziehung berechtigt.

Die besondere politische Bedeutung der Frage nach der Wissenschaftlichkeit der Deutschdidaktik ergibt sich aus der zentralen Position des Gegenstandsfeldes muttersprachlichen Lernens, das heißt aus der Frage nach der gesellschaftlichen Funktion von Sprache und Literatur. Da Sprache die Realität vermittelt, ist sie das Medium der Gesellschaft, mit dessen Hilfe alle wichtigen kommunikativen Aufgaben gelöst werden, wie sie sich in Wissenschaft, Politik, Kultur usw. ergeben. An der feudalistischen Gesellschaft des Mittelalters ist erkennbar, was der Ausschluß unterprivilegierter Schichten aus der dafür benutzten Sprache (damals Latein) bedeutet: Ausschluß wird dadurch bewirkt, daß das Erlernen der jeweiligen Standardsprache verhindert wird (damals besonders perfekt gewährleistet, weil jegliches familiäres Lernen beim Fremdsprachencharakter des Latein entfiel). Ähnliche Feststellungen gelten für Literatur im weiten Sinn, insofern sie sprachliche Mitteilungen konserviert und weitergebbar macht.

Da Wissenschaft die Gegenstände der Realität hinterfragt, könnte prinzipiell die Existenz einer wissenschaftlichen Disziplin, die nach dem muttersprachlichen Lernen fragt, jede Vorenthaltung sichtbar machen. Allerdings gibt es auch nach formaler Installierung wissenschaftlicher Disziplinen für herrschende Schichten die Möglichkeit, eine kritische Fragestellung nicht aufkommen zu lassen, indem die Fragestellungen inhaltlich manipuliert werden. Daher ist mit der formalen Entstehung der Deutschdidaktik als wissenschaftliche Disziplin inhaltlich noch nicht voll gewährleistet, daß ein Instrument kritischen Fortschrittsdenkens vorhanden ist. Zur Frage nach der Wissenschaftlichkeit der Deutschdidaktik gehört deshalb auch die Frage nach deren Qualität. Diese Frage ist nicht zu beantworten aus dem subjektiven Bewußtsein einzelner Didaktiker, sondern aus der objektiven Wirkung. Kriterium dieser Wirkung ist für die folgende Analyse der demokratische Fortschritt, das heißt die Position gegenüber vorhandener Unterprivilegierung des Volkes im Bereich des muttersprachlichen Lernens der deutschen Sprache und Literatur.

Die Entstehung der Deutschdidaktik als wissenschaftliche Disziplin

Durch die restaurative Bildungspolitik der Nachkriegsepoche entstand Ende der 60er Jahre in der Bundesrepublik insofern ein "Reformstau", als verschiedene Faktoren des Bildungssystems nicht mehr den Verwertungsinteressen einer hochindustrialisierten Gesellschaft entsprachen. In diesem Zusammenhang ist zu sehen, daß es 1966 zur Hineinnahme der SPD in die Bundesregierung (mit Brandt als Vizekanzler) und 1969 zur Bildung einer SPD-FDP-Regierung kam, die dann in den 7oer Jahren längst fällige organisatorische Reformen im Bildungswesen realisierte. So wurde die Zwergschule auf dem Lande eliminiert; ebenfalls wurde die durchgehende Konfessionalisierung des Volksschulwesens in weiten Bereichen aufgehoben. Diese Anpassung der Volksbildung an die Verwertungsinteressen einer hochindustrialisierten Gesellschaft erforderte ebenfalls eine Umgestaltung der Volksschullehrerausbildung. Galt für die tradierte Volksschullehrerausbildung der Grundsatz der Ausbildung an nichtwissenschaftlichen Institutionen, so stand dieser Grundsatz der Abschaffung der Zwergschulen, der Einrichtung von Schulzentren offensichtlich im Wege. Verwertungsinteressen führten daher zu einer formalen Verwissenschaftlichung der Volksschullehrerausbildung durch Integration in die Universität. Dieser Prozeß ist inzwischen (mit Ausnahme der Bundesländer Baden-Württemberg, Rheinland-Pfalz und Schleswig-Holstein) überall in der Bundesrepublik erfolgreich verlaufen, so daß heute, im Jahre 1981, die meisten angehenden Volksschullehrer an Universitäten ausgebildet werden. Aber auch dort, wo sie noch an spezifischen Pädagogischen Hochschulen ausgebildet werden, tragen diese inzwischen einen wissenschaftlichen Charakter.

Der geschilderte Prozeß brachte es mit sich, daß die wissenschaftlichen Einrichtungen für Fachdidaktik, also auch für Deutschdidaktik, von den Pädagogischen Hochschulen in die Universitäten integriert wurden. Damit wurde in der Bundesrepublik ein historisches Stadium in der Entwicklung der Deutschdidaktik als wissenschaftliche Disziplin erreicht, das in der DDR schon bald nach dem zweiten Weltkrieg realisiert werden konnte. Promotionen und Habilitation in Deutschdidaktik sind nunmehr auch in der Bundesrepublik möglich geworden. Wer diese

Entwicklung als "Etikettenschwindel", als bloß formale Entwicklung abzuwerten versucht, wird ihr nicht gerecht, weil er die Dialektik von Form und Inhalt verkennt. Eine alte Forderung der demokratischen Lehrerschaft geht mit der Integration der Volksschullehrerausbildung in die Universität in Erfüllung, eine Forderung, die schon Diesterweg 150 Jahre vorher und nachfolgend die Lehrergewerkschaften immer wieder und damals ohne Erfolg erhoben hatten. Freilich ist mit der Integration der Deutschdidaktik in die Universität eine integrierte Lehrerausbildung für Lehrer aller Schularten noch nicht gewährleistet; auch ist nicht gewährleistet, daß an der Gymnasiallehrerausbildung die wissenschaftliche Didaktik während des Hochschulstudiums wesentlich beteiligt wird. Jedoch besteht durch den formalen Akt der Installierung der Deutschdidaktik in der Universität dafür die Voraussetzung.

Wie steht es nun mit der inhaltlichen Entwicklung der Wissenschaftlichkeit der Deutschdidaktik? Systematisch-kritische Grundhaltung, inhaltliche Voraussetzung jeder wissenschaftlichen Disziplin, kann die Deutschdidaktik, ebenso wie ihre formale Absicherung, nur im Zusammenhang mit der Entwicklung der Berufsausbildung der Deutschlehrer realisieren. Eine gewisse Vorstufe kategorialer Systematik erreichte die Deutschdidaktik im 19. Jahrhundert mit der Ausbildung der sogenannten "Methodik des Deutschunterrichts". Charakteristikum dieser "Methodik des Deutschunterrichts" waren folgende Faktoren: Ausgegangen wurde schulartenspezifisch von einer Theorie des Deutschunterrichts der Volksschule einerseits, der höheren Schule andererseits. Dabei wurde im Sinne herrschender Interessen unterstellt, daß der Deutschunterricht der Volksbildung nicht auf wissenschaftlicher, sondern auf "volkstümlicher" Grundlage stattfinden solle. (1) Die für die Volksschule bestimmte Methodik des Deutschunterrichts konzentrierte sich im Sinne der herrschenden Lehrpläne auf die Ausbildung der sprachlichen Fertigkeiten und ignorierte weitgehend die höhere Sprachbildung als Analyse von Sprache und Literatur. Die für das Gymnasium bestimmte Methodik des Deutschunterrichts konzentrierte sich hingegen auf die höhere Sprachbildung und vernachlässigte die Ausbildung der sprachlichen Fertigkeiten. Nicht systematisches Durchschauen des Objektes Deutschunterricht war das erklärte Ziel der bürgerlichen Methodik des Deutschunterrichts, sondern Technologie mit dem Ziel des effektiven Unterrichtens. Immerhin brachte die bürgerliche Methodik des Deutschunterrichts, verglichen mit der ihr vorausgegangenen "Meisterlehre", eine gewisse Systematisierung des Objektes Deutschunterricht mit sich, auf der die wissenschaftliche Deutschdidaktik später aufbauen konnte.

Im Zuge der Entwicklung der bürgerlichen Methodik des Deutschunterrichts entstanden unmittelbar nach Ende des Zweiten Weltkrieges eine Reihe von Darstellungen, die weiterhin ohne Ausnahme schulartenspezifisch konstruiert waren. Die bekanntesten dieser Darstellungen sind die von Robert Ulshöfer (1952) (2) und Erika Essen (1955) (3) für den Deutschunterricht des Gymnasiums sowie die von Karl Reumuth (1948) (4) für den Deutschunterricht der Volksschule. Während Reumuth heute, 1981, vergessen ist, sind die beiden erstgenannten Darstellungen noch verbreitet. Dabei war gerade die Methodik von Reumuth seinerzeit besonders wirksam; zugleich ist sie besonders symptomatisch für die mit dem Begriff "Methodik des Deutschunterrichts" gekennzeichnete Vorstufe der Deutschdidaktik. Reumuth hatte seine Darstellung zuerst 1941(5), also

im Faschismus, veröffentlicht. Nach dem Ende des Zweiten Weltkrieges gab
Reumuth seine Methodik neu heraus, wobei er die faschistischen Inhalte
ausmerzte. Die didaktische Konzeption aber blieb erhalten. Es lag das
Bild eines Deutschunterrichts für die Volksschule zugrunde, dessen Defizite als angebliche Vorteile erschienen: kein volles Erreichen der
Hochsprache, kein systematischer Unterricht in Sprache und Literatur,
Schwerpunkt auf den Fertigkeiten, Literaturunterricht als bürgerliche
Gesinnungserziehung in Verbindung mit der Leselehre. Ziel dieser Darstellung war nicht das Erreichen einer systematisch-kritischen Durchsicht durch das Objekt Deutschunterricht, sondern war die Rechtfertigung "volkstümlicher" Defizite der bürgerlichen Volksbildung im Bereich muttersprachlichen Lernens. (6)

Nach dem Bonner Machtwechsel, der 1966 begann, war die Bahn frei für
eine Deutschdidaktik, die inhaltlich mehr den Ansprüchen von Wissenschaftlichkeit entsprach. Der Verfasser hat damals mit diesem Anspruch
seine "Didaktik der deutschen Sprache" vorgelegt, die also im gezeigten
historischen Rahmen zu sehen ist. Didaktisch hat die Darstellung eine
Vorstufe in der Theorie des Deutschunterrichts des Vormärz, verbunden
insbesondere mit dem Namen Diesterweg. (7) Zum Vergleich wären ferner
Vorstöße zur Gewinnung einer wissenschaftlichen Dimension der Deutschdidaktik außerhalb der Bundesrepublik (8) heranzuziehen. Die Merkmale
des neuen Ansatzes einer demokratischen Deutschdidaktik sind: Deutschunterricht wird gesehen als Element eines umfassenden gesellschaftlichen Bereiches, der insbesondere auch das muttersprachliche Lernen
in der Familie und nach Beendigung der Schulzeit umfaßt. Deutschunterricht wird nicht schulartenspezifisch konzipiert; damit wird der Blick
frei für die traditionellen Defizite des Deutschunterrichts der bürgerlichen Volksbildung, wie mangelnde fachliche Systematik des Lehrplans,
keine ausreichende wissenschaftliche Grundlegung, einseitige Akzentuierung auf den sprachlichen Fertigkeiten. Es wird der Versuch einer
systematischen Erfassung der Phänomene muttersprachlichen Lernens gemacht zum Zweck einer kritischen Diagnose. Zweck ist die Erkenntnis der
Defizite der vorhandenen Praxis, insbesondere im Volksschulbereich.
Das erklärte demokratische Ziel ist eine allseitige Sprach- und Literaturbildung für alle Schüler auf wissenschaftlicher Grundlage.

In der Auswirkung der organisatorischen Reformen der sozialliberalen
Koalition trat damals die herkömmliche Methodik des Deutschunterrichts
zurück; sie vermochte sich in der Folgezeit nicht an den Universitäten
zu etablieren. Jedoch gelang es der demokratischen Deutschdidaktik nicht,
die vordem führende Position der bürgerlichen Methodik des Deutschunterrichts zu erringen. Diese wurde vielmehr abgelöst durch eine seit ca.
1970 aufkommende neue Deutschdidaktik, die sich zunächst unter dem
Attribut "kritisch", dann unter dem Attribut "kommunikativ" bildete.
Sie überwand in einem wichtigen Faktor die Beschränktheit der konservativen Deutschdidaktik, die sich als Methodik des Deutschunterrichts
formiert hatte, nämlich bezüglich der Schulartenspezifik. Dieser
Faktor, der die "kritische" Deutschdidaktik mit der "demokratischen"
Deutschdidaktik verbindet, muß inhaltlich als bedeutender Fortschritt
anerkannt werden, denn er bildet eine Voraussetzung für die Überwindung der restringierten "volkstümlichen" Bildung.

Allerdings war der Übergang von einer anfänglich "kritischen" Deutschdidaktik zu einer jetzt "kommunikativen" Deutschdidaktik geprägt von dem zunehmenden Verzicht auf die kritische Haltung gegenüber der vorfindbaren Praxis. Heute ist an die Stelle der früheren Praxiskritik weitgehend eine Verteidigung der vorhandenen Praxis des Deutschunterrichts mit ihren für die Volksbildung negativ wirkenden Lehrplänen getreten, die von der kommunikativen Deutschdidaktik als Errungenschaft betrachtet werden. Die kritische Haltung der kommunikativen Deutschdidaktik erschöpft sich gegenwärtig offenbar weitgehend in der Kritik an der demokratischen Deutschdidaktik, weil diese die vorhandene Lehrplanpraxis des Deutschunterrichts in Frage stellt. Insofern hat die kommunikative Deutschdidaktik heute bildungspolitisch die Funktion der früheren konservativen Deutschdidaktik übernommen.

Die kommunikative Deutschdidaktik als herrschende Theorie

Die derzeitige Lage in der Deutschdidaktik der Bundesrepublik ist durch den Antagonismus zwischen der kommunikativen Deutschdidaktik einerseits und der demokratischen Deutschdidaktik andererseits gekennzeichnet. Dabei kommt es vielfach nicht zum Austrag der objektiven Widersprüche, weil kein Gleichgewicht zwischen den beiden grundlegend verschiedenen wissenschaftstheoretischen Positionen besteht. Vielmehr ist die kommunikative Deutschdidaktik als herrschende Theorie zu bezeichnen. Ihre beherrschende Position kann z.B. gesehen werden an der Tatsache, daß die staatlichen Lehrpläne für den Deutschunterricht in allen Bundesländern von den Vorstellungen der kommunikativen Deutschdidaktik bestimmt sind und daß ferner die Zeitschriften als Organe wissenschaftlicher Auseinandersetzung weitgehend durch die kommunikative Deutschdidaktik beherrscht werden. Es gibt genügend Belege dafür, daß die kommunikative Deutschdidaktik ihre herrschende Position dadurch abzusichern sucht, daß sie Publikationen der demokratischen Deutschdidaktik gar nicht erst in die öffentliche Zeitschriftendiskussion gelangen läßt (9) und deren Ziele verzerrt darstellt.

Da die kommunikative Deutschdidaktik heute weitgehend das Erscheinungsbild der Deutschdidaktik in der Bundesrepublik bestimmt, gehört zur inhaltlichen Frage nach deren Wissenschaftlichkeit neben der Feststellung der Entstehung adäquater formaler Bedingungen in den Universitäten zunächst die Analyse der wissenschaftstheoretischen Position der kommunikativen Deutschdidaktik. Zum Zweck dieser Analyse sollen im folgenden drei Grundzüge der in der Bundesrepublik herrschenden kommunikativen Deutschdidaktik kritisch untersucht werden. Die nachfolgende Analyse ist nicht begrifflich in dem Sinn zu verstehen, daß von dem Vorhandensein des Attributs "kommunikativ" (das durchaus andere Bedeutungsinhalte aufweisen kann) ausgegangen wird. Vielmehr wird inhaltlich vorgegangen, insofern hier als "kommunikative Didaktik" die in der Bundesrepublik heute herrschenden Strömungen in der Deutschdidaktik zusammengefaßt werden.

Der erste Grundzug der kommunikativen Didaktik kann mit Subjektivismus bezeichnet werden. Die Dinge der Realität, hier des muttersprachlichen Lernens, werden nicht in ihrem objektiven Zusammenhang gesehen, also undialektisch. So werden zum Beispiel bezüglich des Lehrplans des Deutschunterrichts Form und Inhalt nicht in ihrer Dialektik erkannt, sondern jeder Faktor wird isoliert betrachtet. Aus der richtigen

Beobachtung, daß in der traditionellen höheren Sprachbildung die Formen bei der Lehrplanentwicklung einseitig beachtet werden, wird der Schluß gezogen, daß dem durch Akzentuierung der Inhalte entgegenzuwirken sei. Diese einseitige auf Inhalte (in der Sprachbildung auch "Situationen" genannt) bezogene Lehrplangestaltung wird zumeist "kommunikativ" genannt, wobei übersehen wird, daß Kommunikation nur durch eine dialektische Einheit von Inhalten und Formen erreicht wird. "Kommunikative Didaktik", wie sie hier zusammenfassend analysiert werden soll, meint demnach eine curricular einseitig auf Inhalte ausgerichtete Unterrichtsplanung. Der Rückblick in die Geschichte des Deutschunterrichts zeigt aber, daß eine derartige Lehrplankonstruktion charakteristisch ist für die bürgerliche Volksbildung, wo durch die Nichtbeachtung des Faktors Form eine systematische Sprach- und Literaturbildung auf fachwissenschaftlicher Grundlage traditionell verhindert wird. Die kommunikative Deutschdidaktik macht sich in der Verteidigung subjektivistischer Lehrplankonstruktionen objektiv zum Anwalt der Aufrechterhaltung herkömmlicher Defizite der bürgerlichen Volksbildung. Nur im Bereich des bürgerlichen Gymnasiums, wo traditionell Formalismus droht, vermag der curriculare Subjektivismus der herrschenden Deutschdidaktik insofern positiv zu wirken, als vorhandene Einseitigkeiten abgebaut werden können. Allerdings ist anzumerken, daß durch die Addition von Formalismus und Subjektivismus (10) noch keine dialektische Lehrplankonstruktion erfolgen kann. Auf der Ebene der didaktischen Reflexion wird in den Publikationen der herrschenden Deutschdidaktik die Forderung der demokratischen Deutschdidaktik nach gleichgewichtiger Berücksichtigung der Aspekte Form und Inhalt bei der Lehrplankonstruktion im Sinne der vorhandenen Dialektik (11) als Formalismus mißverstanden, wodurch die Diskussion über wahre Widersprüche verhindert wird.

Der zweite Grundzug der kommunikativen Didaktik kann mit Individualismus bezeichnet werden. Individualismus und Subjektivismus stehen in enger Beziehung zueinander. Unter Individualismus wird das Übersehen des gesellschaftlichen Bedingungszusammenhanges verstanden, in dem Deutschunterricht und Deutschdidaktik stattfinden. Dazu gehört insbesondere das Übersehen der gesellschaftlich bedingten Tatsache, daß der Deutschunterricht traditionell und in der Bundesrepublik (mit Ausnahme der wenigen Gesamtschulen) bis heute schulartenspezifisch erteilt wird. Bei der Darstellung der Folgen des undialektischen Subjektivismus wurde schon darauf hingewiesen, daß die kommunikative Didaktik bei der Praxisanalyse, soweit man davon überhaupt sprechen kann, die Schulartenspezifik des Deutschunterrichts übersieht und die Praxis des Deutschunterrichts an Gymnasien mit deren traditionellen Trends zum curricularen Formalismus, zur "Fachborniertheit" generalisiert. Insofern in der bürgerlichen Volksbildung traditionell entgegengesetzte Gefahren drohen (Überbetonung der Inhalte und Situationen bei der Lehrplangestaltung, Vernachlässigung der fachbezogenen Erkenntnisse), werden in der erklärten Gegenwirkung herkömmliche Defizite der bürgerlichen Volksbildung verstärkt. Da die Schularten nicht nur organisatorische Differenzierungen darstellen, sondern nachgewiesenermaßen weitgehend sozial begründet sind, ist die individualistische Betrachtungsweise der kommunikativen Deutschdidaktik objektiv ein Instrument zur Rechtfertigung gesellschaftlich bedingter Bildungsdefizite. Die antidemokratische Auswirkung der ungesellschaftlichen Betrachtungsweise kann an vielen Faktoren nachgewiesen werden, so etwa im Hinblick auf den Bildungswert der Hochsprache, deren durch traditionelle Bildungsdefizite erzwungene ungerechte Verteilung eine schwere Benachteiligung der Arbeiterkinder zur Folge hat. Auch in diesem Fall führt die ungesellschaftliche Betrachtungsweise zur Rechtfertigung eines gesellschaftlich bedingten Bildungsdefizits unterprivilegierter Schichten, wie etwa mit Hilfe der "Differenz-Hypothese", die eine direkte Fortsetzung entsprechender faschistischer Ideologien ist. (12) Bezüglich der Deutschdidaktik als Theorie ist eine unmittelbare Auswirkung der ungesellschaftlichen Betrachtungsweise der kommunikativen Didaktik: die Personifizierung. Die Entwicklung didaktischer Theorien wird dabei nicht im sozioökonomischen Bedingungszusammenhang gesehen, sondern fälschlicherweise als das zufällige Wirken einzelner Didaktiker betrachtet.

Der dritte Grundzug der kommunikativen Didaktik kann mit Positivismus bezeichnet werden. (14) Zu verstehen ist darunter die ahistorische Betrachtungsweise, die mit der undialektischen, ungesellschaftlichen Betrachtungsweise eng zusammenhängt. Die Phänomene der vorhandenen Praxis werden nicht in ihrem historischen Kontext gesehen, sondern positivistisch, das heißt so, wie sie sich vordergründig darbieten. Der positivistische Grundzug der kommunikativen Deutschdidaktik verbietet die Erforschung historischer Gesetzmäßigkeiten des Deutschunterrichts. Für die Gegenwart bedeutet das die Gefahr einer falschen Praxisanalyse: Altes wird nicht als solches erkannt und kann daher als "neu", als "Reform" ausgegeben werden. Eines von vielen Beispielen aus der gegenwärtigen Praxis ist die Diskussion über die Lernbereichskonstruktion des Deutschunterrichts. Differenzierte Untersuchungen zur Geschichte dieser Lernbereichskonstruktion (15) haben einwandfrei ergeben, daß es traditionell zwei unterschiedliche, ja gegensätzliche Lernbereichskonstruktionen gibt: die des Deutschunterrichts der bürgerlichen Volksschulen und die des Deutschunterrichts des bürgerlichen Gymnasiums. Die Lernbereichskonstruktion der Volksschule ist durch eine Akzentuierung der auf die sprachlichen Fertigkeiten gerichteten Lernbereiche, insbesondere des Lesens und Schreibens, charakterisiert, zugleich durch die Vernachlässigung oder gar Auslassung der auf Analyse von Sprache und Literatur gerichteten Lernbereiche. Die Lernbereichskonstruktion des Gymnasiums dagegen ist durch die Akzentuierung der auf Analyse gerichteten Lernbereiche und durch die Vernachlässigung der auf sprachliche Fertigkeiten gerichteten Lernbereiche charakterisiert. Die bildungspolitische Intention dieser beiden unterschiedlichen Lernbereichskonstruktionen ist klar: Die Lernbereichskonstruktion der Volksschule zielt auf die für die Verwertungsinteressen wichtigen Fertigkeiten, aber nicht auf die Fähigkeit zur kritischen Analyse. Dadurch werden breite Volksmassen nur in dem Ausmaß sprachlich gebildet, wie es Verwertungsinteressen erfordern. Die Lernbereichskonstruktion des Gymnasiums hingegen schließt Schüler, die familiär wenig Förderung in den hochsprachlichen Fertigkeiten erhalten, durch Vernachlässigung dieser Lernbereiche aus und konzentriert sich elitär auf die höhere Sprachbildung. Da die kommunikative Deutschdidaktik historische Forschungen auf gesellschaftlicher Grundlage offensichtlich nicht akzeptiert, kann sie die alte Lernbereichskonstruktion des Gymnasiums mit ihren drei Lernbereichen als "neu", als "Reform" hinstellen. Die Bezeichnung für die herkömmlichen drei gymnasialen Lernbereiche haben im Verlauf der Geschichte gewechselt;

heute heißen sie nach dem Muster der hessischen Rahmenrichtlinien von
1972 in den Lehrplänen nahezu aller Bundesländer: "Sprachliche Übungen",
"Umgang mit Texten", "Reflexion über Sprache" - ein Wechsel der Bezeichnungen, nicht aber der Lernbereichskonstruktion. Neu ist freilich,
daß die kommunikative Deutschdidaktik die alte gymnasiale Lernbereichskonstruktion auch auf die Volksbildung überträgt. Das könnte positive
Wirkung haben, da damit erstmalig die Lernbereiche der höheren Sprachbildung dem Volk angeboten werden. Die Praxis zeigt jedoch das Gegenteil:
Weil die der Vermittlung sprachlicher und literarischer Grundfertigkeiten dienenden Lernbereiche in einen Lernbereich zusammengedrängt sind
und dort zum Teil inhaltlich überhaupt nicht vorkommen (das grammatisch
richtige Sprechen und die Artikulation), bleiben die Schüler aus der
"Unterschicht" von der höheren Sprachbildung ausgeschlossen, insofern
diese die Beherrschung der hochsprachlichen Fertigkeiten voraussetzt.
Wenn zudem ein systematischer Deutschunterricht durch subjektivistische
Curriculumkonstruktion verhindert wird, wenn ideologisch die volle Vermittlung der Hochsprache sogar als dem Volke schädlich dargestellt wird
- dann müssen die Schüler aus der "Unterschicht" hoffnungslos in ihrem
Sprachmilieu verharren, das ihnen keine Mitsprache in der Gesellschaft
ermöglicht. Die kommunikative Deutschdidaktik benutzt ihre ahistorische
Position dazu, die Forderung der demokratischen Deutschdidaktik nach
allseitiger Sprachbildung für alle Schüler (was eine grundlegend neue
Lernbereichskonstruktion erfordern würde) (16) dadurch zu verhindern,
daß sie solche im Hinblick auf den demokratischen Fortschritt wirklich
neuen Lernbereichskonstruktionen als angeblich "traditionell" verurteilt. (17) Historische Untersuchungen, die eine allseitige Lernbereichskonstruktion des Deutschunterrichts, die sowohl die hochsprachlichen
Fertigkeiten wie die Fähigkeit zur Analyse von Sprache und Literatur
enthält, als Novum in der Geschichte des bürgerlichern Schulsystems erweisen, werden aus dem positivistischen Ansatz der kommunikativen
Deutschdidaktik mit dem Argument abgelehnt, daß die Analyse von Lehrplänen und sonstigen didaktischen Lernbereichskonstruktionen noch nichts
über deren individuelle Rezeption in den einzelnen Epochen aussage.
Dieses positivistische Argument, das den Zusammenhang zwischen Basis
und Überbau verkennt, dient praktisch dazu, den Rechtfertigungscharakter der kommunikativen Didaktik im Hinblick auf überkommene Defizite der bürgerlichen Volksbildung zu verschleiern: Wenn nicht erkannt werden kann, was woher gekommen ist, können historische Bezugslinien nicht wahrgenommen werden.

Subjektivismus, Individualismus und Positivismus als wissenschaftstheoretische Grundzüge der herrschenden Didaktik vereinen sich in dem
idealistischen Ansatz, der hinter diesen Faktoren steckt. Letztlich
gehören die undialektische, die ungesellschaftliche und die ahistorische Betrachtungsweise eng zusammen. Sie bilden eine Deutschdidaktik,
die infolge der Betrachtungsweisen die Realität nicht voll erkennen
kann und demzufolge, sicher ohne daß es einzelne Vertreter der "kommunikativen" Deutschdidaktik beabsichtigen, zu einer Rechtfertigungsideologie für traditionelle Defizite der bürgerlichen Volksbildung
wird. Allerdings ist auch erkennbar, daß diese wissenschaftstheoretischen Mängel der herrschenden Deutschdidaktik objektiv strategische
Mittel darstellen, mit deren Hilfe Ergebnisse und Forderungen der demokratischen Deutschdidaktik unwirksam gemacht werden sollen. Freilich

muß an dieser Stelle angemerkt werden, daß das pauschale Bild der in der Bundesrepublik herrschenden Deutschdidaktik, wie es hier im Hinblick auf die Grundzüge entworfen wurde, insofern nicht ganz richtig ist, als es essentielle Nuancierungen gibt. Gerade darin liegt eine Chance für wissenschaftspolitische Veränderungen im Sinne des demokratischen Fortschritts.

Wissenschaftstheoretische Ansätze der demokratischen Deutschdidaktik

Voraussetzung für eine solche positive Entwicklung wäre eine Diskussion, die von den objektiven Zielen der demokratischen Deutschdidaktik ausgeht und nicht Ziele unterstellt, die nicht vorhanden sind. Zum Zweck der Verdeutlichung der Ziele der demokratischen Deutschdidaktik seien im folgenden deren wissenschaftstheoretische Ansätze im einzelnen dargestellt; diese ergeben sich teilweise bereits aus der Kritik an den wissenschaftstheoretischen Grundzügen der herrschenden Deutschdidaktik. Zuvor ist die Frage von Disziplinarität und Interdisziplinarität zu klären.

Als wissenschaftliche Disziplin konnte sich die Deutschdidaktik bis in die jüngste Vergangenheit nicht entwickeln, weil vorhandene Disziplinen, wie die Pädagogik einerseits und die Sprach- und Literaturwissenschaft andererseits, für sich reklamierten, zugleich fachdidaktisch zu forschen. Organisatorisch war die Verhinderung der Entwicklung von fachdidaktischen Disziplinen in den traditionellen Systemen der Lehrerausbildung angelegt: Bei der Volksschullehrerausbildung war es die Pädagogik, die die Fachdidaktik mit zu erledigen hatte, während es bei der Gymnasiallehrerausbildung die jeweilige Fachwissenschaft war, der man diese Kompetenz zuschob. Die historische Entwicklung hat jedoch gezeigt, daß nicht die Pädagogik und nicht die Fachwissenschaften die Aufgaben der Fachdidaktik zu erledigen vermögen. Der fachdidaktische Aspekt blieb weitgehend außerhalb wissenschaftlicher Fragestellungen, mithin der prinzipiell nicht wissenschaftlich vorgehenden herkömmlichen Methodik des Deutschunterrichts vorbehalten. Heutzutage wird das alte Argument der traditionellen Gymnasiallehrerausbildung, Fachdidaktik werde von den Fachwissenschaften mit erledigt, von Vertretern der kommunikativen Didaktik zum Teil erneut vorgetragen, wenn auch mit anderen Vokabeln. Jetzt heißt es, daß die Begründung spezifischer fachdidaktischer Disziplinen auf Isolierung ausgerichtet sein würde, während es doch in Wirklichkeit um Interdisziplinarität gehe. Die demokratische Deutschdidaktik sieht auch dieses Problem dialektisch, indem sie zwischen Interdisziplinarität und Disziplinarität einen dialektischen Zusammenhang erkennt. Beide, Interdisziplinarität und Disziplinarität, sind ohne jeweils den andern Pol nicht existent. Interdisziplinarität kann es nur geben, wenn es Disziplinen gibt, auf denen sie aufbauen kann; und Disziplinarität würde zur realitätsfernen Abkapselung der Wissenschaft führen, wenn die einzelnen Disziplinen nicht ihre Erkenntnisse einbringen würden in das Gesamt der Erforschung der Realität. Bei der Deutschdidaktik geht es insbesondere um die Einbringung in die Erkenntnisse der Sprach- und Literaturwissenschaften einerseits und der Erziehungswissenschaften andererseits. Außerdem besteht eine interdisziplinäre Brücke zu den Sozialwissenschaften, wie vor allem Soziologie, Psychologie und Philosophie. In der Deutschlehrerausbildung sollte Disziplinarität in

fachspezifischen Kursen der Fachdidaktik, sollte Interdisziplinarität
in Projekten, an denen verschiedene der oben genannten Disziplinen
teilnehmen, realisiert werden.
Gesellschaftlicher Ansatz: In der herkömmlichen Theorie des Deutschunterrichts werden die didaktischen Fragestellungen zumeist immanent erforscht, das heißt ohne Rücksicht auf den jeweiligen gesellschaftlichen
Bedingungszusammenhang. Die demokratische Deutschdidaktik setzt dagegen
die Forderung, muttersprachliches Lernen und speziell Deutschunterricht
als Teil der gesellschaftlichen Praxis zu sehen. Die geforderte gesellschaftliche Sicht verhindert didaktik-immanentes Fragen, das die Überlegung, wem bestimmte didaktische Forderungen dienen, außer acht läßt.
Aus der gesellschaftlichen Perspektive ist Personifizierung ebenso ausgeschlossen wie Individualisierung. Nicht Individuen, das ist die Prämisse, bestimmen didaktische Entscheidungen, sondern es sind die Interessen gesellschaftlicher Klassen und Schichten. Von daher ist der
Deutschunterricht erstens als Teil des Gesamtprozesses des muttersprachlichen Lernens und zweitens schulartenspezifisch zu erforschen. Die integrative Analyse des Deutschunterrichts im Gesamtfeld des muttersprachlichen Lernens lenkt insbesondere den Blick auf muttersprachliche Lernfaktoren in der Familie. Hier haben empirische Untersuchungen bezüglich
der familiären Vermittlung von Hochsprache und Literatur deutlich
klassenspezifische Unterschiede herausgestellt, die darin bestehen, daß
Arbeiterkinder gewöhnlich familiär weniger gebildet werden können als
Mittelschichtkinder. Von daher ergibt sich für die Unterschichtschüler
die Aufgabe der kompensatorischen Sprachbildung im Deutschunterricht.
Die schulartenspezifische Analyse des Deutschunterrichts beruht auf der
sozialen Selektion der Schüler und auf der unterschiedlichen staatlichen
Förderung der Volksbildung einerseits und der höheren Bildung andererseits.
Historischer Ansatz: Die gesellschaftliche Betrachtungsweise der Phänomene des muttersprachlichen Lernens und des Deutschunterrichts ist erst
dann im Sinne des Fortschritts, wenn sie die gesellschaftliche Praxis
als historischen Prozeß begreift. Von daher hat die historische Deutschdidaktik die wichtige Aufgabe, zu fragen, woher bestimmte vorfindbare
Praxiselemente kommen, aus welchen historischen Interessen sie entstanden sind. Abgelehnt wird deshalb eine idealistisch vorgehende Geschichtsschreibung, die nicht nach den materiellen Interessen historischer Prozesse fragt, sondern diese mehr oder weniger als Zufallserscheinungen
deklariert. Ziel ist die Erkenntnis historischer Gesetzmäßigkeiten im
Deutschunterricht, insbesondere aufgrund detaillierter Untersuchungen
der staatlichen Lehrpläne, sowie der Lesebücher und Sprachbücher. (18)
Die historische Analyse des Deutschunterrichts vergangener Epochen
hat diesen nicht immanent zu erforschen, sondern als Element des gesamtgesellschaftlichen Prozesses. Hier bietet sich ein breites Untersuchungsfeld an, auf dem bereits erste wichtige
Ergebnisse vorliegen, so die Untersuchung der Geschichte des Lehrplans
des Deutschunterrichts seit Beginn des 19. Jahrhunderts durch Juliane
Eckhardt und die Untersuchung der Geschichte der "volkstümlichen"
Bildung durch Deutschunterricht seit der Restaurationszeit nach 1848
durch Hans-Ulrich Molzahn. Gesellschaftlich-historischer Ansatz heißt
nicht eine in sich abgeschlossene Geschichtsschreibung, sondern bedeutet Gewinnung von Erkenntnissen für didaktische Prozesse der Ge-

genwart. Daher sollte der gesellschaftlich-historische Ansatz die Grundlage jeder didaktischen Analyse sein. Ziel ist letztlich die kritische Diagnose der Praxis.

Dialektischer Ansatz: Die Erkenntnis, daß die Realität dialektisch ist, bedeutet die Notwendigkeit des dialektischen Ansatzes für die Deutschdidaktik. Von den dialektischen Zusammenhängen haben für die Deutschdidaktik insbesondere die Dialektik von Inhalt und Form, die Dialektik des Allgemeinen und des Besonderen, sowie die Dialektik von Subjekt und Objekt eine Bedeutung. Die Dialektik Inhalt/Form erscheint im Bereich des Deutschunterrichts insbesondere bei der Lehrplangestaltung, wo sich der Subjektivismus der bürgerlichen Volksbildung und der Formalismus der höheren Bildung traditionell gegenüberstehen. Die Dialektik Allgemeines/Besonderes erscheint im Bereich des Deutschunterrichts insbesondere bei der Frage der Akzentuierung fächerübergreifender bzw. fachbezogener Konzeptionen: Traditionell stehen sich gegenüber die zur Überbetonung fächerübergreifender Faktoren neigende "Klassenlehrer-Konzeption" der bürgerlichen Volksbildung mit ihrer Vernachlässigung fachwissenschaftlicher Komponenten und die zur Überbetonung der fachlichen Aspekte des Deutschunterrichts neigende höhere Schule. Die Dialektik Subjekt/Objekt erscheint im Bereich des Deutschunterrichts insbesondere in den Begriffen "erfahrungsbezogener" ("schülerzentrierter") Deutschunterricht / "lernzielorientierter" Deutschunterricht: die Lehrplantradition der bürgerlichen Volksbildung ist die des schülerzentrierten Unterrichts, die des Gymnasiums des lernzielzentrierten Unterrichts. Der dialektische Ansatz der demokratischen Deutschdidaktik erkennt das scheinbare Entweder/Oder der traditionellen Fragestellungen als einen dialektischen Zusammenhang.

Daraus ergibt sich für die demokratische Deutschdidaktik eine notwendige Gegenwirkung gegen die jeweils aus bestimmten Interessen herrührenden einseitigen didaktischen Konstruktionen: gegen den traditionell einseitig von den Inhalten, von den fächerübergreifenden Faktoren und erfahrungsbezogen konstruierten Lehrplan der bürgerlichen Volkbildung - gegen den traditionell einseitig von den Formen, von den fachbezogenen Faktoren und objektbezogen konstruierten Lehrplan des bürgerlichen Gymnasiums.

Demokratischer Ansatz: In der herkömmlichen Betrachtung wird oft unterschieden zwischen angeblich politisch bestimmten Theorien des Deutschunterrichts und angeblich nicht politisch bestimmten Theorien des Deutschunterrichts. In Wirklichkeit ist jede didaktische Theorie ein Faktor bildungspolitischer Wirksamkeit. Zu fordern ist von daher eine bewußte Reflexion der bildungspolitischen Ausrichtung jeder einzelnen didaktischen Position. Entscheidungen werden nicht durch einzelne Didaktiker getroffen; insofern ist die Behauptung vom Vorhandensein bzw. Nichtvorhandensein eines angeblich "normativen" Grundzuges in bestimmten Theorien unsinnig, denn didaktische Entscheidungen sind Teil gesellschaftlicher Prozesse. Wohl aber kann und sollte die Deutschdidaktik durch kritische Reflexion der jeweiligen bildungspolitischen Implikationen aufdecken, wem zum Beispiel eine bestimmte Lernbereichskonstruktion, wem eine bestimmte Lehrplangestaltung, wem eine bestimmte Lesebuch- oder Sprachbuchkonzeption dient. Dieses kritische Aufdecken sollte von der Deutschdidaktik objektiv, aber nicht ohne Parteinahme geschehen.

Die demokratische Deutschdidaktik ist letztlich konzipiert als eine demokratische Wissenschaft, das heißt, sie nimmt Partei für die Unterprivilegierten und arbeitet in deren Interesse daran, daß bestehende sozial bedingte Defizite, soweit wie möglich, beseitigt werden.

Zusammenfassung:

Mit der institutionellen Integration in die Universität hat die Deutschdidaktik ihre wegen der gesellschaftlichen Bedeutung des muttersprachlichen Lernens längst fällige formale Anerkennung als wissenschaftliche Disziplin gefunden. Noch steht allerdings fast überall eine gleichgewichtige Beteiligung am Hochschulstudium der Gymnasiallehrer aus. Mit der formalen Wissenschaftlichkeit hat die Deutschdidaktik auch in der Bundesrepublik eine historisch seit dem 19. Jahrhundert umkämpfte Stufe erreicht, die eine Voraussetzung dafür ist, inhaltlich den kritisch-systematischen Aspekt einer wissenschaftlichen Disziplin zu erreichen.

Dieser kritisch-systematische Aspekt wird derzeit noch behindert durch Positionen der Deutschdidaktik, die unter der Bezeichnung "kommunikative Deutschdidaktik" zusammengefaßt werden. Grundzüge der kommunikativen Deutschdidaktik sind Subjektivismus, Individualismus und Positivismus; diese Grundzüge führen zu einer undialektischen, ungesellschaftlichen und ahistorischen Betrachtungsweise der Praxis. Von daher wird die kommunikative Deutschdidaktik, die in der Bundesrepublik die herrschende Theorie darstellt, objektiv zu einer Rechtfertigungsideologie für traditionelle Defizite der bürgerlichen Volksbildung.

Die Tatsache, daß Vertreter der kommunikativen Deutschdidaktik in Grundsatzerklärungen sich entgegen der objektiven Wirkung ihrer Theorie subjektiv für den demokratischen Fortschritt aussprechen, könnte die demokratische Deutschdidaktik stärken, die zur kommunikativen Deutschdidaktik in erklärtem Widerspruch steht. Die demokratische Deutschdidaktik nimmt offen Partei für die Unterprivilegierten, indem sie deren anhaltende defizitäre Situation in der Sprachbildung offenlegt und eine allseitige Sprach- und Literaturbildung für alle Schüler fordert. Die demokratische Deutschdidaktik, die sich in diesem Sinn als demokratische Wissenschaft versteht, vertritt einen gesellschaftlich-historischen dialektischen Ansatz.

Angesichts der Tatsache, daß auch die formale Wissenschaftlichkeit der Deutschdidaktik zur Zeit in der Bundesrepublik noch nicht abgesichert erscheint, daß restaurative Tendenzen die Zurückdrängung des Anteils der Deutschdidaktik an der Deutschlehrerausbildung betreiben und eine gleichberechtigte Beteiligung der Deutschdidaktik an der Gymnasiallehrerausbildung zu verhindern trachten, ist ein gemeinsames solidarisches Eintreten aller Deutschdidaktiker zu erstreben. Darüber hinaus möge die Aufdeckung und Diskussion der wahren Widersprüche in der Deutschdidaktik zur Klärung und zur Stärkung der demokratischen Kräfte führen.

Christa Bürger

ICH-IDENTITÄT UND LITERATUR

Thesen (1)

1. Die für die spätbürgerliche Gesellschaft allgemein charakteristische Kultur- oder Traditionskrise hat in Deutschland eine zusätzliche Dimension, die sich mit dem Stichwort der unbewältigten Vergangenheit angeben läßt. Eine kritische Literaturdidaktik wird gegenwärtig auszugehen haben von der Einsicht, daß in unserer Gesellschaft die Fähigkeit abzunehmen scheint, die jungen Generationen an die in ihr geltenden Wertorientierungen anzuschließen. Die Traditionskrise unserer Gesellschaft geht einher mit der zunehmenden kulturellen Entfremdung und einem bedrohlichen politischen Eskapismus der jungen Generationen. Die äußeren Symptome dieser Krise (politische Abstinenz, nostalgische Moden, subkulturelle Gruppenbildungen, Neoirrationalismus, Jugendselbstmord) haben ein gemeinsames Merkmal: radikaler Rückzug in die Innerlichkeit, weniger pathetisch: ins Private. All diese sind insgesamt Zeichen von subjektiven Befindlichkeiten, für die Orientierungslosigkeit und Motivationsschwäche bestimmend sind.

Die kritische Theorie hat versucht, den Geschichtsverlust in der Entwicklungslogik der bürgerlichen Gesellschaft selbst zu begründen. Adorno, indem er auf der Unvereinbarkeit von Tradition und Tauschgesellschaft insistiert (Rationalisierungsthese), Habermas, indem er die allgemeine Legitimationskrise der bürgerlichen Gesellschaft aus der strukturellen Unähnlichkeit zwischen den Bereichen administrativen Handelns und kultureller Überlieferung zum einen und aus dem Rückgriff auf vorbürgerliche Traditionen zum anderen erklärt (Verschleißthese). Beide Erklärungsmodelle zielen auf die spätbürgerliche Gesellschaft allgemein. Ich meine, daß die gegenwärtige Geschichtslosigkeit in Deutschland eine besondere Dimension hat: die jungen Generationen sind vielfach aufgewachsen unter dem Einfluß von Eltern und Erziehern, die ihre eigene Vergangenheit nicht verarbeitet, sondern verdrängt haben. Wir wissen jedoch: auch kollektive Geschichte kennt so etwas wie einen Wiederholungszwang. Ohne die schmerzhafte Arbeit der Erinnerung, ohne Trauerarbeit, mit dem Begriff der Psychoanalyse, können die alten Geschichtsmächte weiterwirken und die nicht bewältigte Vergangenheit kann zurückkehren. Eine Voraussetzung dafür, daß sich Auschwitz nicht wiederhole, ist daher eine begriffene Vergangenheit, die erinnernde Aneignung der besonderen Geschichte unseres Landes.

2. Auf den sich als Motivationskrise der jungen Generation äußernden Traditionsverlust sind verschiedene Antworten denkbar. Problematisch scheinen mir Antworten, die ich als Aneignungsmodelle im Zeichen der neuen Subjektivität bezeichnen möchte:

- J.Mecklings "leseorientierter Literaturunterricht" läßt die Frage nach der Bewertung bestimmter Sinnangebote unbeantwortet und muß daher als eine Konkretisierung technokratischer Bildungsvorstellung betrachtet werden.

- M.Rutschkys Konzeption der ästhetischen Erfahrung verkürzt den hermeneutischen Prozeß um das Moment der Applikation.

- Problematisch sind aber auch Konzepte, die den Literaturunterricht
  als "ästhetische Handlung" organisieren wollen; ich spreche hier von
  Entdifferenzierungsmodellen.
  Eines der zentralen Probleme, an dem sich gegenwärtige Literaturdidaktik
  abarbeitet, ist das der Vermittlung von Subjektivität und Tradition. Auf
  dieses Problem sind verschiedene Antworten gegeben worden:

a) Das Entdifferenzierungsmodell geht aus von dem Widerspruch zwischen
   Autonomie des Subjekts und normativem Anspruch der Tradition, von sozialer Erfahrung als auf Emanzipation des Subjekts gerichtete und ästhetische Kompetenz, als nicht ohne ein Moment von Herrschaft denkbare Verfügung über kulturelle Aneignungsmittel. Die Lösung dieses Widerspruchs
   wird gesucht in der Privilegierung von ästhetischer Aktivität gegenüber
   der traditionellen ästhetischen Erziehung. Sie erklärt den Deutschunterricht zum Ort "produktiver Gegenerfahrung" (Hopster), derart wird aber
   ein Stück Geschichte einfach übersprungen (die die materielle Reproduktion unserer Gesellschaft prägende Arbeitsteilung) und die Kunst wird
   jede Vermittlung in die Lebenspraxis zurückgezwungen. Wie das historische Modell der Autonomieästhetik antwortet das gegenwärtige der Entdifferenzierung auf eine schmerzhafte Erfahrung: Erfahrungsschwund,
   Sinndefizit als Signum der bürgerlich-kapitalistischen Gesellschaft.
   Aber die Autonomieästhetik gesteht deren Elend ein, indem sie die Kunst
   von der Lebenspraxis abspaltet, und gründet ihre (prekäre) Legitimität
   auf Kritik, rebellisch gegenüber dem Bestehenden, sich nicht einlassend
   auf die Welt, wie sie ist. Und hier fassen wir das Wahrheitsmoment der
   Kunstideologie. – Ästhetische Reflexion heute, die Alternativen zu den
   herrschenden Kunstvorstellungen entwerfen will, muß, so meine ich, ihren Weg über die Kritik der bürgerlichen Institution Kunst suchen, wenn
   sie nicht in abstrakte Negation umschlagen will. Freie Produktion
   scheint mir nur möglich und denkbar als Verfügung über Kunstmittel,
   über die in der Geschichte der menschlichen Kultur erarbeiteten Ausdrucksformen. Damit die in den künstlerischen Formen vergegenständlichte gesellschaftliche Arbeit heute zum Produktionsmittel werden kann,
   müssen wir zuerst diesen Arbeitsprozeß rekonstruieren. Die produktive
   Aneignung des kulturellen Kapitals ist wiederum nur möglich als - Arbeit. Die im Entdifferenzierungsmodell versteckte Ideologie der Unmittelbarkeit sucht sich diesem Arbeitsprozeß zu entziehen, gezahlt wird
   dabei jedoch der Preis des Traditionsverlusts, d.h. aber auch der Erinnerung an die in der kulturellen Tradition aufbewahrten kollektiven
   Wirklichkeitserfahrungen.

b) Der aus rezeptionsästhetischen Theoriestücken abgeleitete "leseorientierte Literaturunterricht", wie er z.B. von Ingeborg Meckling vertreten wird, verzichtet auf eine methodisch reflektierte Aneignung der
   literarischen Überlieferung zugunsten der spontanen "Selbsterfahrung"
   der Schüler. Die Arbeit am Text wird verstanden als Konkretisierung;
   Ziel ist die Produktion einer möglichst großen Zahl von "Sinngebungen".
   Den "konkretisierten" Text faßt Meckling auf als subjektive Leistung des
   Schülers, der damit zum Produzenten des Text-Sinns wird.

   Problematisch an diesem Verfahren scheint mir:

   - der Verzicht auf die historische Reflexion, der einer willkürlichen
     Aktualisierung vergangener Werke Vorschub leistet und derart die gegenwärtige Tendenz zum Geschichtsverlust verstärkt,

- der Verzicht auf die Diskussion der Kriterien, nach denen die Sinn-Produktion bzw. die Selbsterfahrung der Schülersubjekte bewertet werden könnten. Damit zusammenhängend

- der das Modell bestimmende technokratische Bildungsbegriff, der als Lernziel Kreativität, konfliktlose Verarbeitung rasch wechselnder Reize kennt, nicht aber den Menschen, der sich über seine Geschichte zur Vernunft befreit, oder einen reflektierten Begriff von einer humanen Gesellschaft.

c) Das von Michael Rutschky vorgeschlagene Modell der ästhetischen Erfahrung sucht der Einsicht in die kulturelle Entfremdung der Schüler Rechnung zu tragen. Die kulturellen Produkte der Vergangenheit sind danach radikal abgespalten von der gegenwärtigen Erfahrung, sie treten den Schülersubjekten fremd entgegen als das ganz Andere, auf das sie mit Angst und Abwehr reagieren. Die Unterrichtsarbeit besteht konsequent in der Aufarbeitung dieser Angst- und Abwehrreaktionen mittels produktiver Phantasietätigkeit, wobei vorausgesetzt ist, daß die Schüler unzensiert, frei zu den literarischen Texten assoziieren. Problematisch an dieser Konzeption scheint mir, daß auch Rutschky die gegenwärtige Kulturkrise als unveränderbar hinnimmt und sich entsprechend mit Vorschlägen begnügt, wie man sie genießen kann.

- Damit wird jedoch ästhetische Erfahrung auf die immer gleiche der Fremdheit der (austauschbaren) kulturellen Produkte reduziert, und

- es entsteht kein kulturelles Erfahrungskontinuum. Da an den Werken nichts Besonderes ausgemacht werden kann, verliert der hermeneutische Prozeß die Dimension der Applikation, denn diese setzte die Anstrengung voraus, das Vergangene verstehen zu wollen. Damit entfällt aber auch die im kritischen Traditionsverständnis intendierte Aufhellung der Gegenwart.

Die skizzierten Aneignungsmodelle unterstellen einen problematischen Begriff von Identität:

- Diese wird als bereits voll ausgebildete bei den Schülern vorausgesetzt, anders würden diese ja nicht aus Traditionsbeständen frei wählen und zu Traditionselementen frei assoziieren können. Wir haben es hier mit der Illusion des reinen Sehens, der unmittelbaren Wahrnehmung zu tun.

- Identitätsbildung scheint mir hier bestimmt als eine von Einzelsubjekten, als von gesellschaftlichen Prozessen abgespaltene Tätigkeit. Für die gegenwärtige Soziologie ist Ich-Identität jedoch stets mit kollektiver Identität vermittelt, welche sich ihrerseits innerhalb eines historisch-gesellschaftlich bestimmten Sinnzusammenhangs verwirklicht. Wichtig ist dabei, daß sich die Einzelindividuen in der gemeinsam hervorgebrachten Identität wiedererkennen und wechselseitig anerkennen können. Nur innerhalb eines solchen kollektiven Bedeutungssystems ("einer symbolisch aufgebauten und normativ verständlichen Lebenswelt" - Habermas) kann sich einzelne Ich-Identität entfalten in bezug auf bzw. in Auseinandersetzung mit jenem.

3. Ich möchte einen anderen Problemlösungsweg gehen; dabei ist ein Begriff von vernünftiger Identität vorausgesetzt, der wiederum die rationale Auseinandersetzung mit der kulturellen Tradition (als einem Bestand von

Deutungsmustern) zur Grundlage hat: Rekonstruktion der Geschichte der bürgerlichen Literatur mit dem Ziel, den Zusammenhang von Subjektivität, Literatur und bürgerlicher Gesellschaft sichtbar zu machen. Indem die Reflexion den Weg erinnert, über den die Vermittlung von Tradition gelaufen ist, kann das in ihr wirkende Moment von Herrschaft erkannt und der Geltungsanspruch der Überlieferung geprüft werden, um entscheiden zu können, an welche Traditionen wir anknüpfen, mit welchen anderen wir brechen wollen.

Für die Lernzielbestimmung eines kritischen Literaturunterrichts heute möchte ich an die Traditionen anknüpfen, die von Hegel und Marx zur kritischen Theorie und zu Habermas führt. Danach gilt es, gegen die Tendenzen der Zeit an der Zielprojektion einer vernünftigen Gesellschaftsverfassung, an der wie immer auch kontrataktischen Annahme festzuhalten, es müsse sich auf dem Wege über eine öffentlich geführte Normendiskussion ein Konsens darüber herstellen lassen, wie eine solche, auf Allgemeinheit verpflichtete, allen ihren Mitgliedern die Entfaltung ihrer humanen Möglichkeiten garantierende Gesellschaft auszusehen habe. Stattfinden kann eine solche Normendiskussion nur unter der Voraussetzung wechselseitiger Anerkennung verschiedener miteinander um die rechte Gestalt der Zukunft konkurrierender Deutungssysteme. Eine Diskussion jedoch um die normativen Inhalte identitätsverbürgender Deutungssysteme ist nur möglich auf der Grundlage einer rationalen Auseinandersetzung mit der kulturellen Tradition. Rationale Diskussion setzt mit sich identische Subjekte voraus, diese können sich nur entwickeln, indem sie sich abarbeiten an einem Widerstand, hier: bestimmten Aneignungsmodellen und Traditionen; diese können selbstverständlich verändert oder sogar abgelehnt werden, immer aber bedarf es eines Bestandes fester Deutungsmuster, von denen sich das Individuum, das zu seinem Selbstbewußtsein kommen will, abheben kann.

Wenn man Literatur als einen Sozialisationsfaktor betrachten kann, der für die Ausbildung von Ich-Identität wichtig ist, so kann man hoffen, in die gegenwärtige Traditionskrise Licht zu bringen, indem man den Entwicklungsprozeß der bürgerlichen Literatur bis an den Punkt zurückverfolgt, wo sich der historische Zusammenhang von bürgerlicher Subjektivität und Institution Literatur fassen läßt. Ein solcher Lösungsweg setzt auf die Kraft der Reflexion gegen autoritäre Versuche einer Restauration konservativer Bildungsvorstellungen, nach denen der einzelne in ein vorgegebenes Traditionskontinuum einzurücken hat. Indem die historische Reflexion den Prozeß der Traditionsbildung erinnert, können

- das in der Tradition wirkende Moment von Herrschaft erkannt werden,
- der Geltungsanspruch der Tradition geprüft und
- alternative Formen der Traditionsaneignung gedacht werden.

Ausgehend von der Annahme, daß die gegenwärtige Traditionskrise das Ergebnis einer historischen Entwicklung ist, frage ich zunächst nach der Problemsituation, auf die die herrschende Institution Literatur, d.h. die Autonomieästhetik, eine Antwort darstellt.

Die traditionale Gesellschaft ist dadurch gekennzeichnet, daß in ihr die Probleme des Zusammenlebens, der individuellen Entwicklung und der Legitimation von Herrschaft durch die unumschränkte Geltung religiöser Weltbilder geregelt werden. Der im 18.Jhdt. einsetzende Modernisierungsprozeß (Rationalisierungsdruck) stellt diese Weltinterpretation in Frage. Der Verlust der traditionalen Weltbilder läßt aber zugleich neue Probleme entstehen: wie kann man auf Rationalität gegründete Wertorientierungen allgemeingültig machen und gewaltfrei durchsetzen? Diese Probleme führen einen Funktionswandel der Literatur herbei: war diese in der feudal-absolutistischen Gesellschaft als Repräsentation und Divertissement institutionalisiert, so wird in der Epoche der Aufklärung die Literatur zum Medium kritischen Räsonnements, d.h. zur Auseinandersetzung mit Norm- und Wertvorstellungen. In der Literatur entdecken die Aufklärer ein wichtiges Instrument zur Erziehung des Menschengeschlechts. In der bürgerlichen Gesellschaft konstituiert sich Öffentlichkeit mit Hilfe von Literatur im Medium moralischer Reflexion.

Diese bürgerlich-aufklärerische Funktionsbestimmung der Literatur setzt die harmonische Übereinstimmung von privatem Egoismus (als Antriebskraft gesellschaftlichen Fortschritts) und allgemeinem Wohl voraus. Der in einer solchen Auffassung erkennbare Fortschrittsoptimismus erweist sich jedoch nicht als tragfähig. Das letzte Drittel des 18.Jhdts. ist geprägt durch einen Zerfall der literarischen Öffentlichkeit, für den besonders zwei historische Ereignisse auslösenden Charakter gehabt haben dürften:

- die Ausweitung des literarischen Marktes und
- die Französische Revolution.

Beide werden von den Zeitgenossen als Ausbruch partikularer Interessen erfahren. Die Entwicklung des literarischen Marktes, welche das Profitinteresse der Verleger und den Kampf der Schriftsteller um Marktchancen sichtbar macht, zerstört die Illusion, daß Produzenten, Publikum und Verleger ein- und dasselbe Interesse an Aufklärung verfolgen. - Damit sind jedoch besonders in Deutschland die historischen und gesellschaftlichen Voraussetzungen einer politischen Öffentlichkeit bereits bei deren Entstehung zerstört, noch bevor diese in die Organisation des gesellschaftlichen Zusammenlebens wirksam hätte eingreifen können.

Der Funktionswandel der Literatur, der jetzt erfolgt, muß jedoch noch unter einem anderen Aspekt gesehen werden. Die Ablösung von den traditionalen Weltbildern geht offenbar nicht reibungslos vor sich, sondern stellt einen überaus schmerzhaften Prozeß dar, der von den Individuen als subjektive Krise erlebt wird. Die epochale Erfahrung der Zerrissenheit läßt daher zugleich ein tiefes Bedürfnis nach Versöhnung, nach Totalität entstehen. Die historisch neue Frage lautet: wie ist Lebenspraxis als sinnhafte erfahrbar in einer auf abstrakte Rationalität gegründeten Gesellschaftsverfassung? Das bürgerliche (autonome) Subjekt erweist sich derart von seinen Anfängen an als äußerst zerbrechliche historische Erscheinung.

Die Autonomieästhetik, die um die Wende zum 19.Jhdt. von Moritz, Kant, Schiller, Hegel und Schelling ausgearbeitet wird, kann als Ausdruck dieser historisch neuen Bedürfnisse nach Weltinterpretation betrachtet werden: Als neues Versöhnungsparadigma ersetzt die Kunst das historisch Abgelebte der Religion. Diese Versöhnung findet jedoch statt um den Preis der Abtrennung der Kunst von der Lebenspraxis und des Ausschlusses der Unterklassen. Die von den bürgerlichen Intellektuellen als Antwort auf die Erfahrung der Entfremdung entwickelte Kunstvorstellung entzieht diese der gesellschaftlichen Praxis, überläßt die Wirklichkeit als das schlechthin Unvollkommene sich selbst und erklärt die Kunst zum Ort der Wahrheit.

Mit der Institutionalisierung der Kunstautonomie zerbricht die Einheit von Publikum und kultureller Elite. Damit treten eine Reihe von Problemen auf, die bis heute die bürgerliche Institution Kunst/Literatur belasten: Es kommt zu einer <u>Dichotomisierung</u> auf verschiedenen Ebenen der Literaturproduktion und -rezeption:

- Künstler versus Nicht-Künstler (Unterhaltungsschriftsteller, Hersteller von literarischer Ware).

- Hohe versus niedere Literatur: Ein Teil der Schriftsteller liefert sich dem Marktprinzip aus und entzieht sich der Verantwortung für den normativen Gehalt ihrer Produkte durch die Berufung auf Publikumsbedürfnisse. Ein anderer Teil versucht sich durch die Beschränkung auf eine literarische Elite den Marktmechanismen zu entziehen und sondert sich von der Öffentlichkeit ab, beschränkt sich auf eine abgehobene Kunstwelt ohne Bezug zu den lebenspraktischen Orientierungsbedürfnissen des Lesepublikums.

- Bildungselite versus Literaturkonsumenten.

Die Resakralisierung der Kunst, die Auratisierung der Künstlerpersönlichkeit (Dichterkultur) und die Verdrängung der Aufklärungsliteratur aus dem literarischen Kanon sind Folgeerscheinungen dieses Dichotomisierungsprozesses, in dessen Verlauf sich ein Phänomen herausbildet, das ich als Verschiebung des Rezeptionsinteresses vom Werk (und dessen Gehalt) auf die Person des Autors bezeichnet habe: Die Mehrheit der bürgerlichen Leser hält an bürgerlich-aufklärerischen Literaturvorstellungen fest und wendet sich von der autonomen Kunst ab, denn die von dieser nicht beantworteten Bedürfnisse des Publikums verlangen nach Befriedigung. Diese erfolgt in zweifacher Weise: Die Mehrheit der Leser wendet sich literarischen Produkten zu, die wir heute unter dem Begriff der "Unterhaltungsliteratur" fassen. Gleichzeitig wird die Rezeption der zur Klassik kanonisierten Autoren Bestandteil bürgerlicher Bildungsideologie. Die hat ihre Funktion u.a. darin, das durch Besitz und Bildung privilegierte Bürgertum gegenüber den wachsenden Ansprüchen der proletarisierten Unterschichten abzuschirmen.

Die Werke der bürgerlichen Kultur erweisen ihre Kraft darin, daß sie die Erinnerung an jenen Trennungsprozeß aufbewahren. Subjektivität, als von bürgerlicher Öffentlichkeit abgespaltene, ist den Werken eingeschrieben als Leidenserfahrung, und in ihr gründet die Authentizität der Werke. Heute die Spuren solcher Erfahrungen entziffern, im Zeichen der neuen Sensibilität, heißt auch, dieser ein rationales Fundament geben. Sicherlich sind historische Prozesse nicht umkehrbar. Die geschichtliche Hoffnung der bürgerlichen Gesellschaft, politische Öffentlichkeit, kann gleichwohl für die kulturelle Entwicklung der Gegenwart einen fernen Horizont bilden, an dem wir die Authentizität von Subjektivität ablesen können. Die Einsicht in die historischen Entstehungsbedingungen der Fehlformen von Subjektivität müßte uns daran hindern, diese heute zum Maßstab zu machen, abgelebte Formen, die Egozentrik des einsamen Genies z.B., neu beleben zu wollen. Gesellschaftlichem Fortschritt dienen kann Subjektivität nur dort, wo sie an Öffentlichkeit zurückgebunden ist.

M o d e l l s k i z z e (2)

Ich habe an verschiedenen Stellen auf einen der meiner Meinung nach folgenreichsten Brüche in der Entwicklung der deutschen Literatur hingewiesen.

Goethes Entscheidung für Weimar setzt seine Arbeit am Urfaust ein Ende. Als Goethe Jahre später seine Dramenproduktion wiederaufnimmt, wählt er ein anderes Material. Er wendet sich ab vom bürgerlichen Trauerspiel und greift auf ein vorbürgerliches Material zurück, die klassische Tragödie, obwohl er weiß, daß ihn dies seinem Publikum entfremden muß. Einen didaktischen Zugang zur Einsicht in diesen Bruch könnte die Konfrontation von Textabschnitten aus dem Urfaust und der Iphigenie darstellen, z.B. von Gretchens Gebet ("Ach neige du Schmerzensreiche...") und Iphigeniens Monolog (IV,5). Eine solche Konfrontation könnte schockartig erfahrbar machen, daß mehr als der nur zeitliche Abstand Goethes frühe Dramen von denen seiner klassischen Periode trennt. Das dabei gewählte Verfahren: die grammatische Analyse, hat den Vorzug, ein rationales Verfahren zu sein, das es erlaubt, einen literarischen Text als Produkt eines rekonstruierbaren Arbeitsprozesses zu erfassen und aus der Wahl der Kunstmittel eine Werkintention zu erschließen. Bei dieser Demonstration der Materialbesonderheit (3) erhält man etwa folgendes Ergebnis:

Gretchen
- gesellschaftlich nicht anerkannte Leidenserfahrung; im hohen Drama nicht zugelassene Person aus dem 4. Stand
- volkstümliche Liedform
- Unmittelbarkeit
- Identifikation
- Bindung an traditionale Normen
- Anschließbarkeit an die Lebenspraxis der Rezipienten

Iphigenie
- Personal der hohen Tragödie (Königstochter)
- Jamben (Form des klassischen Dramas)
- Reflexion
- Distanz
- Selbstbestimmung (modernes Subjekt)
- autonomes Werk.

Im Urfaust gelingt es Goethe (im Rückgriff auf den Knittelvers, der dem zeitgenössischen Publikum vom Bänkelsang oder vom Puppenspiel her vertraut gewesen sein dürfte), philosophischen Gehalt mittels der volkstümlichen Formtradition allgemein zugänglich zu machen, d.h. auch gelehrte und volkstümliche Kultur zu vereinen. So kann der Urfaust gelesen werden als eine Antwort auf die zentralen normativen Probleme einer Epoche des gesellschaftlichen Umbruchs. Es geht darin um die tragischen (subjektiven) Folgen von Ungleichzeitigkeit, um den Zusammenstoß zweier Welten, der traditionalen/feudalen, in die Gretchen eingebunden ist, mit der modernen/bürgerlichen Fausts. In der Konfrontation mit der historisch neuen Entwicklungsstufe lösen die alten Bindungen sich auf. Die traditonalen Weltvorstellungen (gegründet auf Religion und Autorität) weichen dem Universalismus rational überprüfbarer Normen. Zugleich besteht die geschichtliche Bedeutung des Stücks darin, daß in ihm ein bislang sozial nicht anerkanntes Schicksal (die Verführung des Mädchens aus dem Volk) ernstgenommen und als das des Menschen schlechthin dargestellt wird: Gretchens Tragödie ist die der traditionellen Gesellschaft, die notwendig untergehen muß, um der Rationalität der modernen, bürgerlich-kapitalistischen Gesellschaft Platz zu machen.

Mit der Iphigenie wendet sich Goethe einem Material zu, das mit den normativen und sozialen Problemen der Epoche schwer in Beziehung zu bringen ist.

Die moderne Gesellschaft erscheint darin als schon fertige, die normative
Mündigkeit des Subjekts als erreichte Stufe der Menschheitsentwicklung.
Betrachtet man das Stück im sozialhistorischen Kontext seiner Entstehung,
so kann die Einsicht in die Diskrepanz von Erfahrungsreichtum (über den
der Produzent verfügt) und Wirklichkeitsferne (des Werks)schockieren. Und
doch können wir dem Stück historische Wahrheit zuerkennen, wenn wir es begreifen als ein Dokument aus der Geschichte bürgerlicher Subjektivität. Die
klassische Abgehobenheit der Iphigenie verweist dann auf Entfremdung als
Grunderfahrung des Produzenten, der sein Verhältnis zur Gesellschaft als
problematisches erlebt. Goethes Iphigenie zeugt von der Zerrissenheit der
bürgerlichen Intelligenz, die am Bewußtsein ihrer privilegierten Stellung
leidet.

Die Frage scheint berechtigt, ob hier nicht ein Problemzusammenhang bearbeitet ist, der einer vergangenen Epoche angehört und uns nicht mehr betrifft. Dagegen spricht die Beobachtung, daß in der Gegenwart gerade gesellschaftlich reflektierte Theaterregisseure die Aktualität der Iphigenie
entdecken. Als im Herbst 1977 Claus Peymann in Stuttgart das Stück insze-
niert, immer wieder unterbrochen durch die Notwendigkeit, sich mit Angrif-
fen von Zeitgenossen, die ihm Sympathisantentum mit Terroristen vorwarfen,
auseinandersetzen zu müssen, erfahren die Schauspieler, daß die Arbeit an
der Iphigenie "für sie eine Möglichkeit (ist), sich mit dieser aktuellen
Wirklichkeit (sc. mit Gewalt, Terror, Vernunft) auseinanderzusetzen, etwas zur Debatte beizutragen, an gesellschaftlicher Problematik teilzuneh-
men." (4) Aus der Perspektive einer Gegenwart, die ihre barbarische Vergangenheit nicht bewältigt, sondern verdrängt hat, erscheint plötzlich das
klassische Drama aktuell, weil es erkennen läßt, daß die Sphäre der Subjektivität und der Gang der Zivilisation nicht deckungsgleich sind. Die
Schauspieler lesen das Bild vom "ehernen Band", das in den Erinnerungen
der Geschwister, Iphigenie und Orest, an die fluchbeladene Geschichte ihres
Hauses wiederkehrt (5),als Hinweis auf die Problematik moderner Subjektivität, geprägt durch "Schuldgefühle, Verdrängungen, Identitätsprobleme". Sie
fragen, ob die Geschichte der Tantaliden sich entziffern läßt als Chiffre
für unsere eigene Lage. Iphigenie wäre uns dann verwandt, auch sie "arbeitet
an der Verhinderung von Gewalt". Und wenn in Goethes Stück alle Personen
in Gefahr sind, inhuman zu handeln, so ist dies "ein durchaus aktueller Ansatz" in einer Epoche, wo Zivilisation und Barbarei so unentrinnbar miteinander verschränkt sind wie noch niemals in der Geschichte der Menschheit. Das
Problem, das durch das klassische Stück und dessen scheinbar längst über-
wundenen Mythos hindurch sichtbar wird, ist das der Barbarei: "irgendwie
stehen sich die Griechen und Skythen in Sachen Gewalt in nichts nach". Was
bezeichnen wir mit dem Begriff "barbarisch":"Ist es wirklich das Fremde,
Wilde, oder ist es die Zerstörung der Städte durch die Planer, oder die Ver-
schmutzung der Umwelt, oder der Bau von Atomkraftwerken. Alles ganz normale
Sachen bei uns. Barbarisch auch: die Zerstörung fremder Kulturen der Dritten Welt durch unser Zivilisationsgehabe; was ist mit den Menschenrechten,
die nicht eingehalten werden, fast überall?" Wenn dies so ist, wenn Iphigenie heute noch immer "Kulturarbeit in feindlicher Umgebung" leisten muß,
was bedeutet uns dann das "kulturelle Erbe"? "Wohin mit dem vielen Humanis-
mus?" (6)

Wie sollen wir, wie können wir Umgang haben mit unserer kulturellen Vergangenheit? Die Protokolle der Schauspieler, aus denen ich zitiert habe,
lassen die Schwierigkeiten gegenwärtiger Rezipienten klassischer Texte
deutlich erkennen. Ohne Arbeit ist eine Aktualisierung der Iphigenie nicht

möglich. Daß sie jedoch aktualisierbar ist, trotz der Abgehobenheit der Form, in der das Weimarische Humanitätsprojekt sich präsentiert, dies scheint mir begründet in der Entstehungsgeschichte des Dramas. Goethes Iphigenie steht am Anfang jener Geschichte der Trennungen, von denen die bürgerliche Kultur gezeichnet ist. Die verzweifelte Fremdheit des Goetheschen Klassizismus, der die Rettung der Verstragödie erzwingen will in einer Phase der Entwicklung der bürgerlichen Kultur, wo bereits der Aufstieg des Romans zur beherrschenden Gattung sich abzuzeichnen beginnt, weist zugleich auf das Rechtfertigungsbedürfnis des bürgerlichen Intellektuellen, der die eigne Existenz als problematisch erfährt, weil die kulturelle Arbeit, die er im Dienste der Beförderung der Humanität oder der Bestimmung des Menschen, um es mit Begriffen der Aufklärung zu sagen, leistet, ihn zunehmend den Massen entfremdet. (7) Der hier erkennbar werdende "Schuldzusammenhang", die scheinbar unauflösliche Dialektik von Fortschritt und Unterdrückung, von Emanzipation und Regression, reicht tief in die Struktur der Werke der bürgerlichen Kunst hinein: die Opfer des zivilisatorischen Prozesses haben darin keine Sprache. Derart aber hat die klassische Humanität teil an der Barbarei; sie gründet im Privileg, ist zugänglich nur einer Elite und erkauft mit dem stummen Leid der davon Ausgeschlossenen. - Goethes Iphigenie eignet sich nicht als Lektüre für Kinder der schweigenden Mehrheit! Läßt sich ein Umgang denken der Kinder der schweigenden Mehrheit mit Iphigenie? (8) - Mir scheint, die Zahl der schweigenden Kinder nimmt in unserer Zeit in beunruhigendem Maße zu. (9)

Gundel Mattenklott
SCHREIBEN IN DER SCHULE

Seit den berühmten Graffiti des Pariser Mai 1968 hat die Bedeutung von Schrift und Text in den Städten immer zugenommen. Durch die an die Mauern und Wände gesprühten und gemalten Schriften scheint jetzt eine ganze Generation sich miteinander zu verständigen. Mögen die Jugendlichen, die sich hier artikulieren, keine Bücher mehr lesen - der Leser soll ja einer aussterbenden Gattung angehören - , die Stadt selbst ist ihnen zum Buch geworden, zu einem, das von allen geschrieben und gelesen wird. Längst sind Schriften auf Mauern darüber hinaus, bloß Agitation und Wahlkampfparolen zu sein. Ganz verschiedene Textarten finden sich an den Mauern: das ausführliche Zitat "Daß du dich wehren mußt, wenn du nicht untergehen willst, das mußt du doch einsehen" mit Angabe des Autors (Brecht), das programmatische Bekenntnis "Wir kämpfen nicht gegen die Fehler des Systems, sondern gegen seine Vollkommenheit!", die Aufforderung an die Regierenden "Laßt die Leute frei!", "Räumt den Knast und nicht die Häuser!",der Kampfruf "Frauen, schlagt zurück!" und "Nieder mit der Plastikwelt!", der nicht befehlende, der ermutigende Imperativ "Liebe, lache, kämpfe!" und "Erwache und lache!". Den Traum so vieler Lyriker, massenweise gelesen und gehört zu werden, die anonymen Schriftsprüher mit den Narrenhänden haben ihn sich erfüllt, selbst in der Provinz: "Liebe, Wut und Steppenbrand/ es gibt kein ruhig Hinterland". Die Denksprüche, Ermunterungen, Maximen und Kampfaufrufe werden schnell zu viel zitierten geflügelten Worten. Jugendliche zitieren natürlich nicht Schiller, wohl aber den Spruch von der nächsten Brandmauer (und der dürfte sogar von Schiller sein).
Natürlich beschränkt sich die Schreibleidenschaft nicht auf die notwendig knappen Mauertexte. Längst gibt es in der vor allem von jungen Leuten besuchten Indien- und Naturkostläden einen eigenen Markt für Schreiberlinge: mit verträumten Zeichnungen verziertes Umweltschutzpapier zum Dichten, China-Kladden mit streng schwarzen und Tagebücher mit bunt-seidenen Umschlägen. Wer die entsprechenden Cafés und Teestuben besucht, sieht, daß diese Hefte genutzt werden, daß sie emsig beschrieben werden. Immer mehr junge Leute, so scheint es, schreiben also, in jenem emphatischen Sinn, den das Wort hat, wenn es intransitiv gebraucht wird und als bescheidenes Synonym für das altmodische "Dichten" zu verstehen ist. Oder: wenn es immer schon so viele waren, die schrieben,ohne von Lektor, Verlag und Publikum dazu autorisiert zu sein, so tun sie es jetzt jedenfalls nicht mehr heimlich, sie treten mutiger in die Öffentlichkeit; es ist ihnen nicht mehr peinlich, wie Generationen vor ihnen, die ihre Gedichte und Tagebücher in Schubladen versteckten. Die heute sich einfach zu Autoren machen, indem sie Stift und Heft in die Hand nehmen und den Kopierer von nebenan benutzen als billigste Produktionsmittel, suchen sich ihre Öffentlichkeit. Es ist eine andere als der literarische Markt. Sie treffen sich im Literaturcafé und -postamt, in Wohnzimmern, Alternativprojekten und Kneipen. Sie lesen einander ihre Texte vor und reden darüber. Sie verbreiten sie als billige Kopien in kleinen Auflagen unter Freunden und Freunden von Freunden.
Mindestens 70 Teilnehmer der Berliner Volksuni 1981 nahmen das Angebot

wahr, in drei Gruppen drei Tage lang zu schreiben und übers Geschriebene zu reden. Die Volkshochschulkurse "Selber schreiben" mehren sich, und der von Heinz Blumensath und mir 1976 ins Leben gerufene "Workshop Schreiben", der Schüler von 12 Jahren an zum Schreiben und zum Gespräch über ihre Texte anregt und der 1981 zum 4. Mal stattfand, kann auf Grund finanzieller Engpässe mit den nun über 200 Teilnehmern nur noch begrenzt sinnvoll arbeiten. Ich habe genug Beispiele angeführt zum Phänomen der Schreiblust, ja Schreibwut unserer Jahre. Ihre Integration in den Deutschunterricht habe ich - wenn auch mit einem Vorbehalt - 1979 in meinem Buch über "Literarische Geselligkeit" empfohlen. Wie die Reformpädagogen, so der im letzten Jahrzehnt in der Bundesrepublik wiederentdeckte Freinet, sich die Lust von Vorschulkindern und Schulanfängern am Kritzeln und an der Nachahmung von Schrift für den Lese- und Schreibunterricht zunutze gemacht und sich bemüht haben, sie nicht ersticken zu lassen im Gestrüpp der Regeln und Verbote, so sollte der Schreiblust Jugendlicher im Literaturunterricht Rechnung getragen werden, sollte die Rezeption von Texten, ihre Kritik und Analyse ergänzt werden durch eigene literarische Produktivität.

Mein Vorbehalt gegen solch "freies Schreiben" in der Schule galt der Gefahr, auf diese Weise eines der letzten Rückzugsgebiete der Jugendlichen zu kolonialisieren, die subversive Kritzellust der Narren auf Tischen, Toiletten und Stadtwänden durch schulische Vereinnahmung unschädlich zu machen und damit zu zerstören. Nach wie vor schätze ich diese Gefahr nicht gering ein. Vom Deutschlehrer zwecks Übung zur Textanalyse empfohlene Romanheftchen und Comics sind nicht mehr das, was sie für Kinder und Jugendliche waren, wenn sie heimlich unter der Bank gelesen wurden: eine vor den Erwachsenen tunlich verborgene Intimzone, in die man sich einfach "wegmachen" konnte aus Situationen der Ohnmacht und erzwungenen Passivität, so daß nur die leere Körperhülse des Lesenden im Klassenzimmer übrig blieb. Oft genug hat das Schreiben eine ähnliche Funktion: Quälender Langeweile eines Unterrichts durch eigene Aktivität sich zu entziehen. Sind der so entstandene Text oder das Tagebuch, wenn sie im Unterricht veröffentlicht werden, noch die gleichen wie die versteckten? Ich habe damals geschrieben, daß nur konsequente Solidarität des Lehrers mit den Schülern für das Ziel: Subjekt der Schule zu werden, Subjekt der Sprache, Subjekt der Gesellschaft diese Gefahr verhindern kann. Ehe ich darstelle, wie sich Lehrer und Lehrerstudenten auf solche Arbeit vorbereiten können, möchte ich einige andere kritische Einwände gegen das Schreiben im Deutschunterricht nennen und diskutieren.
Viele Vorbehalte gegen "freies Schreiben" werden von denen formuliert, deren Schreibtätigkeit dadurch anerkannt ist, daß ihre Arbeiten gedruckt werden und daß sie von diesen Arbeiten leben, also den professionellen Schriftstellern. (Ich beziehe mich hier auf Gespräche; seit der Invasion der "Alltagsschreiber" in den Hamburger "Literatrubel" 1981, auf die Autoren mit großer Skepsis reagierten, ist die Diskussion aggressiver geworden.) Sie befürchten z.B., daß durch die Ermunterung zum Schreiben und die Aufmerksamkeit von Lehrern und anderen Erwachsenen für die Produkte dieser literarischen Tätigkeit zu viele falsche Hoffnungen auf eine Autorenkarriere geweckt werden. Das allerdings wäre wirklich unangebracht, denn zweifellos gibt es bereits mehr als genug arbeitslose Schriftsteller und in Lektoraten vermodernde Manuskripte. Im "Workshop Schreiben", der sich nicht als Wettbewerb zur Früherkennung literarischer Begabung versteht, wird das vor jedem Seminar betont. Sicher wird damit

unrealistischen Wünschen nicht sofort und gänzlich der Garaus gemacht.
Wir haben jedoch die beruhigende Erfahrung gemacht, daß die Schreibleidenschaft sowieso bei den meisten auf bestimmte Situationen beschränkt
ist (z.B. Verliebtheit, Liebeskummer) und auch bei größerer Kontinuität
und erklärtem Wunsch, weiter zu schreiben, selten das Abitur oder das
20. Lebensjahr überdauert. Der Eintritt in die Berufswelt oder die Universität bringt nicht nur andere Anforderungen, die neuen Lebensumwelten
verstärken in der Regel auch die selbstkritische Distanz zu den eigenen
Produkten, mit denen man sich so ganz naiv nicht mehr identifizieren mag.
Auch bei Erwachsenen gibt es Phasen erhöhter Produktivität, und mir stellt
sich die Frage, ob nicht oft genug in solchen Fällen Autoren "gemacht
werden", die dann später den Anforderungen ihres Status entsprechend
weiterschreiben müssen, ohne dazu eigentlich noch Stoff, Lust und Kraft
zu haben. Wieviel besser ginge es ihnen, wenn augenblickliche Schreib-
bedürfnisse ernst genommen würden, wenn dafür begrenzte Öffentlichkei-
ten existierten wie Schreibgruppen mit Lesungen und kleinen Publikationen
u.ä., so daß später auch Phasen stagnierender Produktivität nicht als die
ganze Lebensorganisation beeinträchtigende Krisen durchlitten werden
müßten.
Ein anderes Argument von professionellen Autoren gegen die Förderung des
Schreibens von Laien betrifft die Befürchtung, es könne ein falsches
Bild von literarischer Arbeit vermittelt werden: nämlich es ließen sich
einfach so im Drauflos-Schreiben gute Gedichte und Prosatexte herstellen,
als setzten sie nicht vielfältige Lektüre, Sachwissen, Recherchen und
ausdauernde Arbeit am Text voraus. Ich halte es allerdings für eine
wichtige Aufgabe des Literaturunterrichts, Schülern zu vermitteln, daß
Dichtung nicht in jähen Inspirationsstürmen aufs Papier geworfen wird,
sondern wie jede Kunst vom Können sich ableitet. Damit ihnen das plau-
sibel wird, ist aber auch die praktische Erprobung nötig, auch das
Scheitern am eigenen Entwurf, weil man so viel noch nicht kann. Wieviele
Betrachter haben sich nicht vor Kandinskys abstrakten Bildern gesagt,
das kann ich auch in zehn Minuten, und erst wenn sie sich mit Tuschkasten
und Papier daran gemacht haben, es sich und Kandinsky zu beweisen, haben
sie begriffen, daß es nicht reicht, ein paar Kleckse auf dem Papier zu
verteilen. Und andererseits: Gerade weil seit dem Beginn der Moderne der
Vorhang vor der Maschinerie der Inspiration immer entschiedener gelüftet
wird, gibt es keinen Grund, ihre Gesetze als Geheimwissen literarischer
Zünfte zu monopolisieren. Gedichte sind machbar, und Schreiben ist
lernbar; der Deutschunterricht kann durchaus dann und wann zur poetischen
Vorschule werden. Es kann den Autoren eigentlich nur recht sein,
dadurch ein kompetentes Publikum zu gewinnen. (Im übrigen hat die Fa-
zilität, mit der mancher Autor der sogenannten "Neuen Sensibilität" und
Subjektivität Lyrikbändchen auf Lyrikbändchen mit seinen Alltagsbeob-
achtungen in freien Rhythmen gefüllt hat, sicher keinen geringen Anteil
an dem Selbstbewußtsein von Laien, die schließlich oft wirklich genau
so gute oder schlechte Gedichte dieser Art zu machen verstehen.)

Zweifellos sind diese Vorbehalte professioneller Autoren gegen schrei-
bende Laien nicht zu lösen vom Hintergrund der schwierigen Marktlage
mit ihren harten Konkurrenzkämpfen. Daß alle sich ihre Gedichte und
Romane selbst schreiben, ist für Autoren, die von Lesern leben, keine
unbedingt erfreuliche Aussicht.

Über solch ökonomische Bedenken hinaus indes bleibt ernst zu nehmen das Problem des literarischen Dilettantismus in seinem Verhältnis zur Kunst. Läuft die Förderung literarischer Produktivität in schulischen und anderen Schreibgruppen nicht Gefahr, zu einer Art Schulliteraturbewegung zu werden, einer verspäteten Parallele zur Jugend- und Schulmusikbewegung der ersten Hälfte des Jahrhunderts? Die hatte in aggressiver Abwehr von der musikalischen Avantgarde ihrer Zeit (insbesondere der Wiener Schule) eine kind- und jugendtümliche Musizierweise mit speziellen Instrumenten, Kompositionen, ja Notenschriften und einer eigenen Traditionswahl entwickelt. Musizierendes Tun in der Gemeinschaft, in den Anforderungen auf die angeblich altersspezifisch reduzierten Fähigkeiten von Kindern und Jugendlichen zugeschnitten, war hier Selbstzweck. Adorno und Metzger haben den betont unpolitischen, intellekt-, form- und kunstfeindlichen Charakter dieser Musik-Bewegung, deren Folgen vor allem für die schulische Musikerziehung noch heute bedeutend sind, in seinem historischen Kontext analysiert und sie als "musikalischen Faschismus" scharf kritisiert. (1)

Zweifellos weist die Schreibbewegung, die zur Modeströmung zu werden droht, Züge auf, die an die Schulmusikbewegung erinnern: Das gemeinsame Tun wird betont (wenn auch heute das Zauberwort "Gruppe" heißt, nicht mehr "Gemeinschaft"), der Produktionsprozeß steht im Zentrum, nicht das Produkt, Spontaneität und die Abwehr von Anstrengung bedingen die Herausbildung einer eigenen "Schreibbewegungsgattung", als "Text" bezeichnet, die sich an denen der Literatur nicht messen lassen kann und will. Der Terminus "Schreibgruppe" - auch er ist mir begegnet - hat schließlich einen wirklich ganz fatalen Anklang an die Singe-Kreise der Jugendmusik.

Wird hier geschrieben wie damals gesungen wurde, ästhetisch anspruchslos und sich deshalb sachlich kompetenter Kritik entziehend, regredierend auf historisch überlebte Sprach- und Ausdrucksformen und blind gegenüber den fortgeschrittenen technischen Produktionsbedingungen, den ästhetischen Innovationen der Literatur des 20. Jahrhunderts, hinter die doch ein unreflektiertes Zurück nicht möglich ist, es sei denn, man begnüge sich mit der Herstellung von literarischem Kunstgewerbe?

Sicher wäre eine Gleichsetzung zweier historisch und gesellschaftlich so ganz anders begründeten "Bewegungen" allzu schlicht, ja falsch. Die Regression aufs Falala des mühsam wiederbelebten Volksliedes hat wahrhaftig nichts gemeinsam mit dem Entschluß von Frauen, sich schreibend über sich selbst klar und im Prozeß solcher Aufklärung handlungsfähig zu werden. Genauso fern ist ihr die Arbeit von Schülern, die tastend, Text für Text, ihre Auseinandersetzung mit der Umwelt für sich selbst objektivieren und aus Traum- und Wunschbildern versuchen, sich konkrete Utopien zu entwerfen, die sie sicher und mutig machen im Kampf gegen Kriegshetze und Aufrüstung.

Dennoch ist es nicht absurd, diese Parallele zu ziehen und das Konzept des freien Schreibens vor dem Hintergrund der Schulmusikbewegung kritisch zu überprüfen. Gerade weil hier spontane produktive Tätigkeit in den Vordergrund gestellt wird, darf nicht theoriefeindlich auf kritische Analyse verzichtet werden.

Die Schulen, heute in der Regel bis zu Lernskeletten abgemagert, nachdem ihnen alles ausgetrieben wurde, was die Reformpädagogen als Schul- und Gemeinschaftsleben förderten, Schulen, die selten genug in der Lage sind, ihren Schülern - immerhin bis weit in die Sekundarstufe I doch noch Kindern - etwas wie Wärme zu geben, diese Schulen haben es dringend nötig, die in ihnen herrschende Fabrikhallen-Kälte zu überwinden. Sie sollten humaner werden, sollten Orte sein, an denen sich Menschen geborgen fühlen können, ohne eingeengt zu werden, an denen sie angstfrei lernen können, was ihnen not tut. Deshalb ist es natürlich wichtig, im Unterricht erst einmal eine Atmosphäre des Vertrauens und der Freundlichkeit zu schaffen, die oft bittere Vereinzelung der Schüler zu überwinden. Phasen literarischer Produktivität im Deutschunterricht sind ohne solche gruppendynamischen, ja therapeutischen Prozesse gar nicht denkbar, und zugleich sind gerade sie in der Lage, sie außerordentlich zu befördern. Schreibspiele setzen die Angst vorm Konkurrenzkampf zugunsten der Lust an der gemeinsamen Tätigkeit herab, die einander vorgelesenen Texte lassen begreifen, daß keiner allein ist mit seinen Problemen, provozieren Fragen und Gespräche, bei denen man sich besser kennenlernt und beginnt, einander ernst zu nehmen. Die eigene Verletzlichkeit, da etwas Persönliches preisgegeben wird, mildert die aggressive Kritik am anderen, und sei es nur, weil sonst der Gegenschlag droht.

So sehr wir Grund haben, Ideologien der Gemeinschaft, der Gruppe zu mißtrauen, so wichtig ist es doch, diese Mindestvoraussetzungen für Lernen- und Handelnkönnen in der Schule zu schaffen.

Ja, je eher dies der Schule gelingt, desto weniger werden Jugendliche das dort Vermißte in den autoritär geführten Jugendsekten suchen, die den Einzelnen zugunsten der gemeinsamen Führerfixierung auszulöschen trachten.

Andererseits verkommt der Deutschunterricht zum beliebigen und unverbindlichen Sensibilitätstraining und gruppendynamischen Seminar, wenn er das Schreiben nur als austauschbares Spielmittel zum Gemeinschaftszweck einsetzt, anstatt Literatur - ihre Rezeption und Produktion - konsequent und ernsthaft in den Mittelpunkt seiner Arbeit zu stellen. Nur dort, wo das geschieht, können die spezifischen erkenntnisfördernden und aufklärerischen Möglichkeiten des Schreibens fruchtbar gemacht werden. Sonst wird bloß Kreativität trainiert und die kann genauso dumm machen wie blindes Konsumieren.

Ablehnen möchte ich mit Christa Bürger einen Deutschunterricht, in dessen Zentrum "wieder einmal 'das Leben'" steht, dem es "nicht um das Verstehen von Geschichte und ihren Werken (geht), sondern ausschließlich darum, ästhetische Produktivkräfte zu aktualisieren." Praktisch heißt das für Unterrichtseinheiten oder Kurse zum freien Schreiben: Spontan geschriebene Texte werden zwar nicht mit der Elle der arroganten Literaturkritik gemessen (dazu rechne ich auch pauschale Urteile wie "Kitsch, Sentimentalität"), sie werden aber dennoch als literarische ernst genommen. Mehr noch als die Kritik, die auf schiefe Bilder hinweisen wird, auf falsche Reime, klappernde Metren und unnötige Redundanz, hat daran bereits die Aufgabenstellung ihren Anteil. Ich schlage genuin literarische Spiele und Übungen vor. In ihnen wird mit dem Material - Schrift, Wörtern, Sätzen, Lauten - experimentiert, es wird bewußt gemacht, daß Texte aus Wörtern und ihren Affinitäten zueinander entstehen, literarische Techniken, insbesondere der Moderne, werden angewendet. Herkunft und historischer Kontext dieser Spiele (Romantik, Dada, Surrealismus) und ihre Beziehungen zur Psychoanalyse (Assoziation) sollten mitgeteilt und an Beispielen erläutert werden.

Ich stelle nicht die Produktion von Selbstdarstellungen in den Mittelpunkt meiner Arbeit, wir sehen nicht direkt in den Spiegel, sondern finden uns wieder im Spiel der Wörter.

Und ein zweites darf nicht vergessen werden: Korrespondieren muß der freien Produktivität auf jeden Fall ein Literaturunterricht, in dem die Schüler Werke kennenlernen, die sie selbst weder hergestellt haben noch herstellen können.

Ganz ablehnen möchte ich die Lektüre und Analyse von Texten anderer Jugendlicher - es sei denn, sie werden als Ermutigung und Anreiz zu eigener Produktion kurz vorgestellt. In der kurzen Zeit, die für den Literaturunterricht zur Verfügung steht, sollten künstlerisch bedeutende Werke gelesen werden. Nicht Verena Stefans "Häutungen" also, sondern z.B. "Emilia Galotti", wenn es um Fragen der Frauenemanzipation geht, auch wenn dies Werk eine Anstrengung des Verstehens und Analysierens erfordert, die nicht immer beliebt ist.

Dies berührt jedoch Fragen der literarischen Kanonbildung, auf die ich hier nicht eingehen kann - man lese dazu Christa Bürgers Buch über "Tradition und Subjektivität". - Ich denke, wie Metzger, "daß jeder Mensch ein Recht auf Partizipation an der wirklichen Musik (bzw. Literatur), den Werken der bedeutenden Komponisten hat, und daß ihm dafür keine Surrogate geboten werden dürfen." (3) Das Recht aller auf die Kunst - und nicht nur auf ihre Rezeption, sondern auch auf ihre Produktion - erscheint mir als ein zentrales Argument für die Demokratisierung des Schreibens, für die Demontage des Autors zugunsten einer mündigen literarischen Gesellschaft. Einwände genug sind dagegen formuliert worden. So noch einmal Metzger im Zusammenhang mit der Schulmusikbewegung:

"Man mühte in grotesker Naivität sich um die Aufhebung der Differenz von Musiker und Publikum, als ob so - und nicht vielmehr allein durch eine Umwälzung der Gesellschaft selbst - die gesellschaftliche Arbeitsteilung zu suspendieren wäre." (4) Und in diesem Sinn auch Christa Bürger: "Eine Konzeption wie die angedeutete, die einfach ein Stück Geschichte überspringen, gegenüber historisch entstandener und jetzt die materielle Reproduktion der Gesellschaft prägender Arbeitsteilung in einem voluntaristischen Akt sich unabhängig setzend, und die Kunst ohne jede Vermittlung in die Lebenspraxis zurückzwingen will, muß in die Nähe des Anarchismus führen." (5)

Sicher kann nur durch eine Umwälzung der Gesellschaft selbst die Arbeitsteilung aufgehoben werden - dennoch halte ich es, auf die Gefahr hin, grotesker Naivität oder des Anarchismus geziehen zu werden, für möglich und nötig, im Bereich der Kunst schon jetzt die Mauern zu schleifen, die Produzenten von Konsumenten trennen. Um für eine grundsätzliche Veränderung der gesellschaftlichen Verhältnisse zu kämpfen, braucht man viel Kraft, und ich denke nach wie vor, daß sie nicht allein aus dem Entsetzen vor Unmenschlichkeit und Elend sich speist, aus der Hoffnung auf eine menschlichere Welt, sondern auch aus jenen "feinen

und spirituellen" Dingen, die "als Zuversicht, als Mut, als Humor, als
List, als Unentwegtheit in diesem Kampf lebendig" sind. (6) Zu ihnen
gehört die, wenn auch vorerst fragmentarische, Erfahrung des Glücks
einer nicht entfremdeten, der künstlerischen Arbeit. Freies Schreiben
sollte diese Erfahrung ermöglichen und zugleich die Beobachtung schärfen
für die Hindernisse, die einer allgemeinen Teilhabe am Glück ästhetischer Produktivität im Wege stehen. Wenn wir nicht hier und das bereits
jetzt einen Zipfel zukünftigen Glücks zu fassen bekommen, wie wenig
können wir uns das Ganze dann vorstellen und wie sinnlos muß dann unser Kampf dafür uns oft erscheinen. Christa Bürger schreibt etwas
süffisant: "Vorschein breitet sich aus in den bundesrepublikanischen
Klassenzimmern", (7) - nun, ein wenig mehr vom Prinzip Hoffnung, als
jetzt darin zu finden ist, möchte ich meinen und allen Kindern doch
wünschen.

Die gelungene Integration literarischer Produktivität in den Unterricht setzt Fähigkeiten der Lehrer voraus, die sie normalerweise weder
im Studium noch im Referendariat erwerben. Auch dort herrscht ja die
Rezeption von Literatur vor. Solange nicht in diese Ausbildungsphasen
Schreibexperimente integriert sind, (wie dies bereits in Bremen der
Fall ist), bleibt die Lehrerfortbildung als Chance, auch Produktionserfahrungen zu machen.

In Berlin sind in den letzten Jahren drei Fortbildungsseminare "Schreiben" veranstaltet worden. Teilgenommen haben jeweils etwa 25 Lehrer der
Sekundarstufen I und II. Jedesmal zeigte es sich, daß sie ein großes
Bedürfnis nach eigener literarischer Aktivität haben, gerade weil sie
sich selbst sonst auf die Wissensvermittlung und Kritik an den Produkten anderer reduziert sehen. Immer entwickelte sich in diesen Seminaren eine fieberhafte Lust am Schreiben, als hätte ein lang verdrängter Produktionswunsch endlich ein Ventil gefunden. In diesen Seminaren stand deshalb das Schreiben selbst im Vordergrund, die theoretische Diskussion eher am Rande.

Wenn das Schreiben im Deutschunterricht nicht in der traditionellen
Aufsatzsituation ersticken soll, muß der Lehrer mitschreiben, ja, er
muß oft anfangen zu schreiben, um die Produktivität seiner Schüler in
Gang zu bringen. So hat es Tolstoi gemacht, so sind die Reformpädagogen in Briefwechsel mit ihren Schülern getreten, so ist Hildburg Kagerer
in ihrer Kreuzberger Hauptschule vorgegangen. Dieser Anfang ist oft
schwer, und es kann eine große Hilfe sein, wenn Lehrer in Fortbildungsseminaren einmal die Möglichkeit haben, im Kreis von Kollegen (meist
sind es sogar Generationsgenossen), auszuprobieren, wie es ist, in
Gruppen zu schreiben. (Auch die Aufsatz-Praxis wäre sicher oft anders,
wenn Lehrer dann und wann einmal selbst welche schreiben würden.)

Eigene Schreibhemmungen nicht, wie im Alltag nötig, verdrängen, sondern aussprechen, einmal nicht der Starke sein, der anderen Angst
macht, sondern selbst seine Ängste zulassen und anderen mitteilen, die
Sicherheit gewinnen, daß es den gar nicht gibt, der nicht schreiben
kann, daß jeder Text erst einmal akzeptiert wird, weil jeder Einzelne
als Mensch ernst genommen wird - das alles sind Erfahrungen, die Lehrer
brauchen, um den Schulalltag nicht nur zu bestehen, sondern mit den
Schülern gemeinsam zu verändern.

Was in solchen Seminaren geschieht, ist ein Kratzen an den starren Rollenzwängen des Schüler-Lehrer-Verhältnisses. Einfach so tun, als gäbe es sie nicht, sie voluntaristisch als nur individuelle Borniertheit überspringen, das führt zu nichts als schaler Anbiederei. Lehrer versuchen dann im Jargon der Jugendlichen zu reden, anstatt ihre eigene Sprache zu finden. Wohl aber können die Rollenzuteilungen bewußt gemacht und artikuliert werden. Bei einem Lehrerfortbildungskurs, der kombiniert war mit einem Schülerseminar des "Workshop", war die erste und am häufigsten formulierte Lehrerangst, den Schülern gegenüber aus der Lehrerrolle nicht herauszukommen. Und wirklich setzten sich die einmal verteilten Rollen hier und da wieder durch, so wenn Lehrer in langen Reden Texte kritisierten, während die Schüler wie gewohnt verstummten und höchstens pauschale Bewertungen - "find ich toll" - über die Lippen brachten. Beim Schreiben aber lösten sich die erstarrten Verhältnisse. Es begannen Briefwechsel, die nicht mehr zwischen Lehrern und Schülern, sondern zwischen Älteren und Jüngeren geführt wurden.

Die angstfreie Kommunikation von Schülern und Lehrern, wie sie in diesem Seminar einigermaßen gelang, war natürlich in der Ausnahmesituation einer für beide freiwilligen und offenen Ferienwerkstatt begründet, wie sie selten möglich sein wird. Aber auch die Tatsache, daß Lehrer in Fortbildungskursen ausprobieren, was sie Schülern als Aufgaben stellen werden, daß sie dadurch Mut gewinnen, später im Unterricht diese Aufgaben auch an sich selbst zu stellen, ist ein erster Schritt zur Differenzierung des üblich schematisierten Rollenverständnisses.

Bisher habe ich Aufgaben von Lehrerfortbildungskursen genannt, die ähnlich auch von berufsbezogenen therapeutischen oder gruppendynamischen Seminaren bewältigt werden können. Welches sind die spezifischen Funktionen von Schreibseminaren, welche im engeren Sinn literarische Erfahrungen machen Lehrer und dann auch ihre Schüler beim Schreiben?

Ein einfaches Schreibspiel - jeder nennt ein beliebiges Wort, jeder schreibt einen Text, in dem diese Wörter vorkommen - ruft Erstaunen darüber hervor, wie jedes einzelne Wort aus der allen gemeinsamen Wortreihe in jedem Text in ganz anderem Zusammenhang steht, ja oft eine ganz andere Bedeutung hat. Selten wird im Sprachunterricht so deutlich wie bei diesem Spiel, daß ein Wort so viele Bedeutungsnuancen hat, wie Menschen es aussprechen oder aufschreiben. Sprache wird hier erfahren als zugleich uns allen gemeinsamer und je individueller Besitz.

Bei diesem und allen Spielen, deren Prinzip die Wort-Assoziation ist, lernen die Spieler die Sprache kennen als Ideemaschine und Energiezentrum produktiver Einbildungskraft. Mit nichts als ein paar zufällig zusammengewürfelten Wörtern macht sich jeder auf eine Reise, deren Stationen von diesen Wörtern markiert sind und deren Vehikel die Phantasie der Sprache selbst ist. Weil aber die Sprachphantasie zugleich unsere je eigene ist, führt sie zu Orten, an denen wir uns selbst begegnen: Orte unserer Vergangenheit, unserer Wunschträume, unserer Obsessionen, unserer Trauer.

Die Herstellung von Sprach-Collagen und -Montagen verdeutlicht, wie aus dem Sprach- (bzw. Bild-)material, das aus einem Zusammenhang gerissen und mit Heterogenem kombiniert wird, der Blitz der Erkenntnis springen kann.

In Teekesselchen-Spielen und Wortfeldübungen wird umfangreiches Wortmaterial gewonnen und verknüpft zu einem Netz, in dessen Mittelpunkt das doppel- oder vieldeutige Wort steht: So wird der Grund gelegt für die Produktion von Gedichten, die mit dem Reichtum schwebender Bedeutung spielen und die Augen öffnen für Bauformen der Lyrik vom Barock bis Celan.

Die Wortfelder und -netze entstehen als graphische Gebilde und lassen Poesie als Schrift in ihrer räumlichen und bildlichen Dimension erkennen. Gedichte, so lernen die Spieler, sollten zu lesen sein wie Bilder, nicht nur von links nach rechts und von oben nach unten; sie haben Mittelpunkte, Symmetrie-Achsen, Kristallisationskerne, sind Sternbildern vergleichbar; von solcher Erfahrung ist es nur ein Schritt weit zum Ausprobieren von Bildgedichten, die ihren Gegenstand buchstäblich be- und umschreiben. Als Beispiele können Gedichte von Apollinaire bis hin zur Konkreten Poesie gezeigt werden. Fortgeschrittenen auch so komplexe wie die Konstellationen des Mallarméschen "Coup de dé" und das "Partikelgestöber" des späten Celan ("Engführung" in "Sprachgitter"). Gedichte sind machbar - das lassen solche Spiele erkennen -, vom Spielvers bis zur philosophischen Weltformel sind sie aus den nämlichen Elementen gebaut, den Worten, die allen gehören und die es nur ernst zu nehmen gilt.

Solche poetischen Übungen werden ergänzt durch andere, die mehr der Exploration des eigenen Alltags dienen. In Traum-, Tages- und Wochenbüchern werden seine Spuren festgehalten. Sie fördern die präzise Wahrnehmung des Ichs und der Umwelt. Schließlich entdecken Lehrer und Schüler in Briefwechseln, Klassentagebüchern und Wandzeitungen Schreiben als eine nicht austauschbare Kommunikationsform, die kein Surrogat ist fürs Gespräch und gemeinsame Handeln, sondern deren Bereicherung und Vertiefung. In der Ferienwerkstatt mit Lehrern und Schülern war ein seltenes Phänomen zu beobachten: Es wurden nicht nur leidenschaftlich immer neue Texte (Geschichten, Gedichte) geschrieben, es wurden auch seitenlange Briefwechsel geführt, und das, obgleich die Briefpartner einander gegenüber saßen. Die überaus freundliche, ja liebevolle Atmosphäre ließ keinen Zweifel aufkommen, diese schriftlichen Unterhaltungen entstünden etwa aus Unfähigkeit zu direkter Kommunikation, zu Gespräch und Zärtlichkeit. Vielmehr entdeckten die Teilnehmer des Seminars hier offensichtlich das Schreiben als einzigartige Möglichkeit, zugleich in Kontemplation und Reflexion bei sich selbst zu sein und sich anderen zuzuwenden.

Franz Hebel

ANMERKUNGEN ZUR PROFESSIONALISIERUNG DER (BERUFSSCHUL-) LEHRERAUSBILDUNG IM RAHMEN DER QUALIFIKATIONSDEBATTE

Vorbemerkung: Der Bezug auf die Berufsschule und ihre Lehrer hat zwei Gründe. Zum einen gibt der Blick auf die Anforderungen, die an Berufsschüler gestellt werden, Gelegenheit zur - zunächst - verfremdenden Entfaltung des Problems, um das es hier geht, und zu seiner Einbettung in einen größeren Zusammenhang. Denn ich sehe den Lehrerberuf und seine Probleme nicht getrennt von Entwicklung und Problemen anderer Berufe. Zum anderen werden am Institut für Sprach- und Literaturwissenschaft der THD Gewerbelehrer mit dem Nebenfach Deutsch ausgebildet, so daß ich nur aus diesem Erfahrungszusammenhang zu dem Thema der Reihe sprechen kann.

1. Beruf und Profession

Unter Beruf verstehe ich ein Bündel von Arbeitstätigkeiten, die jemand zu verrichten gelernt hat und die einem entsprechenden Bündel von Anforderungen an einem Arbeitsplatz entsprechen. Die Anforderungen werden im Zusammenhang der Herstellung von Gütern und Dienstleistungen entwickelt, die Qualifikationen im Bildungsbereich produziert. Auf dem Arbeitsmarkt treffen Qualifikationsanforderungen und Qualifikationspotentiale aufeinander. Das Interesse der Nachfrager ist dabei vor allem auf prozeßgebundene Anforderungs- oder Anpassungsqualifikationen gerichtet, wie sie am jeweiligen Arbeitsplatz gebraucht werden. Das Interesse der Ausbilder ist bei der Produktion von Qualifikationen auf Entfaltung der Fähigkeiten der Auszubildenden über prozeßgebundene Anforderungsqualifikationen hinaus gerichtet oder sollte es sein. In dieser Hinsicht besteht weitgehend Übereinstimmung, wenn auch die inhaltliche Festlegung dieses "Mehr" an Qualifizierung auf der Nachfrage- und auf der Anbieterseite auf dem Arbeitsmarkt verschieden ist. Aus der Sicht der Anbieter auf dem Arbeitsmarkt erscheint das Problem so:

"Das von der Arbeitsmarkt- und Berufsforschung entwickelte Flexibilitätskonzept ist in bestimmte Rahmenvorstellungen eingebettet, wozu vor allem Breitenelemente, Basiswissen und Vermittlung von Sozialkompetenz ... gehören. Sie sollen helfen, künftige Anforderungen, die heute noch nicht im Detail beschreibbar sind, zu bewältigen.

Die Flexibilität bewirkenden Qualifikationselemente sind auf verschiedenartigen Lernwegen an unterschiedlich strukturierte Adressatengruppen zu vermitteln. Die Trennung in praktisch und theoretisch orientierte Lernangebote wird den künftigen Anforderungen an die Arbeitskräfte nicht gerecht; sie vermengt die Frage des Zugangs zu bestimmten sozialen Rängen mit der Frage nach Möglichkeiten, komplexe Sachverhalte an breite Schichten zu vermitteln - allerdings auf verschiedenen Wegen." (1)

Aus der Sicht der Nachfrager auf dem Arbeitsmarkt stellt sich dasselbe Problem anders:

"In der Berufsausbildung im Betrieb wird viel mehr und viel Wesent-

licheres vermittelt als im Gesetz, in den Ausbildungsordnungen oder
den Prüfungsanforderungen zum Ausdruck kommt. Weil dieses Wesentlichere
jedoch nicht fixiert, auch schlecht fixierbar ist, ... wird es nicht
nur von Außenstehenden oft schlicht vergessen. Nicht allein Umschulungszentren
verstehen nicht, daß Berufsausbildung ohne die Gelegenheit
zum Sammeln von Berufserfahrung nicht die Entwicklung von
Schlüsselqualifikationen ermöglicht. ...

Noch weniger allgemein bekannt und bewußt geübt ist die Prägung des
Arbeits- und Sozialverhaltens in der beruflichen Bildung. Gerade
aber hier können fernab vom Zertifizierungswesen, das immer zum Einzelkämpfertum
führt, Möglichkeiten des Zusammenwirkens, der Übernahme
von Teilverantwortung in Gruppen, der Herstellung und Vertiefung von
Kontakten und der gemeinsamen Erarbeitung von Ergebnissen geübt
werden.

Partnerschaft im Betrieb muß nicht Partnerschaft am Betriebsvermögen
sein. Wichtiger ist den meisten Partnerschaft in den Dingen, die sie
unmittelbar betreffen: In ihrem Arbeitsfeld, mit ihren Kollegen und
vor allem auch in den Problemen, die sie gemeinsam angehen. Hier
möchte der Mitarbeiter ernstgenommen, als Partner akzeptiert werden:
Nicht nur mitarbeiten, sondern mitdenken, mitplanen, mitverantworten
können." (2)

Mit "Beruf" verbinden wir außer der Fähigkeit, bestimmte Arbeiten mit
Hilfe bestimmter Werkzeuge an bestimmten Objekten an einem entsprechenden
Arbeitsplatz auszuführen, stets auch soziale Leistungen,
die die Arbeitenden zu erbringen haben. Aus der Sicht der Anbieter
von Arbeitskraft sollte deshalb eine entsprechende Sozialkompetenz
entwickelt werden, aus der Sicht der Nachfrager besteht diese Leistung
in "sozialer Partnerschaft". Wenn wir von "Beruf" sprechen,
meinen wir einerseits ein relativ gering systematisiertes Berufswissen.
Hinsichtlich der sozialen Bedingungen denken wir dabei andererseits
an einen geringen Grad der Vergesellschaftung der Berufstätigen.
Der Spezialisierungsgrad der Berufe ist also gering, und
es entspricht vielen Berufen oft nur eine Organisation; wieviele Berufe
sind doch z.B. in der IG Metall zusammengefaßt! Das war in den
Handarbeitsberufen früher anders, die Gliederung der Innungen des
Handwerks belegt das noch heute.

Die Professionalisierung von Berufen geschieht auf der Ebene des Berufswissens
durch fortschreitende Systematisierung dieses Wissens;
parallel dazu wird durch Bildung von Verbänden, Erstellung von Zugangs-
und Prüfungsordnungen usf. die Vergesellschaftung der Berufstätigkeit
intensiviert.

Für den Berufsschullehrer ergibt sich unter diesen Aspekten folgendes
Bild: Seine Professionalisierung ist bereits weit fortgeschritten.
Es gibt eigene Verbände für Berufsschullehrer neben anderen Lehrerverbänden,
eigene Studien- und Prüfungsordnungen bestehen seit langer
Zeit, die Berufspädagogik ist aus der allgemeinen Pädagogik ausgegliedert
usf. Dabei bezog sich bisher und bezieht sich der Professionalisierungsprozeß
noch heute auf die Lehrer der berufsbezogenen
Fächer der Berufsschule allein, nicht auf die Lehrer der allgemeinbildenden
Fächer Politik, Religion, Sport, Deutsch. Man erkennt dies

auch daran, daß für diese Fächer Lehrer mit Studiengängen eingestellt wurden und werden, die ursprünglich nicht auf die Berufsschule bezogen waren: Realschullehrer und Gymnasiallehrer vor allem. Deren berufliche Vergesellschaftung geschieht aber entweder in je eigenen Berufsverbänden, die neben denen der Berufsschullehrer stehen, oder in solchen, in denen die Eigenart des Arbeitsfeldes Berufsschule allenfalls in Arbeitsgemeinschaften, Gruppen u.ä. zur Geltung kommt wie z.B. in der GEW. Das Dilemma der Deutschlehrer an Berufsschulen besteht hinsichtlich der Vergesellschaftung darin, daß sie entweder als Lehrer ganz allgemein oder als Berufsschullehrer mit Akzent auf dem technischen oder kaufmännischen Fach oder als Fachlehrer für Deutsch professionalisiert sind. Der Typus von Vergesellschaftung, den sie wählen, als Lehrer allgemein in der GEW, als Berufsschullehrer im Berufsschullehrerverband oder als germanistische Experten im Germanistenverband, ist oft auch von dem Grad der Systematisierung ihres Berufswissens abhängig und dieser vom Ausbildungsgang. Der Akzent lag da entweder im Bereich der Pädagogik, Psychologie, Soziologie oder im Bereich des berufsrelevanten Hauptfachs oder der Germanistik. In der Professionalisierungsdebatte um den Beruf des Deutschlehrers wurde bisher die pädagogische Professionalisierung anstelle der germanistischen erörtert, allerdings ist in dieser Hinsicht eine rückläufige Tendenz zu beobachten, die zuletzt in der Kritik der gesellschaftswissenschaftlichen Studienanteile in Studienreform-Entwürfen ihren Ausdruck fand. Auch die Forderung, polyvalente Studiengänge zu entwickeln, zielt auf fachbezogene, nicht berufsbezogene Professionalisierung. In der bisherigen Professionalisierungsdebatte wurde erstaunlicherweise n i c h t erörtert, was Professionalisierung des Deutschlehrers an beruflichen Schulen bedeuten könnte. Wie auch sonst hatte man die Berufsschulen übersehen, obwohl die von etwa 50 % der Jugendlichen besucht werden. Erst als die Studenten knapp wurden, besannen sich auch Deutschdidaktiker auf die Berufsschulen, und es droht, daß sie ihre in anderen Schularten entwickelten Didaktiken der Berufsschule überstülpen, ohne zu prüfen, ob das ihren Bedürfnissen nach Systematisierung entsprechenden Wissens entspricht; die Vergesellschaftungsprobleme der Lehrer interessieren viele Didaktiker ohnehin nicht.

2. Deutschunterricht und Deutschlehrer an der Berufsschule

Die Besonderheit der Berufsschule gegenüber allgemeinbildenden Schulen besteht darin, daß ihre Schüler an zwei Lernorten lernen, an denen unterschiedliche Interessen und Verantwortlichkeiten im Spiel sind. Vereinfacht könnte man sagen, daß am Lernort Betrieb die Qualifizierung für Arbeitstätigkeiten im Betrieb im Mittelpunkt steht, der Erwerb von Anforderungsqualifikationen also. Zwar werden auch Eingriffsqualifikationen erstrebt, aber nur, insofern sie der Optimierung der betrieblichen Arbeitsleistung dienen. Deshalb besteht der Vertreter der Wirtschaft auf dem Unterschied zwischen Sozialkompetenz und Sozialpartnerschaft, ebenso wie auf dem zwischen dem betrieblichen Lernen und dem Erwerb von allgemeineren Grundkenntnissen.

"Die Schulen, die Wissen vermitteln können, aber in aller Regel nicht beruflich qualifizieren, können von der Einführung weniger 'Schlüsselberufe' nur profitieren: Betriebe können nicht 'generell' ausbilden, sondern nur Spezielles exemplarisch vermitteln; die Schulen aber können das, selbst wenn ihnen bewußt ist, daß ein Lerninhalt um so inhaltsleerer wird, je mehr er verallgemeinert wird.

Wenn man das dann noch mit gängigen bildungspolitischen Leerformeln verknüpft, wie 'der Integration der allgemeinen und beruflichen Bildung', der 'Durchlässigkeit' oder 'Chancengleichheit', so hat man die Schäfchen der Schule für alle Zeit im Trockenen, erreicht jedoch etwas, was eigentlich niemand recht will: Nämlich Erweiterung und Zementierung des Unterrichts in den den Lehrern geläufigen Fächern, und schließlich eine Berufsbildung ohne Berufsqualifizierung." (3)

Zu den den Lehrern vertrauten Fächern, die während der Berufsausbildung nicht erweitert und zementiert werden sollen, gehört zweifellos auch der Deutschunterricht, sofern er als Beitrag zur Sozialisation der Schüler auch in der Phase beruflicher Ausbildung gesehen wird. Betrachtet man ihn dagegen als eine spezielle Fachkunde, die als Literaturunterricht z.B. Buchhändlern dient, mit der Einübung der Rechtschreibung zu der Ausbildung von Sekretärinnen beiträgt, im Bereich der mündlichen Kommunikation Verkaufsgespräche für entsprechende Berufe übt usf., dann wird der Einwand nicht erhoben. Es gibt dann Deutsch für Bankkaufleute, für metallverarbeitende Berufe, für ...: Da ist kein Ende absehbar. Diese Deutschunterrichte samt den benötigten Lehrbüchern bestimmen derzeit weitgehend die Unterrichtspraxis der Berufsschule; die unterrichtenden Lehrer haben das Fach oft nicht oder nur in Kurzstudien studiert, was immer "studieren" dann heißen mag. Die für eine Professionalisierung erforderliche Systematisierung des beruflichen Wissens dieser Lehrer fehlt meist, und zwar im Blick auf germanistische Kenntnisse allgemein. Sind diese aber - bei Gymnasiallehrern oder Realschullehrern z.B. - gegeben, dann fehlt entsprechendes Wissen über die Berufsschule, die Berufe und ihre Ausbildungsformen am Lernort Betrieb.

3. Deutschunterricht zwischen Qualifikation und Sozialisation der Auszubildenden

Der Jugendliche, der eine Berufsausbildung beginnt, gerät in eine Zwischenlage, die man nach verschiedenen Gesichtspunkten charakterisieren kann: Er steht zwischen Schule und Betrieb, zwischen alten und neuen Peergroups, zwischen (materiell) gewachsener Unabhängigkeit und (rechtlich, oft auch psychisch) kaum geänderter Abhängigkeit, zwischen Öffentlichkeit (im Betrieb) und Familie. Der Jugendliche muß in einer ganz neuen Situation, orientiert an neuen Vorbildern und sozialen Beziehungen, seine Identitätsbildung unter dem Aspekt des mit dem Beruf verbundenen Lebensplanes fortsetzen. Seine Sozialisation findet nun auch in einem Felde ihre Fortsetzung, das nicht zuerst und nicht allein unter dem Zweck der Unterstützung einer angstfreien Identitätsbildung Jugendlicher organisiert ist wie - hoffentlich - Schule und Familie vorher. Das schließt nicht aus, daß Betrieb und Ausbilder für Auszubildende mehr tun als im unmittelbaren Betriebsinteresse liegt; mehr auch, als manchmal in Berufsschulen geschieht. Trotzdem wirkt in allen Maßnahmen des Betriebes ein ökonomisches Interesse ein, das nicht per se auf die Förderung Jugendlicher gerichtet ist. Der Betrieb erstrebt mit Recht zuerst die Qualifizierung der Jugendlichen gemäß den Anforderungen der bestehenden und durchaus auch der zu erwartenden Arbeitsplätze. Die Unterstützung der Entwicklung des Jugendlichen in den Bereichen der Familie, der Freizeit, der Öffentlichkeit, Hilfen für die Sozialisation außerhalb des Betriebs also, werden als Aufgabe anderer Institutionen angesehen, wenn nicht mit Abschluß der Hauptschule als abgeschlossen betrachtet.

Zwei Gründe sprechen dafür, auch nach Eintritt in die Berufsausbildung den Jugendlichen zu helfen, ihre Identitätsbildung im Sinne des Entwurfs und der fortschreitenden Veränderung ihres Lebensplanes zu leisten. Der eine Grund ist die Komplexität der Lebensverhältnisse in modernen Industriegesellschaften, die diese Leistung generell erschwert und die Pubertät in ihrer gegenwärtigen historischen Gestalt verlängert hat. Der zweite Grund ist speziell darauf bezogen, daß die Berufsausbildung stets in der Gefahr ist, für die Identitätsbildung relevante Dimensionen der beruflichen Tätigkeit selber auszublenden.

Die Berufsausbildung im Sinne der Qualifikation für spezielle Anforderungen ist vor allem - wenn nicht nur - auf die Kenntnisse und Fertigkeiten ausgerichtet, die zweckrational orientiert sind, und sie muß dies sein. Aber für die Sozialisation der Jugendlichen reichen die entsprechenden Anforderungsqualifikationen nicht aus. Wenn der Zusammenhang zwischen diesen Qualifikationsanforderungen und dem eigenen Lebensplan - wie einfach auch immer - erkennbar werden soll, Gründe für Enttäuschungen, Verzögerungen usw. verstehbar, Entwicklungen, die den Jugendlichen benachteiligen, die er aber nicht zu verantworten hat, kritisierbar werden sollen, dann muß er die zweckrational orientierten Anforderungen in ihrer Bedeutung verstehen, sie sich in und aus dem Zusammenhang erklären können, in dem sie stehen. Er muß zu Eingriffsqualifikationen befähigt werden, die darauf gegründet sind, daß er das Zufällige, Einzelne aus der Regelhaftigkeit der Institutionen begreift, in denen es vorkommt. Und er muß das nicht nur verstehen, er muß auch befähigt sein, handlungsrelevante Konsequenzen aus diesem Verstehen zu ziehen. Das heißt nicht, daß er stets zu anderen Auffassungen kommt als seine Ausbilder im Betrieb oder seine Lehrer in der Schule; doch muß das immer möglich sein. Er m u ß also nicht dem Vertreter der Auffassung widersprechen, "Partnerschaft im Betrieb" müsse nicht "Partnerschaft am Betriebsvermögen" sein, aber er soll erkennen, daß dies eine partikulare Auffassung ist, der andere gegenüberstehen.

Die Dimensionen beruflichen Handelns in der betrieblichen Ausbildung erschöpfen sich nicht in dem, was die betriebliche Ausbildung leisten kann, so wenig wie die Schule alles leisten kann, was zur Ausbildung nötig ist. Denn dieses berufliche Handeln selbst ist nicht nur zweckrational, sondern immer in übergreifende Sinnzusammenhänge eingebettet, die der Auszubildende verstehen muß, wenn Ausbildung nicht zur Abrichtung verkommen soll.

Der Deutschunterricht in der Berufsschule kann zur Verbindung von beruflicher Qualifikation und Sozialisation nur beitragen, wenn er zwei Leistungen vollbringt: er muß in seinen Arbeitsbereichen neben den Anforderungsqualifikationen, die begrenzt relevant sind, Eingriffsqualifikationen fördern, die mehrfach relevant sind; und er muß dies außer für den Erfahrungsbereich des Berufs auch für die Erfahrungsbereiche der Familie, der Öffentlichkeit und der Freizeit tun. Dabei ist zu beachten, daß weder alle Qualifikationen, die Schüler im Deutschunterricht erwerben, per se mehrfach relevante Eingriffsqualifikationen sind noch daß die Fachkunde der berufsbezogenen Fächer nur begrenzt relevante Anforderungsqualifikationen zu vermitteln hätte. Alle Fächer leisten vielmehr beides oder sollten es tun.

Ich habe an anderer Stelle (4) versucht, zur Unterscheidung dieser Qualifikationsarten beizutragen. Ich zitiere daraus:

"Die Bibliothekarin oder der Buchhändler, die sich einen Überblick über die Literatur zu schaffen suchen, um in der Ausleihe oder im Laden besser beraten zu können, möchten eine A n p a s s u n g s - q u a l i f i k a t i o n erwerben. Wollen sie aber auch auf der Basis eigener, begründeter literarischer Wertung Empfehlungen aussprechen, dann müssen sie die utopischen und kritischen Leistungen literarischer Texte beurteilen können, also die entsprechende E i n g r i f f s q u a l i f i k a t i o n erwerben.

Der Mechaniker, der die Anweisung richtig zu formulieren vermag, wie man mit dem vorhandenen Werkzeug eine Arbeitstätigkeit verrichten kann, und weiß, wie man das anderen erklärt, hat die entsprechende A n p a s s u n g s q u a l i f i k a t i o n erworben. Findet er bessere Möglichkeiten und kann anderen erklären, weshalb sie besser sind, so daß sie seiner Auffassung folgen, dann verfügt er über die entsprechende E i n g r i f f s q u a l i f i k a t i o n .

Die sprachlichen und literarischen Qualifikationen, die man in den verschiedenen Arbeitsbereichen des Deutschunterrichts: "Umgang mit Texten", "Mündliche und schriftliche Kommunikation" und "Reflexion über Sprache" erwerben kann, müssen aber nicht nur vertikal als A n p a s s u n g s - oder E i n g r i f f s q u a l i f i k a - t i o n unterschieden werden, sondern auch horizontal nach ihrer R e l e v a n z in den verschiedenen Erfahrungsfeldern. Bei Qualifikationen, die in engem Zusammenhang mit bestimmten beruflichen Arbeitstätigkeiten stehen, handelt es sich um b e g r e n z t r e l e v a n t e   Q u a l i f i k a t i o n e n , bei solchen, deren Relevanz für unterschiedliche Tätigkeiten in verschiedenen Erfahrungsfeldern nachgewiesen werden kann, handelt es sich um m e h r f a c h   r e l e v a n t e   Q u a l i f i k a t i o n e n .

Einen Geschäftsbrief in DIN-Norm entsprechend richtig und der Rechtschreib-Norm entsprechend fehlerfrei schreiben zu können ist eine b e g r e n z t   r e l e v a n t e   Q u a l i f i k a t i o n , die im Bereich des Berufs für Sekretärinnen, Phono- und Stenotypisten u.a. wichtig ist. Einen Brief in der Form schreiben zu können, die der Absicht und der Situation entspricht, dies in der Art des Ausdrucks und nach Benutzung entsprechender Hilfsmittel auch in der äußeren Form und Rechtschreibung, ist eine m e h r f a c h   r e -

levante Qualifikation, die für manche Gesellschaftsmitglieder auch für den Beruf wichtig sein kann, für alle aber in den Bereichen der Öffentlichkeit, der Familie und der Freizeit von Bedeutung ist.

Die getroffenen Unterscheidungen dienen dazu, die Zuordnung von möglichen Unterrichtsinhalten zur F a c h k u n d e oder zum D e u t s c h u n t e r r i c h t zu begründen. Es hieße der traditionellen Trennung von A l l g e m e i n b i l d u n g und B e r u f s b i l d u n g folgen, wenn man die zum Bereich von Sprache und Literatur gehörenden E i n g r i f f s q u a l i f i k a t i o n e n dem D e u t s c h u n t e r r i c h t zurechnete und der F a c h k u n d e entziehen wollte. Die Grenze zwischen F a c h k u n d e und D e u t s c h u n t e r r i c h t stimmt eher mit der zwischen b e g r e n z t r e l e v a n t e n und m e h r f a c h r e l e v a n t e n Q u a l i f i k a t i o n e n aus den Arbeitsbereichen des Deutschunterrichts überein." Qualifikationen, wie sie im Beruf, Familie, Freizeit und Öffentlichkeit gebraucht werden, stimmen vermutlich darin überein, daß um einen Kern begrenzt relevanter Anpassungsqualifikationen ein "Hof" möglicher Eingriffsqualifikationen angeordnet ist, die ihrerseits von mehrfach relevanten Qualifikationen umgeben sind. Wir sind in Gefahr, diese gar nicht zu sehen, wenn das Berufswissen des Deutschlehrers an berufsbildenden Schulen zu wenig systematisiert ist und das Lernen in Zusammenhängen erschwert wird. Das hat man in einigen Großbetrieben erkannt, die, wie z.B. Mercedes Benz in Gaggenau oder Merck in Darmstadt zu projektartigen Ausbildungsformen in der Berufsgrundbildung übergegangen sind und das in Gaggenau entwickelte Projekt "Dampfmaschine" benutzen. Dieses Lernen ist auf die Verknüpfung von Qualifikationen und Sozialisation gerichtet, indem dort nicht nur Anforderungsqualifikationen vermittelt werden - wie immer das auch gelungen sein mag.

4. Zur Qualifikation von Deutschlehrern an Berufsschulen

Zum Schluß sollen diese Überlegungen auf die Qualifikationen von Deutschlehrern an Berufsschulen rückbezogen werden. Sie müssen fähig sein, ihrem Unterricht ein Profil zu geben, das es ermöglicht, die in den begrenzten relevanten Anforderungsqualifikationen enthaltenen Ansätze für Eingriffsqualifikationen mit mehrfacher Relevanz aufzunehmen. Was das heißt, kann beispielhaft an einem Bereich erörtert werden, der für die Sozialisation der Auszubildenden von besonderer Bedeutung ist, dem Bereich der Normen in Sprache und Literatur. Rechtschreibung, Hochsprache, Befolgen von Schreibmustern, das sind Norm-Anforderungen, die ebenso wie die traditionelle Trennung in anerkannte und nicht anerkannte Literatur nicht einfach hinzunehmen sind, sondern als geschichtliche Regelungen erkannt werden müssen, die veränderbar sind. Sie gesellschaftlich-funktional sehen zu lernen, heißt immer auch, die Chancen notwendiger Veränderung erkennen, und heißt keinesfalls, solche Regelungen und die mit ihnen verknüpften Sanktionen gering zu schätzen. In der Berufsschule ist es besonders nötig und besonders schwer, die Ambivalenz von Geltung und Veränderbarkeit ertragen zu lernen. Für die Schüler ist das besonders schwer, weil für sie die Autorität der betrieblichen Ausbilder und deren Sanktionen vor allem in einer Zeit der Arbeitslosigkeit von

solchem Gewicht sind, daß deren Relativität nur schwer anerkannt
werden kann. Für die Lehrer ist es besonders schwer, weil sie oft
von ihrem berufsbezogenen Fach her an Denkweisen gewöhnt sind, denen
solche Relativierung normalerweise fremd ist. Den Deutschlehrern, die
kein berufsbezogenes Fach studiert haben, fehlt in den Augen der
Schüler oft die Glaubwürdigkeit in diesen Fragen, weil sie den Widerstand gegen Veränderung in weiten Bereichen der Berufswelt unterschätzen.

Hinzu kommt noch, daß die Schüler oft aus einer Subkultur kommen,
die die Lehrer nur aus Büchern kennen. Gerade im Bereich von Sprache
und Literatur kann diese Differenz dazu führen, daß die Schüler sich
eine Schulsprache aneignen, die ihnen ermöglicht, das Schulspiel mitzuspielen, soweit es ihnen relevant erscheint.

Aus dem Gesagten ergibt sich m.E. die Forderung, daß zur Professionalisierung der Deutschlehrer an Berufsschulen Berufspraxis gehörte,
die über ein Praktikum im Verlauf des Studium oder der Fachoberschule
hinausginge. Wie dafür allerdings ein Anreiz geschaffen werden kann,
ist zur Zeit nicht übersehbar. Doch kann m.E. nur so die Systematisierung entsprechenden Berufswissens gefördert werden, können nur so
fragwürdige Alternativen bei der Vergesellschaftung der Deutschlehrer
an beruflichen Schulen abgebaut werden, die der Verleugnug gerade der
spezifischen Tätigkeitsmerkmale der Deutschlehrer an beruflichen
Schulen dienen.

Hubert Ivo

EXPLORATIVE ANMERKUNGEN ZUR NORMPROBLEMATIK DER INSTITUTIONSSPEZIFISCHEN
SPRACHVARIETÄT "SCHULSPRACHE"

Ich lese einen Aufsatz, geschrieben 1979 in einer 8.Klasse. Gegeben war
ein kurzer Textausschnitt aus Kästners "Emil und die Detektive". Der Autor
versucht dort, den Protagonisten seines Romas als Musterknaben charakterisierend, dem Wort "Musterknaben" seine pejorative Konnotation zu nehmen, dieses Wort als Bedeutungsträger anspruchsvoller sozialethischer Werte in seinen Erzählrahmen einzuführen. Die Schüler erhielten von der Lehrerin die Aufgabe, diesen Text aus einer anderen Perspektive als der des
Erzählers im Original umzuschreiben. Sie konnten wählen zwischen den Perspektiven: Mitschüler, Bruder, Mutter oder Emil. Der Schüler, dessen Aufsatz ich lese, hat die Perspektive Mutter gewählt. (Siehe S.   )

In einer Seminarveranstaltung der Frankfurter Universität, in der es darum
ging, den Studenten die Möglichkeit zu eröffnen, sich selbst in der Korrekturarbeit zu erfahren und diese Erfahrung reflexiv zu bearbeiten, war
dieser Aufsatz u.a. Thema. Das Gespräch wurde von zwei Einstellungen gegenüber dem Text vor allem geprägt. Die eine: Hier muß ich eingreifen.
Dies ist überhaupt kein Aufsatz; keine Äußerung, die den Anforderungen geschriebener Sprache auch nur ansatzweise genügt. Ich korrigiere darum extensiv, damit diesen Anforderungen Geltung verschafft wird und der Schüler lernt, sich in seinem Schreiben danach zu richten. Die andere Einstellung: Ich habe kein Recht, in die Sprache eines anderen einzugreifen, schon
gar nicht, wenn ich seine Äußerung verstehe. Im übrigen: auch die modernen
Schriftsteller nehmen dieses Recht auf eigene Sprache für sich in Anspruch.
Ein Teilnehmer wörtlich: "Ich blättere da neulich in einer Sammlung moderner Gedichte und suche und suche und finde doch keinen Reim."

Der Konflikt beim Korrigieren, der sich hier aus der Perspektive subjektiver Einstellungen andeutet, erweist sich bei seiner Bearbeitung als vieldimensional. Ich versuche, drei Dimensionen anzudeuten, indem ich sie kurzerhand etikettiere:
- Da ist zunächst: die biographische Dimension
  Wie hat ein Lehrer die eigene sprachliche Sozialisation erfahren?
  Wie bringt er sich mit seiner Lebensgeschichte in den Beruf ein?
- Dann: die schulinstitutionelle Dimension
  (Welche Rolle sieht ein Lehrer der Schule bei der sprachlichen Sozialisation zugeschrieben, wie stellt er sich zu dieser Allokution?)
- Und eine dritte: die sprachliche Dimension
  (Wie wird die sprachliche Varietäten-Problematik erfahren und gedeutet?
  Etwa als Problem des Verhältnisses eines einheitlich und homogen verstandenen Systems einer Sprache zum individuellen "Sprachbesitz" als
  etwas Zusammengewachsenem aus mindestens drei Elementen, nämlich diatopischen, diaphrastischen und diaphasischen Elementen? Oder in der Theoriesprache Coserius gefragt: Wie wird das Verhältnis von Struktur und
  Architektur einer Sprache erfahren und gedeutet? Und schließlich: Wie
  geht in diese Erfahrung das ein, was man "language attitudes" genannt
  hat?)

Soll der skizzierte Konflikt, dem Anspruch auf Wissenschaftlichkeit der

Lehrerausbildung entsprechend, erörtert werden, so muß das Reden, in dem sich dieser Konflikt gewissermaßen vital zu Wort meldet, in die Redeform des Diskurses überführt werden. Das heißt aber zugleich: Keine der drei genannten Konflikt-Dimensionen darf dabei ausgeblendet werden; es sei denn vorübergehend, um sich derjenigen sachlichen und persönlichen Voraussetzungen zu vergewissern, die aus analytischen Gründen zunächst einmal isoliert werden müssen. Ich belasse es bei dieser normativen Feststellung und bitte Sie, diese Feststellung, auch ohne weitere Begründung, probeweise zu akzeptieren. Wenn sie nämlich zutrifft (und davon gehe ich aus), kann die angedeutete Seminarsituation paradigmatisch für die Bedingungen fachdidaktischer - hier sprachdidaktischer - Theoriebildung angesehen werden: Sprachdidaktik muß dann das Handeln der je konkret antreffbaren Individuen in seinen biografischen und schulinstitutionellen Voraussetzungen ebenso zur Kenntnis nehmen wie die sich in dem Handeln dokumentierende Auslegung des spannungsreichen Verhältnisses von sprachlichen Varietäten innerhalb einer Sprache und "language attitudes" innerhalb einer Sprachgemeinschaft. Sie hat sodann die schwierige Aufgabe, das so Erfahrene in der Redeform des Diskurses zu bearbeiten. Schwierig ist diese Aufgabe, weil die lebenspraktischen und schulinstitutionellen Zwänge im Diskurs außer Kraft gesetzt, zugleich aber als das Handeln mitkonstituierend im Gedächtnis bleiben müssen (und nicht nur dies!), damit sich die "Betroffenen" in diesem Diskurs wiedererkennen und damit auch selbst einbringen können. Schwierig ist diese Aufgabe auch, weil das Sich-Einbringen der Betroffenen in den Forschungsprozeß (als Diskurs verstanden) bei der gegenwärtigen Wissenschaftsorganisation z.T. auf sehr handfeste Widerstände stößt. Schwierig ist diese Aufgabe schließlich deshalb, weil das in der Tradition der Sprachwissenschaft angesammelte Wissen über sprachliche Varietäten und "language attitudes" auf die Handlungen der "Betroffenen" appliziert und zugleich für die Erfahrungen und Deutungen der je konkret "Betroffenen" geöffnet werden muß. Was ja nichts anderes heißt, als daß die jeweiligen theoretischen Bezugsrahmen, in denen sich dieses Wissen hergestellt hat, selbst thematisiert und somit die wissenschaftsintern notwendigen Reduktionen und Perspektivierungen von Erfahrungen im Diskurs jeweils nachgedacht werden müssen.

Ich lasse den Gedanken in seiner Abstraktheit so stehen, ohne ihn auf seine wissenschaftstheoretischen Implikate und methodologischen Konsequenzen hin zu erörtern, und wende mich dem vorgelesenen Aufsatz wieder zu, um die Probe aufs Exempel zu machen. Dabei kann es nicht ohne Reduktionen zugehen. Ich möchte das Augenmerk vor allem auf die dritte, die sprachliche Dimension richten. Bei der Fragestellung, von der ich ausgehe, muß ich hierzu freilich ausführlich Überlegungen vortragen, die sich von den beiden anderen Dimensionen her ergeben. Ich greife solche Überlegungen allerdings immer mit dem Ziel auf, das spezifische sprachliche Problem entfalten zu können.

Schulwirklichkeit zur Kenntnis nehmen, hieße, wenn es um Korrektur geht, feststellen und verstehen wollen, wie so ein Text tatsächlich korrigiert wird. (Im Unterschied zu einer normativ orientierten Sprachdidaktik, die hier, sofern sie sich überhaupt zur Korrektur äußert, aus expliziten oder vorausgesetzten Grundsätzen, Anregungen oder gar Vorschriften herleitet.) Unter biografischen Gesichtspunkten ist es dann von Interesse zu erfahren, wie diese Korrektur gelernt worden ist.

Berichte aus der Praxis, die im Rahmen des Frankfurter Projekts "Fehlermarkierung" gesammelt wurden, legen die Annahme nahe, daß die Korrektur im Rahmen der Fachausbildung nicht ausdrücklich gelernt wird. Die berichtenden Lehrer drücken das mit Formulierungen aus wie: "man erinnert sich an die eigene Schulzeit", "man hat halt einem erfahrenen Kollegen über die Schulter geschaut", "ich war am Anfang furchtbar unsicher, aber dann hat sich das irgendwie ergeben."

Eine zweite, unter biografischen Gesichtspunkten wichtige Frage ist die, welche emotionalen und kognitiven Einstellungen ein Lehrer zu dieser Korrekturarbeit einnimmt. Diese Einstellungen lassen sich aufgrund der zitierten Berichte in einer Abfolge von Sätzen so charakterisieren:

- Korrigieren wird meist als leicht empfunden - schwierig dagegen das Beurteilen.
- Korrektur ist eine lästige Pflicht - wird aber oft als wichtig angesehen.
- Korrektur zeitigt kaum Lernerfolge bei den Schülern, die nur auf die Note achten.
- Die Chancen, eigene Korrekturvorstellungen in der "verwalteten Schule" durchzusetzen, werden oft gering eingeschätzt.

Versucht man, die einzelnen Berichte im Hinblick auf diese vier Sätze zu typisieren, so entsteht schematisch folgendes Bild:

Ein Lehrer sagt Ja oder Nein zur Korrekturverpflichtung, er bejaht oder verneint einen Lernerfolg bei den Schülern durch Korrektur. In dem Koordinatensystem finden dann die meisten Lehreräußerungen im zweiten Feld ihren Platz.

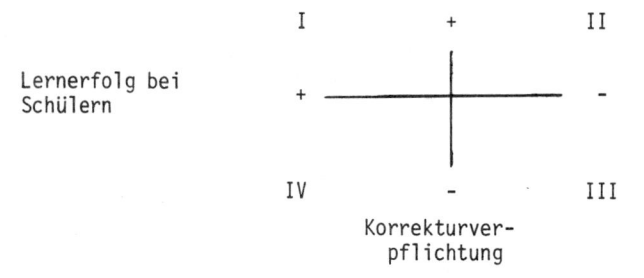

```
                        I         +         II
Lernerfolg bei
Schülern                +  ———————+———————  -

                       IV         -        III
                           Korrekturver-
                           pflichtung
```

In einem zweiten Koordinatensystem werden die Äußerungen der Lehrer unter folgenden Gesichtspunkten geordnet: Sehen sie die eigenen Korrekturvorstellungen als realisierbar an oder nicht; sehen sie die eigenen Korrekturvorstellungen als bereits realisiert an oder nicht. Die meisten Äußerungen der berichtenden Lehrer sind dann dem dritten Feld zuzuordnen.

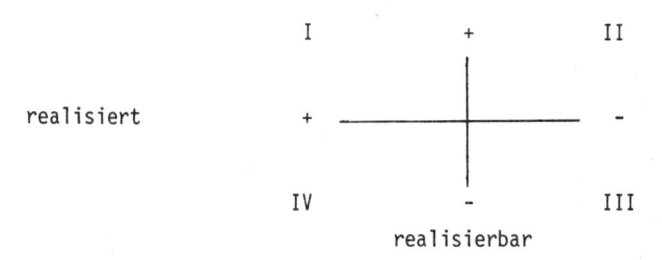

```
                        I         +         II
realisiert              +  ———————+———————  -

                       IV         -        III
                              realisierbar
```

Ich gehe nun nicht den Überlegungen nach, die sich mit einer solchen Typisierung aufdrängen; greife auch nicht die Ergebnisse der Analyse jener Verlautbarungen auf, in denen die Schuladministration die institutionellen Rahmenbedingungen setzt (die zur Erklärung der Paradoxien, auf die diese Typisierung verweist, einiges beitragen könnten); ich referiere schließlich auch nicht über die Berichte aus der Praxis, die uns Schüler gegeben haben, in denen die Wahrnehmungen und Deutungen der Korrigierten zum Ausdruck kommen (mit dem theoretisch wie praktisch so faszinierenden und zugleich leidvollen Problem, wie sich Verständigung zwischen den Handelnden, den die Handlungsbedingungen Setzenden und den Betroffenen herstellt bzw. nicht herstellt).

Zurück also noch einmal zu dem zweiten Schaubild, das von den eigenen Korrekturvorstellungen der Lehrer handelt.

Was macht die eigenen Vorstellungen von einer angemessenen Korrektur aus? Anders formuliert: Welche Art von Korrektur möchten die berichtenden Lehrer verwirklichen, wenn sie darüber selbst bestimmen könnten? Vorweg ist festzuhalten: Was wird als S i n n   d e r   K o r r e k t u r in den Berichten überhaupt genannt. Diese Nennungen lassen sich so zusammenfassen:
1. Schüler in ihrer sprachlichen Entwicklung voranbringen
   (Ich etikettiere solche Nennungen: Sinnpotential "Sprachliches Lernen")
2. Schüler zur Bestimmung ihrer Schullaufbahn auf ihren Lernstand hin kontrollieren
   (Sinnpotential "Prüfen")
3. Mit Schülern sich austauschen
   (Sinnpotential "emphatisch verstandene Kommunikation")
4. Über Korrektur Schulordnung durchsetzen
   (Sinnpotential "Disziplinieren")
5. Mit der Korrektur die Note absichern
   (Sinnpotential "Justifizieren")
6. In der Korrektur belegen, daß man selbst die eigene Sprache beherrscht
   (Sinnpotential "Nachweis der eigenen Kompetenz").

Es werden also sechs Sinnpotentiale der Korrekturarbeit genannt. Favorisiert wird fast durchgängig und beinahe ausschließlich das Sinnpotential "Sprachliches Lernen". M.a.W.: Wenn die Lehrer könnten, wie sie wollen, dann würden sie ihre Korrekturarbeit an diesem Sinnpotential orientieren. Aber da scheinen sie Sperren und Hindernisse zu sehen. Alle anderen Potentiale werden, wenn überhaupt, zögernd oder trotzig oder resignierend als das eigene Handeln mitbestimmend erwähnt; fast immer so, daß deutlich wird: dies sollte eigentlich nicht sein.

Was bedeuten solche Aussagen? Um diese Frage beantworten zu können, müßte herausgefunden werden, ob und ggfs. wie sich Korrekturen, die sich an unterschiedlichen Sinnpotentialen orientieren, voneinander unterscheiden lassen.

Es ließe sich denken, hierzu die Lehrer selber zu befragen. Was hattest Du mit dieser oder jener Einzelkorrektur im Sinn? Warum hast Du diese oder jene Stelle im Schülertext angestrichen bzw. nicht angestrichen, warum hast Du sie in bestimmter Weise kommentiert? Gegenüber einem solchen Verfahren ist Vorsicht geboten. Ich möchte die theoretischen Erwägungen, die diese Vorsicht motivieren, in Form eines knappen Erfahrungsberichts von einer Lehrerfortbildungsveranstaltung vortragen. In dieser Veranstaltung wurden u.a. Lehrer, die dem Frankfurter Projekt über ihre Korrekturpraxis berichtet hatten, mit diesen Berichten und dem Material konfrontiert, das im Projekt zu diesen Berichten erarbeitet worden war. Es ging also darum, Möglichkeiten zur Erweiterung und Präzisierung der Selbstwahrnehmung zu schaffen. Die Gruppe fungierte dabei als ein diesen Prozeß unterstützendes Medium. Gegen Ende der Tagung übernahmen vier Lehrer die Aufgabe, sich auf die Korrektur eines vorgelegten Schülertextes zu einigen. Die übrigen Teilnehmer beobachteten diesen Einigungsprozeß. Ein für alle Beteiligte überraschendes Ergebnis dieses Arrangements: Im Einigungsprozeß fielen - stillschweigend - alle diejenigen Korrekturen aus der Vorbereitungsphase unter den Tisch, die sich in Form und Inhalt eindeutig als auf das Sinnpotential "Sprachliches Lernen" bezogen zu erkennen gaben. (Z.B. "Welche anderen Ausdrücke könntest Du hier verwenden?" "Warum formulierst Du das so?") Das Überraschungsmoment bestand darin, daß die vier Lehrer in ihren Berichten und während der Tagung mit Nachdruck den Primat des Sinnpotentials "Sprachliches Lernen" vertreten und gefordert hatten.

Herbert Mead hat für ein Überraschungsmoment dieser Art in seiner Identitätstheorie den generellen Satz formuliert, "daß wir uns niemals ganz unserer selbst bewußt seien, daß wir uns durch unsere eigenen Aktionen überraschen."

Was in dieser konkreten Situation als Überraschung und Irritation erfahren wird, erscheint zunächst einmal als eine Differenz von Reden und Tun. Wie einer solchen Differenz theoretisch beikommen? Denn es genügt offenbar nicht, mit einem Alltagsverständnis an dieses Phänomen heranzugehen und achselzuckend festzustellen, daß Menschen halt nicht immer auch tun, was sie sagen. Auch ein ideologiekritisches Verfahren, das sich hier beinahe aufdrängt, scheint zur Klärung wenig beizutragen, weil damit Ergebnisse makrostruktureller Analysen auf konkrete Lebensweltphänomene appliziert werden, die zunächst einmal aus sich selbst verstanden werden sollten, wenn man der Gefahr entgehen will, diese Phänomene wegzurationalisieren.

Ich schlage vor, dieses konkrete Phänomen - probeweise - so zu verstehen:

Die Handlungsbedingungen für die Korrektur sind vorgegeben und nicht von den Handelnden selbst gesetzt.

Die Korrektur wird nicht als Thema in der Ausbildung reflexiv bearbeitet, vielmehr werden die Handlungsmuster mehr oder minder naturwüchsig tradiert.

Der Einzelne, der in die Institution Schule eintritt, muß darum alles, was mit der naturwüchsigen Tradierung der Muster an Bedeutungen gegeben ist, zusammen mit dem, was seine Lebensgeschichte ausmacht, zu einem - wie immer prekären - Gleichgewicht einschaukeln, damit er in der Institution Schule handlungsfähig wird und bleibt. Es kann dann wohl an dieser Stelle die einprägsame Formel Herbert Meads erinnert werden, daß wir uns nicht schnell genug umdrehen können, um uns selbst zu erfassen.

Die Lehrer selbst zu befragen, woran Korrekturen unterscheidbar sind, die sich an verschiedenen Sinnpotentialen orientieren, erscheint aus diesen Gründen kein sehr verläßliches Verfahren. Wir hätten also einen Umweg in der Überlegung gemacht, der nur zu einem negativen Ergebnis, eben zum Ausschluß dieses Verfahrens geführt hätte? Ich möchte dies verneinen, denn der Umweg scheint mir zweierlei von grundsätzlicher Bedeutung gezeigt zu haben: daß Schulwirklichkeit verstehen wollen heißt, sich auf vielfach überlagerte Bedeutungsphänomene einzulassen, die sich kaum zu geschlossenen, widerspruchsfreien Vorstellungen abklären lassen; daß sie vielfach ambivalent, mehrdeutig bleiben und daß sie als solche erst einmal hingenommen werden müssen.

Dies mag so sein, weil sich in einer Institution wie Schule Geschichte in vielfacher und oft gebrochener Weise ablagert und die in ihr Handelnden, die Last dieser Ablagerungen zu tragen haben oder aber auch von ihnen getragen werden. Und ein anderes kann dieser Umweg gezeigt haben: Wie immer wir eine ideale Korrekturkompetenz bestimmen und definieren und Elemente dieser Kompetenz als Lernsequenzen für Lehrer ausarbeiten: solche Entwürfe können die in der Institution Schule Handelnden wohl nur erreichen, sofern es gelingt - in der Sprache eines alten didaktischen Grundsatzes geredet - die Lernenden da abzuholen, wo sie sind. Damit ist nicht irgendein, wie das heißen mag, Motivationsprozeß angesprochen, sondern etwas Grundlegenderes; nämlich daß diese Situation für die Gestaltung der sprachwissenschaftlichen Fragestellung selbst konstitutiv ist. Ich hoffe, in einem letzten Teil meiner Ausführungen dies mit wenigen Beispielen andeuten zu können.

Darum noch einmal zurück zu der Frage, ob und ggfs. wie sich Korrekturen, die sich auf unterschiedliche Sinnpotentiale richten, unterscheiden lassen. Ich habe unter der Hand an einer Stelle meiner Überlegungen auf Korrekturen verwiesen, die ich eindeutig dem Potential "Sprachliches Lernen" zugeordnet habe. Es handelt sich dabei um solche, die in der Form von Fragen und Aufforderungen auf den individuellen Text als individuellen eingehen. Die Hoffnung, daß solche Eindeutigkeit generell herstellbar sei, kann aber, blättert man in korrigierten Aufsatzheften, erst gar nicht aufkommen. Denn die meisten Korrekturen erscheinen in Form von senkrechten und waagerechten Strichen, in der Form von Unterschlängelungen, als Abbreviaturen wie "A", "S", "Gr" und in Form von Veränderungen, die der korrigierende Lehrer im Schülertext vornimmt. Wozu das alles dient, darüber können gesprächsweise allenfalls Behauptungen ausgetauscht werden. Veilleicht läßt sich negatorisch feststellen, daß die Zuordnung zum Sinnpotential "Sprachliches Lernen" eher fraglich erscheint, wenn es - wie das typisch auch für andere - in einem Bericht heißt: die ganze Arbeit, die man sich mit der Korrektur macht, ist eh für die Katz, weil die Schüler nur auf die Noten gucken.

Wie immer es sich mit dieser negatorischen Feststellung verhält: es muß wohl im Text selbst nach Kriterien der Zuordnung der Korrekturen zu Sinnpotentialen gesucht werden. Ein solches Suchen hat sich, so muß ich im Nachhinein festhalten, bislang immer wieder in einem hermeneutischen Zirkel verfangen. Ich habe darum die Lösung in einer Projektion gesucht: Was würden Lehrer, wenn sie könnten,wie sie wollen, als Korrektur, orientiert am Sinnpotential ihrer Wahl, praktizieren. Da die berichtenden Lehrer durchweg das Potential "Sprachliches Lernen" favorisierten, hieße dies: Wie werden sie, frei von den Zwängen der Institution, korrigieren, wenn sie ihr Handeln nur auf dieses Sinnpotential ausrichten können. Eine solche Situation ist schließlich auch im Frankfurter Projekt hergestellt worden, sind Aufsätze wie der Verlesene korrigiert worden, damit in einem empirisch belegten Prozeß herausgefiltert werden konnte, was Lehrer tun, wenn sie frei von diesen Zwängen handeln können.

Was fällt dabei auf? Nicht jede Abweichung des Schülertextes von einer Norm, die der Lehrer an den Text heranträgt, ist markiert worden. Diese Beobachtung macht auf etwas sehr Einfaches und scheinbar Selbstverständliches aufmerksam: In der Korrektur stellt der korrigierende Lehrer zunächst einmal die Differenz des Schülertextes zu einer gedachten Fassung des Textes fest, die er als an sich richtige, wünschenswerte Fassung unterstellt. Was immer er relativierend, auch entschuldigend über den Schülertext denken mag, er unterstellt, wie das vom Schüler Gemeinte "eigentlich" hätte ausgedrückt

werden können oder müssen. Nennen wir diese Unterstellung eine "Idealnorm",
so läßt sich festhalten: Eine am Sinnpotential "Sprachliches Lernen" orientierte Korrektur ist quantitativ dadurch charakterisiert, daß nicht jede
Differenz zwischen dem Schülertext und der vom Lehrer angenommenen "Idealnorm" markiert wird. Diese Feststellung wirft zwei Fragen auf:
- Welche Entscheidungsgründe sind maßgebend dafür, ob eine Differenz markiert wird oder nicht?
- Was macht die vom Lehrer dem Schülertext unterlegte "Idealnorm" aus?

Ich gehe auf diese beiden Fragen ein, indem ich einige Sequenzen der Untersuchung kurz charakterisiere.

Zur ersten Frage: Im Korrekturprozeß werden die Entscheidungsgründe, die
zur Markierung bzw. Nicht-Markierung führen, ad hoc und spontan geäußert.
In der anschließenden Reflexionsphase können dann diese Gründe gebündelt
und typisiert werden. Hier der Befund:

Ein erster Typ von Entscheidungsgründen erweist sich beim näheren Hinsehen
als am Sinnpotential "Prüfen" orientiert. Hierzu gehören Äußerungen wie:
das darf ich dem Schüler nicht anrechnen, ein solcher Fehler ist ihm nicht
anzulasten.

Auch ein zweiter Typ von Äußerungen enthält implizit die Ausrichtung auf
"Prüfen", er ist nur stärker vom Selbstverständnis des korrigierenden
Lehrers motiviert: nicht kleinlich sein wollen, Pedanterie vermeiden wol-
len.

Ein dritter Typ von Äußerungen bringt lerntheoretische Grundsätze zur Geltung, daß nämlich nicht jede festgestellte Differenz zum Anlaß für Lernen
dienlich sein kann. Dafür werden quantitative Gesichtspunkte, solche der
Gewichtung und solche der Motivation, genannt.

Der vorgelesene Aufsatz z.B. enthielt 15 Satzzeichenfehler. Die lückenlose
Markierung aller dieser Fehler, so lautet das Argument, gibt dem Schüler
keine Information, wie er lernen kann, diese Fehler in Zukunft zu vermeiden, und zwar deshalb, weil das Lernpensum zu groß ist, als daß es bewältigt werden kann; weil die Informationen zu unstrukturiert sind und weil
sich aus eben diesen beiden Gründen eine Lernmotivation kaum herstellen
kann. Diese Überlegungen führen dann zu folgendem Vorschlag: Die festge-
stellten Interpunktionsfehler werden zunächst einmal unter regelsystemati-
schen Gesichtspunkten typisiert und dann wird eine Auswahl nach Vordring-
lichkeit getroffen, welcher Typ vom Schüler bearbeitet werden soll. Sodann
wird geprüft, welche Kenntnisse und Fertigkeiten für die Bearbeitung notwendig sind. Schüler und Lehrer müssen sich dann darüber klar werden, ob
diese Voraussetzungen gegeben sind (diagnostischer Aspekt), sodann sind
Aufgaben zu formulieren, die das Lernen in Gang bringen können.

Eine am Sinnpotential "Sprachliches Lernen" orientierte Korrektur ist somit nicht identisch mit der Feststellung und Markierung der Differenzen
von Schülertext und "Idealnorm". Die möglichst vollständige Feststellung
dieser Differenzen ist für den korrigierenden Lehrer die Basis zur Ausar-
beitung von Lernvorschlägen. Erst in diesen Lernvorschlägen wird die Forderung, durch Korrektur die sprachliche Entwicklung der Schüler zu fördern, eingelöst.

Was sich am Beispiel der Interpunktion als relativ einfach erweist, stellt
sich für die meisten anderen Differenzen zwischen Schülertext und unter-

legter "Idealnorm" als sehr viel schwieriger heraus; und zwar deshalb, weil sich bei ihnen die Frage nach der "Idealnorm" dringlich stellt. Was macht sie aus? Wie läßt sie sich legitimieren?

Bislang habe ich von der "Idealnorm", die der korrigierende Lehrer dem Schülertext unterlegt, wie von etwas Selbstverständlichem geredet. Der Eindruck, daß sie uns bekannt sei, könnte durch das Interpunktionsbeispiel zusätzlich entstehen. Tatsächlich gilt ja auch für den Teilbereich der Zeichensetzung, daß uns die unterlegte "Idealnorm" vertraut ist: ein - alles in allem - wohldefiniertes Korpus von Regeln, deren Geltung intersubjektiv gesichert ist (wenn auch über Einzelfälle gestritten werden mag). Was aber hat es mit der "Idealnorm" auf sich, wenn ein Korrektor im vorgelesenen Aufsatz Anstoß nimmt an Stellen wie:
- "Er hilft mir, wo er kann, lernt den ganzen Tag."
- "Er hat keine Minute für sich!"
- "Aber man muß mir glauben, wenn man 5 Jahre lang ... lauter Lobe über seinen Sohn hört, hängt einem das ziemlich zum Hals heraus."
- "Es ist jeden Tag dasselbe. Und da soll man nicht verrückt werden."

An den beiden ersten Stellen moniert der Korrektor, daß sie nicht wahr sein könnten: niemand könne den ganzen Tag lernen, nie eine Minute für sich haben. Gegen die beiden anderen wendet er ein: "zum Hals heraus hängen" und "soll man nicht verrückt werden", solche Formulierungen dürften als umgangssprachlich oder vulgärsprachlich in einem geschriebenen Text nicht vorkommen. Gegen den Aufsatz insgesamt wendet er ein: Eine solche Mutter, die nicht stolz auf ihren liebevollen und eifrigen Sohn sei, gebe es nicht. Zwar könne man sehr wohl eine solche Frau treffen, aber die sei dann eben keine wirkliche Mutter, der Schüler aber hätte aus der Perspektive einer wirklichen Mutter zu schreiben gehabt.

Was macht in einer solchen Argumentation die "Idealnorm" aus, die der Lehrer dem Schülertext unterlegt? Zwei Merkmale charakterisieren diese "Idealnorm". Den Einwänden gegen die vier zitierten Sätze aus dem Aufsatz ist gemeinsam: sie gelten unter der Bedingung, daß diese Sätze für sich stehen. In einem Stillexikon z.B. hat die Wendung "zum Hals heraus hängen" den Eintrag "umgangssprachlich" / "vulgärsprachlich" / "nicht schriftsprachlich". Die Entscheidung, sie darum in einem geschriebenen Text nicht zuzulassen, ist unter einer Bedingung folgerichtig, nämlich dann, wenn dem Lexikon-Eintrag dieselbe Normenqualität wie einer Interpunktions- oder Orthographieregel zugeschrieben wird. Solche Normen gelten unabhängig vom jeweiligen Text und sind auf den jeweiligen Text nur anzuwenden. Etwas spitz gesagt: Diese Normen werden gegenüber einem konkreten Text exekutiert.

Das zweite Merkmal, das die vom Korrektor dem Schülertext unterlegte "Idealnorm" charakterisiert, läßt sich unter referenzsemantischen Gesichtspunkten so bestimmen: ein sprachlicher Ausdruck wird in seinem Begriffsbezug (nicht in seinem Sachbezug) aufgefaßt. Das im Begriffsbezug immer mitgedachte Typische wird als gegeben und somit als statisch gedeutet. Auch von dieser Voraussetzung her läßt sich dann eine Norm unterlegen, die es zu exekutieren gilt.

Nun erhebt ein anderer Lehrer Einspruch gegen diese Korrektur. In den vier zitierten Sätzen sieht er besondere stilistische Qualitäten verwirklicht, wie Anschaulichkeit, Lebendigkeit und Frische. Die Charakterisierung der erzählenden Mutter findet er gelungen. Ich verzichte darauf, der Frage nachzugehen, was in diesem Fall die dem Schülertext unterlegte "Idealnorm" aus-

ausmacht und wende mich dem Problem der Legitimation solcher "Idealnorm" zu. Für Schüler entsteht ja, was allgemein bekannt ist, immer wieder der Eindruck, daß die Korrektur von subjektiver Willkür bestimmt sei. Was bei dem einen Lehrer als gut angesehen wird, mag ein anderer erst gar nicht lesen. Aber auch bei einem einzelnen Lehrer vermögen Schüler nicht immer die Identität der "Idealnorm" zu erkennen, so daß sie sich von Aufsatz zu Aufsatz Überraschungen ausgesetzt sehen. Daß Schüler ihre Situation so erfahren, ist nicht in Zweifel zu ziehen. Vorbehalte möchte ich aber gegen die Deutung anmelden, daß diese Erfahrung aufgrund subjektiver Willkür der Korrektoren zustandekommt. Es gibt immerhin einige gewichtige Anhaltspunkte dafür, daß es - zunächst einmal numerisch gesprochen - keinesfalls so viele unterschiedliche "Idealnormen" gibt, wie Lehrer, die unterrichten und korrigieren. Um diesen Anhaltspunkten nachzugehen ist es notwendig, Koordinaten zu entwickeln, die es überhaupt erst ermöglichen, verschiedene "Idealnormen" miteinander zu vergleichen, aufeinander zu beziehen. Nun sind wir sicher weit davon entfernt, auch nur adäquate Modelle zu entwerfen, die der Komplexität der zu bearbeitenden Phänomene einigermaßen gerecht werden. Beginnen wir darum mit Vereinfachungen, die nichts anderes als erste Schritte zur Annäherung an das Phänomen darstellen. Zunächst sei eine Hypothese eingeführt, die durch Beobachtungen verschiedener Korrekturprozesse angeregt worden ist:

Sprachliche Normen, auf die bei der Korrektur Bezug genommen wird, lassen sich auf eine Skala eintragen, deren Endpunkte so bestimmt sind: Normen gelten relativ kontextfrei - ihre Geltung wird relativ textimmanent hergeleitet. Entsprechend lassen sich dann auch die korrigierenden Eingriffe der Lehrer in den Text skalieren. Es gibt nun deutliche Hinweise darauf, daß bei der Aufsatzkorrektur diejenigen Eingriffe quantitativ und auch in ihrer Gewichtung überwiegen, die als kontextfreie Normenexekution aufzufassen sind. Dies als hinreichend belegbar unterstellt, läßt sich eine weitere Hypothese formulieren: Es ist eine schulspezifische sprachliche Varietät anzunehmen, deren Regelhaftigkeit gegenüber dem je individuellen Text relativ äußerlich bleibt und das je Individuelle und somit den kontextuellen Zusammenhang eines einzelnen sprachlichen Ausdrucks eher unterdrückt oder gar verzerrt oder auslöscht. Für die Korrekturhandlung wäre somit eine Unterscheidung einzuführen: In einer ersten Form von Korrektur sind relativ kontextfreie Normen auf einen Schülertext anzuwenden. Die Berechtigung einer solchen Form von Korrektur kann bei Anwendung graphematischer Normen außer Frage stehen, ebenfalls wenn sich für einzelne Textsorten hinreichend genaue und hinreichend vollständige Regeln formulieren lassen (der individuelle Gestaltungsspielraum also gering ist.)

Eine zweite Form von Korrektur besteht darin, sich auf den je individuellen Text einzulassen, die Intentionen herauszuspüren, das in ihm Angelegte einfühlsam aufzugreifen und weiterzuführen. Ich schlage vor, diese Korrektur eine mäeutische zu nennen.

Ich muß es mir versagen, wegen des gesetzten zeitlichen Rahmens, von Versuchen mit solcher mäeutischer Korrektur zu berichten - die im übrigen durchaus ihre Tradition haben und viel praktizierenden Lehrern verdanken.

Wichtig dagegen scheint es mir, die Spur anzugeben, auf die die Untersuchung uns bisher geführt hat: Es scheint ein grundlegendes Mißverständnis zu obwalten, daß auch dort, wo ein mäeutisches Verfahren gefordert ist, oft genug nach dem Paradigma der Normenexekution korrigiert wird.

Dies gilt insbesondere immer dann, wenn ein Kanon schriftsprachlicher Normen auf einen Text - unabhängig von den je individuellen Gestaltungsintentionen - angewendet wird; wenn z.B. die Verwendung umgangssprachlicher Formulierungen im geschriebenen Text moniert wird, einfach deshalb, weil ein geschriebener Text solche Formulierungen verbiete. Mit einem solchen Verfahren kommt das je Individuelle eines Textes in Gefahr verlorenzugehen. Wenn diese Spur nicht trügt, so wird die Annahme einer schulspezifischen Sprachvarietät, in der - in aller Vorsicht gesprochen - die Eliminierung des je Individuellen nicht gerade unwahrscheinlich ist, nicht nur aus quantitativen Gründen nahegelegt, eben weil Normenexekution häufiger anzutreffen zu sein scheint als mäeutisches Sich-Einlassen auf den individuellen Text, sondern mehr noch wegen dieser μεταβασις εις αλλο γενος wegen der Behandlung mäeutischer Korrekturprobleme vom Standpunkt einfacher Normenexekution aus.

Schließen möchte ich mit dem Hinweis, daß Sprachdidaktik in dem empirischen Aufweis schulspezifischer Sprachvarietät i.g. Sinn, in der lerntheoretischen Aufbereitung relativ kontextfreier Normen und in der Projektierung mäeutischer Korrekturen ein eigenes Untersuchungsfeld hat.

In einem so definierten Untersuchungsfeld kann sich die Spannung zwischen einer durch praktische Interessen nicht determinierten Sprachwissenschaft und theoretischem Engagement für die Schulwirklichkeit produktiv auflösen.

Der Wortlaut des Schüleraufsatzes:

Aus der Sicht der Mutter

Ich schäme mich. Eigentlich sollte ich mich freuen, daß Emil ein Musterknabe ist. Er hilft mir wo er kann, er lernt den ganzen Tag, hilft mir im Haushalt und tut überhaupt alles was eine Mutter erfreuen kann. Natürlich freue ich mich wenn Emil eine 1 nach Hause bringt. Aber ich freue mich gar nicht so wie ich immer zeige. Ich möchte Emil nicht verletzen, wenn ich ihm sage, daß mir das Ganze gar nicht so richtig gefällt. Die Mütter die das hören würden würden wahrscheinlich denken, daß ich spinne, aber das tue ich nicht. In der Klasse ist er unbeliebt. Warum? Weil er ein Streber ist natürlich. Wieso denn sonst? Er hat keine Freunde. Wieso? Weil er zu viel Rücksicht auf seine Mutter nimmt. Außerdem habe ich Angst, daß er einen Nervenzusammenbruch bekommt. Das könnte ja passieren, wenn er die ganze Zeit am Schreibtisch sitzt und lernt, im Haushalt hilft und den Klodeckel wieder repariert, weil er jedesmal wenn man das Klo benutzt wieder kaputt geht. Er hat keine Minute für sich, aber ich bringe es nicht übers Herz ihm zu sagen was ich fühle. Ich kann mir denken was das für eine Enttäuschung für ihn wär. Aber was soll ich machen? Alle loben meinen Sohn, der Lehrer, die Nachbarn überhaupt alle. Leider auch ich! Was heißt leider?! Er hat es ja verdient. Aber wenn noch mehr solche Lobe über ihn, in meiner Anwesenheit jemanden über die Lippen kommen, ich glaub, dann werde ich verrückt! Verückt, nicht? Am Anfang war ich sehr stolz über die Lobe. Aber man muß mir glauben, wenn man 5 Jahre lang, mit 7 Jahren hat er damit angefangen, lauter Lobe über seinen Sohn hört, hängt einem das ziemlich zum Hals heraus. Dabei ist doch überhaupt keine Abwechslung. Wir wohnen auf dem Dorf. Wenn man aus dem Haus trifft man alle 2 Min. jemand. Und jedesmal heißt es: haben Sie einen netten Sohn und bla bla bla. Mütter mit einem Lausbuben als Sohn sollten froh sein. Er bringt Abwechslung, Freude neue Streiche, einen Tadel und vieles mehr mit nach Hause. Diese Mütter können sich wundern, lachen und über ihren Sohn nachdenken. Was kann ich? Ich kann denken: Wieder eine aufgeräumte Wohnung, er hat wieder eine 1 geschrieben, wieder gepauket u.s.w. Es ist jeden Tag das selbe. Und da soll man nicht verückt werden. Darüber soll man auch mal nachdenken. Ich habs bestimmt nicht besser auch nicht mit einem Musterknaben.

Bodo Lecke
DIE "NEUEN TRENDS" DER LITERATURDIDAKTIK UND IHR EINFLUSS AUF
DIE 1. UND 2. PHASE DER DEUTSCHLEHRERAUSBILDUNG

Unsere eher stichworthaften Überlegungen können nicht den Anspruch eines systematischen, in sich geschlossenen Konzepts erheben. Dennoch stehen die folgenden Teilaspekte oder Ebenen in einem ebenso engen wie übergreifenden Zusammenhang, der in jedem Punkte präsent sein sollte, auch wenn er aus formalen, gliederungstechnischen Gründen im sukzessiven Nacheinander, d.h. in dieser Reihenfolge dargeboten werden muß:

1. Die Ebene der Institutionen (Lehrerausbildung, insbesondere Deutschlehrerstudium)

2. Die Ebene der (fach-)didaktischen Theorie (wobei allerdings das von der Autorengruppe des "Bremer Kollektivs" entworfene Konzept des "kritischen Lesens", des "Politischen Deutschunterrichts" in diesem Rahmen nur angedeutet werden kann)

3. Der (bildungs-)politische Standort des zum "Bremer Kollektiv" zählenden Referenten (der natürlich - als "Politischer Deutschunterricht" - eine enge Beziehung zur eben genannten fachdidaktischen Theorie hat)

4. Die Andeutung neuer Perspektiven (die sich hier exemplarisch um eine Wiederaufnahme und Fortführung der von H.J. Heydorn vorgeschlagenen "Neufassung des Bildungsbegriffs" zentrieren).

1. Die Ebene der Institutionen (Lehrerausbildung, insbesondere: Deutschlehrerstudium)

Die Information mag nicht unwichtig sein, daß der Referent Mitglied einer nicht sonderlich traditionsreichen Universität ist. Die 1919 gegründete Universität Hamburg hat aber, in bezug auf unser Thema, insoweit doch Epoche gemacht, als sie bereits Anfang der 20er Jahre (als m.W. erste deutsche Universität) energische Anstrengungen für eine vollständige Eingliederung der Lehrerausbildung in die Universität unternahm.

Das Thema: Institutionalisierung der Lehrerausbildung (sei es im Sinne der alten Meisterlehre, der Präparandenanstalt, der fachhochschulartigen PH oder schließlich der Universität bzw. Gesamthochschule) muß wohl zumindest gestreift werden. (1) So ist sicherlich bemerkenswert, daß Hamburg nie eine eigene "PH" hatte. In Bremen z.B. wurde die PH - wiewohl in kürzerer Zeit als vorgesehen - der neugegründeten Universität eingegliedert.

Dabei muß sich jeder Erziehungswissenschaftler die Frage stellen, ob sein vorgebliches "Integrationsfach" tatsächlich die über allem thronende "mater" ist (wie im MA die scholastische Theologie), der sich die speziellen Einzeldisziplinen als "ancillae" (= Mägde) unterzuordnen hatten, oder ob ein solches Konzept nicht eine realitätsferne oder gar anmaßende

Ideologie sei.

Eine institutionelle Besonderheit, die sich aus der Priorisierung des FB Erziehungswissenschaft an der Universität Hamburg ergibt, stellt jedenfalls die Tatsache dar, daß etwa die Fachdidaktik Deutsch (organisiert im sog. Fachausschuß für die Didaktik aller sprachlichen Fächer) gerade nicht der "Bezugswissenschaft" (also dem FB Sprach- und Literaturwissenschaft) zugeordnet ist, sondern eben dem FB Erziehungswissenschaft - für Reformhochschulen vielleicht nicht so aufregend, aber für traditionelle Universitäten m.W. selten oder sogar einmalig.

In diesem technisch-organisatorischen Rahmen darf ich - ebenso skizzenhaft und exemplarisch - folgende in den letzten 10 Jahren versuchten Modelle der Hamburger Lehrerausbildung nennen:

1. die alte, inzwischen abgeschaffte Hamburger Volks- und Realschullehrer-Ausbildung - wie die Bezeichnung sagt: eine schulartenspezifische, nämlich auf Volks-, Haupt- und Realschule bezogen. Sie sah - neben der Pädagogik - die exemplarische Vertiefung im ca. 6 - 8-semestrigen Studium in ein Hauptfach (also z.B. Germanistik) vor. Das kam auch darin zum Ausdruck, daß je eine schriftliche Hausarbeit zum 1. Staatsexamen im Fach Erziehungswissenschaft und im Wahlfach geschrieben werden mußte.

2. das z.Zt. noch gültige sog. "pädagogische Begleitstudium" für Gymnasiallehrer, das mit einer nur halbstündigen mündlichen Prüfung in Erziehungswissenschaft durch einen Uni-Prüfer (egal, ob Fachdidaktiker oder Vertreter einer allgemein-pädagogischen Richtung) in den Teilbereichen: a) Allgemeine Erziehungswissenschaft, b) Fachdidaktik und c) Schulorganisation abgeschlossen wird.

3. die z.Zt. praktizierte sog. Stufenlehrerausbildung, zunächst für ein sog. einfaches oder erweitertes, inzwischen nur noch (bei allgemein 8semestrigem Studium) erweitertes Lehramt, in der Regel mit zwei Wahlfächern und dem Fach Erziehungswissenschaft, wobei für den Stufenlehrer mit Schwerpunkt Primarstufe das neu konstituierte Fach Grundschulpädagogik gleichberechtigt an die Stelle eines Wahlfachs treten kann.

4. die z.Zt. zur Novellierung anstehende neue Stufenlehrerordnung, die im wesentlichen nur noch 2, ebenfalls angeblich nicht schularten-, sondern schulstufenbezogene Lehrämter vorsieht: Sekundarstufe I (mit Erweiterung zur Primarstufe) und Sekundarstufe II (mit Erweiterung zur Oberstufe), wobei das 2. Modell das bisherige Studium für Gymnasiallehrer (s. 2.) ersetzen soll.

(Ich beschränke mich hier auf Aspekte der sog. allgemeinbildenden Schulen, obwohl ich infolge der eben angedeuteten Integration der Fachdidaktik in den Fachbereich Erziehungswissenschaft, als 'Ausbilder' wie als Prüfer, auch mit berufsbildenden, sonderpädagogischen etc. Studiengängen befaßt bin.)

Es kann hier nicht unsere Aufgabe sein, die 4 "real existierenden" Modelle (ich bin mir nicht ganz sicher, ob sie eher Reformmodelle oder Anpassungsvorgänge an das kleinste gemeinsame bundeskulturpolitische Vielfache darstellen) noch näher zu erläutern oder gar kritisch zu durchleuchten. Nur so viel sei gesagt, daß gerade die bildungspolitische

Tendenz, wenn auch unter geflissentlicher Umgehung der eigentlichen Zielvorstellung: Gesamt- oder Einheitsschule, so viele organisatorische Schwierigkeiten und Unübersichtlichkeiten für Studenten mit sich bringt, daß weniger Euphorie (über die angebliche Überwindung des schulartenspezifischen Prinzips) als Kritik (an den technokratischen Auswüchsen wie an den Zielvorstellungen) geboten ist.

Da es uns hier um einen prinzipiellen Vergleich letztlich der bildungspolitischen Zielvorstellung gehen muß, möchte ich einige Gesichts- und Vergleichspunkte besonders problematisieren und dabei nochmals auf den engen, gleichsam dialektischen Zusammenhang institutioneller und inhaltlicher Reformen verweisen, auch gerade dann, wenn sich dieser Zusammenhang als Widerspruch oder Diskrepanz zwischen Ziel und Weg, zwischen Form und Inhalt darstellen mag.

Zwar hat es zweifellos begrüßenswerte quantitative und qualitative Fortschritte im Sinne einer "integrierten" Deutschlehrerausbildung gegeben, die sich z.B. an einer bewußten Praxisorientierung oder an dem deutlich erhöhten Anteil der fachdidaktischen Studienanteile, etwa für die angehenden Gymnasiallehrer, ablesen läßt. Die inzwischen totale Ausschaltung der einphasigen Lehrerausbildung zeigt jedoch deutlich die Grenzen, die der Hochschule gezogen sind.

Von den neuerdings die bildungspolitische Diskussion bestimmenden Schlagwörtern, wie z.B. "Polyvalenz" oder "äußere Differenzierung" des Studiums, hat sich bisher die sog. "gewerkschaftliche Orientierung" (repräsentiert in der Mehrheitsmeinung der GEW und teilweise im Gegensatz zu den "ständisch" orientierten Interessenverbänden) mit Recht distanziert.

Lehrerfortbildung ist und war nicht "in" - weder institutionell noch konzeptionell. Sie behielt den schalen Beigeschmack von "Bildungsurlaub" und "Drückebergerei"; das schlechte Gewissen wurde von interessierter Seite (sprich: "Dienstherren", wie es so schön demokratisch heißt) mit Erfolg geschürt, wie aus einem Vergleich z.B. mit Fortbildungskursen in technischen, naturwissenschaftlichen, medizinischen Berufen erhellt.

Zunehmend gefährdet erscheinen auch integrierte (Grund-) Studiengänge für verschiedene Lehrämter in Allgemeiner Didaktik, Pädagogik, Erziehungspsychologie, Pädagogischer Soziologie o.ä. vor der fachlichen Spezialisierung in den weiterführenden Studienphasen. In Hamburg z.B. werden - wenn auch qua Lehrerprüfungs- und Studienordnungen nicht eben in optimaler Form - zwar bereits seit einigen Jahren "Stufenlehrer" ausgebildet, ohne daß indessen die "Stufenschule" auf breiter Front bildungspolitisch durchgesetzt wurde (etwa als "Regelschule"). Auch ist klar, daß bereits das bildungstheoretisch wie bildungspolitisch noch reichlich unausgegorene Hilfskonstrukt "Stufenschule" deutlich das Kainszeichen des bildungspolitischen Kompromisses oder gar der Resignation bzw. Regression trägt. Wenn nicht einmal die hierzulande mit absoluter Mehrheit regierende SPD kompromißlos den Weg zu einer (natürlich permanent verbesserungsbedürftigen) Gesamtschulentwicklung einschlägt: Welche der herrschenden politischen Kräfte sollte es eigentlich sonst tun?

Für den Theoretiker der Erziehungswissenschaft, insbesondere der Fachdidaktik, sehe ich das Dilemma, daß Begriffe wie "Polyvalenz" bildungstheoretisch durchaus sinnvoll (d.h. nach Humboldt so "mannigfaltig" wie nach Brecht "dialektisch") sein können, sich als institutionelle Objektivation im bildungspolitischen Rahmen jedoch als schlechterdings reaktionär erweisen, ja vielleicht sogar zynisch gemeint sind angesichts der konkret herrschenden Lehrerarbeitslosigkeit.

Wenn man in diesem Sinne die alte Volks- und Realschullehrer-Ordnung (1.) mit der neuen Stufenlehrer-Ordnung (4.) vergleicht, so mag - wie gesagt - die Ersetzung der schulartenspezifischen Lehrerausbildung durch die schulstufenbezogene einen bildungspolitischen Fortschritt darstellen. Nicht zu verkennen ist aber auch, daß an die Stelle der exemplarischen Vertiefung (1.) das pseudo-pluralistische Allerlei (4.) getreten ist: Der Lehrerstudent soll in möglichst kurzer Zeit möglichst viel Verschiedenes jeweils ein bißchen an-studiert haben (Skatspieler nennen das, glaube ich: "aus jedem Dorf einen Köter"), um möglichst vielseitig und flexibel in möglichst vielen Schularten, Klassen, Stufen, Fächern etc. einsetzbar zu sein.

Mir scheint, daß gerade unter diesem beispielhaften Blickwinkel einige grundsätzliche, aber im Vorbereitungspapier der Siegener Vortragsreihe benannte, Zielkonflikte sichtbar werden, die ich einmal stichworthaft folgendermaßen umreißen möchte:
1. exemplarische wissenschaftliche Vertiefung vs. Flexibilität/vielseitige 'Einsetzbarkeit' ("Polyvalenz")
2. Verwissenschaftlichung vs. Professionalisierung
3. Lehrerausbildung vs. Lehrerbildung
4. Theorie vs. Praxisbezug.

Man könnte sicher noch mehr solcher Gegensatzpaare nennen; aber wir haben damit vermutlich bereits die zentralen 'Sollpunkte' der Diskussion erfaßt, denen sich mühelos weitere Detailaspekte subsumieren lassen.

Nun scheint es fast so, daß die Orientierung einer "fortschrittlichen", "Linken" oder sog. "gewerkschaftsorientierten" Bildungspolitik auf Anhieb einer dieser jeweils gegensätzlichen Positionen sich zuordnen läßt, wenn wir nicht in den letzten Jahren (Beispiel: reformierte Oberstufe!) gar zu oft erlebt hätten, daß scheinbar vernünftige bildungspolitische Zielvorstellungen auf der Strecke ihrer praktischen, technischen Realisierung blieben.

Das sollte Anlaß genug sein, hier einmal anstelle von gemeinsamen Deklamationen und Proklamationen gerade über solche Diskrepanzen in Ruhe und möglicherweise etwas unorthodox und provozierend - nachzudenken.

Ich tue das in Form einiger Fragen, auch im Blick auf das dieser Beitragsreihe zugrundeliegende Orientierungspapier:
1. Ist exemplarische Vertiefung in ein wissenschaftliches Hochschulstudium letztlich nicht ebenso wichtig wie berufspraxis-bezogene Flexibilität, Einsetzbarkeit und technische Verwertbarkeit?
2. Führt die häufig proklamierte Professionalisierung des Lehrerstudiums wirklich weiter auf dem Weg zu seiner Anerkennung als vollwertiger wissenschaftlicher Disziplin (ein Kampf, der ja letztlich Jahrhunderte gedauert hat) oder droht, gerade in 'angespannter' finanz- und

bildungspolitischer Situation, ein Rückschritt in die alte Meisterlehre oder Präparande?

Just von den konservativen "Mut zur Erziehung"-Strategien wird ja die sog. Verwissenschaftlichung von Pädagogik, Didaktik, Unterricht unverhohlen angeprangert und für überflüssig, ja schädlich für Kinder erklärt!

3. Wieviel an integriertem Theorie-Praxis-Bezug kann (wohlgemerkt: ohne die inzwischen allenthalben rückgängig gemachte einphasige Lehrerbildung) die Universität oder Gesamthochschule leisten, ohne ihr eigentliches Ziel, die Vermittlung nicht nur berufspraktischer Fertigkeiten, sondern eines theoretischen Rüstzeugs, aufs Spiel zu setzen?

(Ich kann hier eine für mich sehr tiefgehende persönliche Erfahrung nicht ganz unterdrücken: Als junger Lehrer hat man es mit fachwissenschaftlicher Kompetenz und einem gewissen akademischen Selbstbewußtsein möglicherweise leichter - sozusagen als 'promovierte Fachautorität' -, linke oder fortschrittliche Positionen durchzusetzen anstatt nach kurzem, aussichtslosen Kampf ins Autoritäre umzukippen, also: dem sog. "Praxisschock" zu unterliegen!)

4. Wie verhält sich eigentlich die Fachhochschulbildung heute zum traditionellen - aber wahrscheinlich aufgrund seiner schiefen Rezeptions- und Ideologiegeschichte - mißverstandenen Ideal der Humboldtschen Universitätsreform (Stichwort: "Allgemeinbildung"; philosophische Grundlegung und Wissenschaftstheorie; Bildung zur Selbsttätigkeit)?

Die gerade auch in progressiven, gewerkschaftlich orientierten Stellungnahmen vertretene terminologische Entgegensetzung von Lehrer"bildung" und -"ausbildung" müßte evtl. überdacht werden. - Ja, die Beantwortung solcher Fragen kann möglicherweise nicht anders geschehen als durch eine radikale Neubesinnung oder Wiederentdeckung eines Bildungsbegriffs, der zunächst, nach dem 'Paradigmawechsel' von der geistesgeschichtlichen zur empirisch-sozialwissenschaftlichen Pädagogik, der sog. "curricularen Wende" Mitte der 60er Jahre - in Klafkis "exemplarischem Prinzip noch rudimentär vorhanden war, dann aber zunehmend in Vergessenheit geriet, ja schier tabuisiert wurde. Meine These wäre: Zwar war und ist eine ideologiekritische Neuorientierung und Abwertung des kanonischen Bildungsbegriffs der sog. geistesgeschichtlichen Pädagogik sicherlich nötig. (Der programmatische Titel von Erich Wenigers Hauptwerk "Theorie und Bildungsinhalte" zeigt an, was damals gemeint war: Kanonisierung von bestimmten Bildungsgütern inhaltlicher Art - z.B. ein Abiturient ohne 'Faust'-Kenntnis oder auswendiges 'Lied von der Glocke' ist keiner.

Manche kulturkritisch bis kulturpessimistisch eingestellten Literatur- und Bildungskritiker (von F.J. Raddatz bis H.A. Glaser) in den Feuilletonspalten gut(bildungs-)bürgerlicher Zeitungen haben diesen entscheidenden Wandel in der Geschichte nicht etwa nur des Faches Deutsch (speziell: "literarische Bildung"), sondern der Pädagogik überhaupt noch immer nicht richtig mitbekommen. Auch von daher scheint es nicht überflüssig, darauf kurz, aber mit Nachdruck hinzuweisen - ergänzt durch einen begriffstheoretischen und begriffsgeschichtlichen Exkurs zum Bildungsbegriff selbst!)

2. Die Ebene der fachdidaktischen Theorie

Vergleichbar dieser wissenschafts- und methodengeschichtlichen Entwicklung in der Pädagogik wären übrigens Kommunikationstheorie und Linguistik-Boom in Germanistik und Deutschdidaktik.
Aus der nach 1945 offenbaren Not, das eruptiv angewachsene (besonders das naturwissenschaftliche) Wissen etwa in einem einzigen 'Realien'-Lehrbuch im Fachunterricht aufzufangen, wurde kurzfristig die Tugend des "exemplarischen Prinzips", aber langfristig das Versäumnis einer inhaltlichen Bildungsreform.

Diese Gleichgültigkeit gegenüber den Inhalten aber mußte in der Folge technokratischen Tendenz und Pseudo-Reformen beinahe zwangsläufig Vorschub leisten.

Als Vertreter der z.B. vom "Bremer Kollektiv" vorgetragenen Positionen des sog. "politischen" oder "kritischen" Deutschunterrichts darf ich in diesem Zusammenhang darauf verweisen, daß unsere Bemühungen seit Ende der 60er und Anfang der 70er Jahre nicht zuletzt auf eine inhaltliche Reform des Deutschunterrichts gerichtet waren. - Wenn demgegenüber vom "projektorientierten" DU oder der sog. "kommunikativen Didaktik" zwar anerkennenswerte Schritte in Richtung Demokratisierung und Verbesserung der 'kommunikativen Kompetenz' gemacht wurden, darf doch nicht übersehen werden, daß durch den Verzicht auf inhaltliche Reformen und ideologiekritische, d.h. i.e.S. politische Positionen - sicherlich gegen den Willen ihrer Urheber - ein Vakuum geschaffen wurde, in das die Bürokraten und Technokraten des Kultus- und Bildungswesens prompt und ohne große Skrupel hineinstießen. -

Wir sind damit über die institutionellen und curricularen Probleme der Lehrerausbildung spätestens in diesem Punkt auf dem i.e.S. fachdidaktischen Terrain der Deutschlehrerausbildung und seiner inhaltlichen Spezifikationen angelangt. Ehe ich im Schlußteil noch einmal den Faden einer grundsätzlichen Neubesinnung auf den Bildungsbegriff (in Anlehnung an die Theorie H.J. Heydorns) aufnehme, gehe ich von einem empirischen Beispiel aus, das m.E. die 'Technokratisierung' des DU (gegen die sich das "Bremer Kollektiv" schon explizit Anfang der 70er Jahre gewandt hatte) auf drastische Weise vor Augen führt.

Zur Orientierung über den Gesamtkontext und zur Einordnung spezieller Probleme - wie z.B. der soeben erwähnten 'Technokratisierung' - versuche ich, selbstverständlich ganz unsystematisch, unvollständig und im vorläufigen Überblick, eine Auswahl übergeordneter Lehr- und Lernziele des DU in 4 "Sparten" grob zu bündeln:

   I. Kanon der Bildungsinhalte
  II. Kommunikative Kompetenz / kritisches Lesen/ ästhetische Erziehung / politische Bildung
 III. Sensibilität / Ich-Entwicklung / (neue) Subjektivität
  IV. Soziales Handeln / heimlicher Lehrplan / Sich-Durchsetzen im demokratisch-pluralistischen Meinungsbildungsprozeß.

Wie immer man die - hier der Diskussion zu überlassende - Zuordnung und Gewichtung im technokratischen, bildungspolitischen, ideologischen etc. Sinne vollziehen mag: Negativ verstanden jedenfalls, könnten also die

- immer noch oder bereits wieder - den Deutschunterricht beherrschenden Tendenzen mit den abkürzenden Schlagwörtern "Technokratie" und "Subjektivismus" etikettiert werden, wie emphatisch auch Verhaltensweisen/Komponenten à la "Phantasie" oder "Emotion" verbal-programmatisch bemüht werden mögen.

Doch damit nun endlich zu unserem Beispiel:
Zwei Hamburger Lehrer, Annette Garbrecht und Eberhard Hübner, (2) haben Bemerkungen zu einem von ihnen gestellten und ausgewerteten Aufsatzthema: "Was haben Sie von Ihrem Deutschunterricht gehabt?" veröffentlicht. Wohlgemerkt hieß die Aufgabe nicht: Was haben Sie - objektiv - gelernt, sondern im Sinne des subjektiven "Ertrags": was haben Sie davon gehabt? Das erstaunlichste Ergebnis, um es vorwegzunehmen, ist, daß die technokratische Sprache der Lernzielhierarchen und Bildungsbürokraten, der Präambeljargon der Richtlinien und Lehrpläne, in fast erschütternder Weise auf ihnen total entfremdeten Sprachgebrauch der Schüler durchschlägt, der fernab von jeder subjektiven oder persönlichen Erlebnisfähigkeit liegt. Geschrieben wird nicht etwa: "Ich habe erlebt", sondern: "es wurde mit uns gemacht"; "man hat uns beigebracht" etc.

Eigentlich genügt dafür schon ein typisches Beispiel:

"Für positive Fertigkeiten, die gezielt im Unterricht eingesetzt waren, halte ich zusätzlich noch die Systematik im Gespräch und den damit zusammenhängenden Aufbau der Argumentation, sowie das argumentative Durchsetzen und die rhetorische Überredungsfähigkeit. Im Zusammenhang mit diesen mehr oder weniger kommunikativen Fähigkeiten wurde der Wortschatz als ein weiterer Nebeneffekt ausgebaut." (a.a.O. S. 578)

Die letzte, erbitterte Konsequenz des obersten Lernziels: "kommunikative Kompetenz" können auch die Autoren der umstrittenen "Hessischen Rahmenrichtlinien" unmöglich so gemeint haben, wie sie auf die Schulpraxis durchgeschlagen hat:

"In dem Deutschunterricht habe ich aber auch gelernt, mit anderen auszukommen, auf andere einzugehen und nicht alles auf sich zu beziehen (...) Dieses hilft einem enorm, wenn man sich in der Oberstufe durchboxen will und von den anderen nicht unter Wasser gedrückt werden möchte." (S. 584)

Die Autoren konstatieren entsetzt:

"Das hat uns erschreckt, denn daß der Formalismus, der allenthalben im Deutschunterricht betrieben wird, so kraß in den Schülerköpfen durchschlägt, haben wir nicht erwartet. Dazu scheint uns in den Aufsätzen subjektiv gespiegelt ein allgemeines Problem des gegenwärtigen Deutschunterrichts deutlich zu werden. Das technische Denken, von dem das Bewußtsein der Schüler hier geprägt ist, hat lange davor ja schon die Lehrer und Lehrplaner erfaßt. Es ist Zeichen einer Flucht vor einem Legitimationsdilemma.

Deutsch als Bildungsfach hat bis vor kurzem noch von den Bildungsideen des 19. Jahrhunderts gelebt. Um Humboldt zu zitieren: "Die Verknüpfung unseres Ichs mit der Welt zu der allgemeinsten, regesten und freiesten Wechselwirkung" läßt sich, zumindest im Kopf, in der Reflexion über

Sprache und Literatur vielleicht am lebendigsten herstellen. Die Tradition jedoch, die dieser Reflexion die Allgemeingültigkeit verbürgte, ist inzwischen unglaubwürdig geworden, auseinandergefallen in die beliebige Subjektivität dieser Ichs und einen ganz neutralen Geltungsanspruch wissenschaftlicher Methoden, die gegen die Reflexion im Sinne Humboldts die generelle Objektivierbarkeit der Schritte setzen. Da ist es kein Wunder, daß die Deutschlehrer und ihre Schüler sich auf eben diese für die Schule zubereiteten Wissenschaftstechniken stürzen, gewähren sie doch so etwas wie einen Rest Allgemeingültigkeit, weil sie ja immerhin auf verschiedenste Inhalte angewendet werden können. Ein äußerer Zwang, Subjektivität auf die Nebenschauplätze des Denkens abzuschieben, kommt in der Schule hinzu. In einer Situation, in der Zehntelstellen hinter dem Komma bei der Zensurengebung über Lebenschancen entscheiden, ist Subjektivität, weil nicht zu messen, verdächtig geworden. Welchen Sinn aber hat ein Deutschunterricht, der sich auf das Nachdenken über das eigene Ich nicht mehr leisten kann? Der eine weltlose Welt aus Denkschritten präsentiert, ohne formulieren zu können, woher diese Schritte kommen und wohin sie führen? Hier liegt der Kern der so oft beklagten 'Verkopfung' der Schule: gemeint ist damit nicht das Denken selber, sondern seine Technisierung, die die subjektiven Impulse, die zum Denken führen können, in eine Zwangsjacke steckt. Das bringt den Deutschunterricht in die Gefahr, tatsächlich so geisttötend zu sein, wie die Schüleraufsätze ihn schildern. Der Trost, den sich die Schüler da selber spenden, daß sich der Wert all dessen, was sie lernen, schon im späteren Leben zeigen werde, ist auf jeden Fall kein pädagogisches Argument.

Und eins haben wir beim Nachdenken über diesen Aufsatz gelernt: die Kritik der Schule braucht man nicht den kritischen Pädagogen allein zu überlassen. Schüler sprechen da, wenn auch oft unfreiwillig, eine sehr viel deutlichere Sprache. Man muß nur auf sie hören."(S. 586)

Mir scheint, daß diese Beispiele überdeutlich den technokratischen Trend anzeigen. Daher erübrigt es sich fast, die noch zusätzlich von Garbrecht/Hübner herausgearbeiteten Leitbegriffe (in ihrer kursorischen Auswertung der Aufsatzzitate) zu resümieren. Denn "was bleibt", sind just die uns schon vertrauten Leitbegriffe: Formalismus und Technisierung.

3. Der bildungspolitische Standpunkt des "Bremer Kollektivs"

In einer recht scharfen Replik auf diesen Aufsatz hat nun J. Grünwaldt, der, wie ich, dem "Bremer Kollektiv" angehört in einem Diskussionsbeitrag zur folgenden Nummer von DD (H. 51/1979) Garbrecht/Hübner vorgeworfen, sie reagierten auf die an sich richtige Diagnose (sprich: "technokratische Tendenzen" des DU) mit einer falschen Therapie (sprich: Rückzug auf "irrationalen, gefühlsbetonten Subjektivismus"). Ich meine, daß Grünwaldt für diesen Vorwurf nicht ganz die richtigen Adressaten erwischt hat: Er schlägt den Sack (also Garbrecht/Hübner) und meint den Esel (nämlich die Vertreter eines, wie ich es hier provisorisch nennen will: "neuen Subjektivismus" in der Literaturdidaktik (wie z.B. Berg/Eggery/Rutschky). (Es versteht sich am Rande, den Vergleich dieser geschätzten Kollegen mit Sack und Esel so bildlich wie nur möglich zu nehmen!)

Die Frage nach den neuen Trends in der Literaturdidaktik läßt sich dann aus kritischer bis pessimistischer Perspektive auch so stellen: Geht es um eine Bereicherung der Literaturdidaktik durch neue Sensibilität, neuen Subjektivismus, neuen Idealismus oder aber um Rückfall in einen neuen Irrationalismus im Deutschunterricht? Ist ein solcher erneuter "Paradigmawechsel" (T.S. Kuhn) in der literaturdidaktischen Orientierung letztlich von dem generellen bildungspolitischen (und bildungsökonomischen) Hintergrund der vielbeschworenen "Tendenzwende" zu sehen?

Der neue literaturdidaktische "Subjektivismus" setzt eine unvermittelte, direkte Identifikation des heutigen Schülers mit den durch Literatur vermittelten ästhetischen und ethischen Werten voraus. Dabei ist es gewiß kein Zufall, daß der philologisch angeblich nicht recht zu entschlüsselnde Kafka als Musterautor des "neuen Subjektivismus" die eher z.B. an Brecht, Heine oder Lessing orientierten Paradigmen der kritischen/politischen Deutschunterrichts ersetzt. Dieser Trend scheint zur generellen Ablösung des Ende der 60er/Anfang der 70er Jahre z.B. durch H. Ivo, C. Bürger, H. Ide und die Autoren des "Bremer Kollektivs" vertretenen "kritischen" oder "politischen" Deutsch-Didaktik und inzwischen wohl sogar auch des sog. "projektorientierten" Deutschunterrichts zu führen.

An dem Versuch von Jürgen Kreft, eine breit und systematisch angelegte, alle "Bedingungsfaktoren" einbeziehende "Literaturdidaktik" vorzulegen, ist für mich vor allem der elitäre, historisch überaus eng gefaßte Begriff einer literarisch-sprachlichen Bildung bemerkenswert: Konzepte und Leitbilder des in der 2. Hälfte des 18. Jhs. entstandenen "deutschen Idealismus" (z.B. Literatur der Weimarer Klassik; Kants Transzendentalphilosophie; Schillers Ästhetik; Humboldts Sprachtheorie, bes. Lehre vom idealen Diskurs) werden ohne sozial-, geistes- und rezeptionsgeschichtliche Relativierung durch das sicherlich respektable, aber doch recht einseitige Medium Habermas-Apel und über ähnliche spätbürgerliche Idealisten (Searle; "Erlanger Schule") tradiert. Krefts Vorhaben erweist sich als im historisch-politischen Zeitkontext durchaus unpolitisches, elitäres und damit affirmatives Konzept, als eine Art Schillerscher Utopie, aus dem späten 18. ins späte 20. Jh. verlagert. In diesem Konzept von Deutschunterricht und bei diesem Literaturbegriff werden demonstrativ abgewertet/mißachtet:

a) Ideologiebegriff und Ideologiekritik (mit Marx' Religionskritik als begriffsgeschichtlichem Ausgangspunkt)

b) Massenmedien/neue Textsorten und Kommunikationsformen/Massenmanipulation nicht: als "Identifikationspotential" und "böse Liebe des Volkes zu dem, was man ihm antut" (Adorno), sondern: mit "kritischem Lesen" / Immunisierung / Durchschaubarmachen als Gegensteuerung gegen "Außensteuerung" (Riesman)

c) Gattungen / Gattungstheorie der (politischen) Rhetorik

d) aufklärerisch-didaktischer Literaturbegriff: prodesse et delectare (statt der Kreft'schen Unterscheidung "poetisch" vs. "rhetorisch", die einem recht engen idealistisch-romantischen Politik-Konzept verpflichtet ist).

Bei derart deutlichen Akzenten und Defizienzen eines im ganzen so überaus material-, aspekt- und umfangreichen Buches liegt zumindest der Verdacht nahe, daß die dahinterstehende Konzeption sich letztlich auf die beiden Grundpositionen

1. "subjektivistisch" (= Betonung einer allerdings durch Piaget u.a. stark revidierten Entwicklungspsychologie) und
2. "elitär" (= weitgehende Ausklammerung aller nicht i.e.S. zum klassisch-idealistischen Kanon "hoher" Literatur gehörigen Lese- und Bildungsstoffe) reduzieren läßt. (Freilich, versteht sich: mit allen gebotenen Vorbehalten gegen etikettierende Schlagwörter!) Auch die Zweifel, ob gerade Habermas' oder Apels Versuche einer "Weiterentwicklung" der Kritischen Theorie der früheren Frankfurter Schule (Adorno u.a.) eher in eine idealistische oder materialistische Richtung tendierten, wurden ja bereits seit den Anfängen der Studentenbewegung - und nicht von den unbedeutendsten ihrer Programmatiker - in der 2. Hälfte der 60er Jahre vorgetragen. Vielleicht läge gerade hier, in einem ideologisch-bildungspolitischen "Vakuum", eine wichtige aktuelle und künftige Aufgabe der Allgemeinen Didaktik wie der Fachdidaktik - zeigt doch selbst Jürgen Krefts anspruchsvoller und umfassender Versuch einer Neubesinnung eine erstaunliche Hilflosigkeit angesichts jener Schere, die sich zwischen einem technologisch sich verselbständigenden "Kompetenz"-Begriff und einem recht unhistorisch verstandenen, idealistisch-humanistischen Ästhetik-, Bildungs- und Moralbegriff öffnet.

Wofür - im Ernst - aber Kreft weder als Person noch der imponierend weit gefaßte Ansatz seines Buches "Grundprobleme der Literaturdidaktik" verantwortlich zu machen wäre, ist das eigentliche Problem: nämlich die von einem wissenschaftlich-fachdidaktischen Autor kaum einzukalkulierende Wirkung auf die schulbehördlich sanktionierte Unterrichtspraxis, insbesondere in der 2. Phase der Lehrerausbildung. Und da zeigen sich bereits jetzt Folgen in der Referendarausbildung, die dem Fachdidaktiker Kreft eine ebenso verhängnisvolle Rolle als Theoretiker des sog. "neuen Subjektivismus" zuweisen wie seit ca. 15 Jahren den Vertretern der sog. "Berliner Schule" in bezug auf die "technokratische" Unterrichtsreform! Typisch dafür ist, daß gewisse formalisierte "Versatzstücke" beider Theorien, wie z.B. Stufen des Lesenlernens, Lernphasen, Kategorien und Faktoren des Unterrichtsgeschehens isoliert und instrumentalisiert werden: stilisiert zum Einheitsmuster für Tausende von Lehrprobenstunden, die z.B. jeder Art von "projektorientierter" oder "kommunikationsdidaktischer" Unterrichtsauffassung glatt hohnsprechen.

Es ist sicher, daß in eine bekämpfte und schließlich geräumte Position, also in ein politisches Vakuum, neue macht- und bildungspolitische Vorstöße erfolgen, um diese Position für sich zu usurpieren, das Macht-Vakuum aufzufüllen. Bekanntes Beispiel: je mehr demokratische Toleranz jüngere Hochschullehrer z.B. bei Prüfungsritualen zeigen, desto unerbittlicher wird der Machtanspruch der - wissenschaftlich dafür gar nicht kompetenten-Schulbürokratie. Und auch von der Wirkung z.B. Krefts auf die 2. Phase der (Hamburger) Lehrerausbildung erfahre ich - wörtlich -: Der "neue Subjektivismus" wird keineswegs wegen seiner intendierten, durchaus humanen Schülernähe goutiert, sondern deshalb, weil er endlich die konservativen Lehrer vom politischen Joch des "Bremer Kollektivs" befreit hat, denen den Weg zurück und nun weist, schlimmstenfalls zurück zu Ulshöfer und jener doch spätestens seit Th. Manns Rede über "Deutschland und die Deutschen" sehr nachdenklich stimmenden Tradition der "deutschen Innerlichkeit" in ihrer verhängnisvoll apolitischen Konsequenz.

Kurz gesagt: die so lange, seit der eingeläuteten Tendenzwende immer wieder von den Konservativen ersehnte "Entpolitisierung", "Subjektivierung", ja "Ontologisierung" der guten alten Werte wird - und ich bin überzeugt: gegen ihren guten Willen - gerade von den derzeit progressivsten Vertretern des schülernahen, kommunikations- und projektorientierten neuen Subjektivismus tatkräftig mit vorbereitet.

So erfreulich es scheinen mag, wenn traditionell "ständisch" (wenn nicht gar: "klassenmäßig") organisierte oder praeformierte außerschulische Sozialisations- und Auslese "agenturen" konzeptionell durch demokratische Strukturen, Institutionen und Prozeduren abgelöst zu werden beginnen, so ist doch ernsthaft zu fragen, ob allein die Schule (eigentlich ein Ort des sich selbst belohnenden Lernens und der pädagogischen Anleitung und Förderung) der nicht "hausgemachten", sondern extern aufoktroyierten - und nahezu monopolisierten - gesellschaftlichen Selektionsfunktion überhaupt gewachsen ist.

Dies leidige Problem gilt mir erschwerend und in besonderem Maße just für die Reforminstitutionen, sei es die Gesamtschule, die Orientierungsstufe oder die reformierte Oberstufe - und natürlich weit weniger für das der spätfeudalen Drei-Stände-Gesellschaft "strukturhomologisch" nachempfundene dreigliedrige Schulwesen.

Gerade unter fachdidaktischem Aspekt impliziert der Begriff "Gesamtschule" gleichermaßen den Begriff der Vereinheitlichung (vgl. historisch den Begriff "Einheitsschule"): Von daher kommt m.E. dem DU, neben den konkurrierenden Elementen der Differenzierung und Fächerspezialisierung, die Aufgabe eines einheitsstiftenden Grundlagenfachs zu, das sich von einem entsprechend grundlegenden Konzept her definiert: sei es der "politischen Bildung", der "ästhetischen Erziehung", der "kommunikativen Kompetenz", des "kulturellen Erbes", der "versäumten Lektionen", der "kompensatorischen Erziehung" o.ä.

(Ich meine sogar, daß die ideologisch-politischen Gegner der Gesamtschule besonders diese egalitäre Funktion von einer Art klerikalfaschistischem Elite-Denken aus attackieren: "sozialistische Gleichmacherei" vs. "christlich-humanistisches Bildungsbürgertum"?). Kurz: Es geht auch im DU um die fundamentale bildungspolitische Kontroverse: egalitärer vs. elitärer Bildungsbegriff!

Sind Elemente eines sog. egalitären Kultur- und Bildungsbegriffs bisher nur rein utopisch-sozialistische Postulate oder sind sie bereits in Ansätzen bei uns vorhanden?

Das Taschenbuch, das Bildungsfernsehen, die Reisewelle, der 2. Bildungsweg, die Freizeitpädagogik, die Fernuniversität, die Kultur im Büro, gar die Kunst am Zweckbau oder eben auch die Gesamtschule sind sicherlich noch sehr rudimentäre Ansätze einer solchen egalitären Kultur. Der schon Ende des 18. Jhs. zwischen den Dichtern Friedrich Schiller und Gottfried August Bürger ausgetragene Streit, ob man das Gute, Edle und Schöne trivialisieren dürfe, ob man den weniger gebildeten Leser zu sich heraufziehen könne, ohne sich zu ihm herabzulassen, ist noch nicht entschieden, zeigt aber doch wohl eine bereits eingeschlagene demokratisch-egalitäre Richtung an.

Gerade die positiven - wie weniger positiven - Erscheinungsweisen unserer (klein-)bürgerlichen Kultur legen die faktisch-normative Existenz einer kultur- und bildungsgeschichtlichen Entwicklungslinie nahe, die durchaus vom Elitären (d.h. der höchsten Pracht- und Machtentfaltung einer quasi gottgleichen Herrscherkaste und Aristokratenschicht) zum Demokratisch-Egalitären (d.h. der sozialen Beteiligung einer immer größeren Zahl von Menschen am nicht nur ökonomisch-sozialen "Kuchen" der Alphabetisierung, kulturellen, zivilisatorischen, ästhetischen und politischen Bildung) verläuft, wenn auch der dabei scheinbar unvermeidliche Qualitätsrückgang von der antiken Pyramide über das barocke Residenzschloß zum BHW- oder Wüstenrot-Eigenheim ästhetisch empfindsame Geister erschrecken mag.

4. Neue Perspektiven "literarischer Bildung"

Nun muß abschließend allerdings die Frage gestellt werden, ob aus der gleichsam dialektischen Entgegensetzung der beiden neuen Trends der Literaturdidaktik, "Technokratie" und "neuer Subjektivismus", entweder ein - gemäß historischer Dialektik - neues Drittes oder doch wenigstens ein praktikabler Kompromiß entspringen kann. Ich weiß selbst weder genau Ziel oder Ausweg, möchte aber doch eine Möglichkeit andeuten, zunächst bezogen auf Literaturdidaktik i.e.S., aber doch wohl übertragbar auch auf die so wichtigen sprach- und kommunikationsdidaktischen, die kreative Sprech- und Schreibkompetenz des Schülers fördernden Komponenten unseres Faches.

In einer Sendung des ZDF-Bildungsmagazins "Impulse" über die Probleme der reformierten Oberstufe kam in den Interviews mit Schülern, die fast übereinstimmend die technokratische Vereinzelung und Zersplitterung beklagten, eine schwer artikulierbare Sehnsucht zum Ausdruck: 1.) Grundlagen und 2.) Überblick explizit in Form der wiederholt gebrauchten, und aus Schülermund merkwürdig altmodisch klingenden Begriffe: "Grundbildung" bzw. "Allgemeinbildung". (Entsprechendes habe ich selbst bei einer empirischen Befragung zum Leseverhalten von Schülern festgestellt.) Während der gesamten sog. "linken" Bildungsreformdiskussion ist - aus Gründen, die ich vorher angedeutet hatte, von diesen Begriffen: "Bildung", "Grundbildung", "Allgemeinbildung" markant wenig die Rede gewesen. Eine der wenigen Ausnahmen - und damit komme ich zum Schluß - ist H.J. Heydorns Versuch einer "Neubestimmung des Bildungsbegriffs" (3),

wenngleich einzuräumen ist, daß die derzeit auch für die Gesamtschule geltenden Richtlinien und Lehrpläne der Sek. I eine frappierend einseitige (formal-) linguistisch-"technokratische" Tendenz erkennen lassen - und zugleich eine radikale bis polemische Abwertung oder Abschaffung literarisch-historischer Bildung, deren Tragweite von der wissenschaftlichen Fachdidaktik mit gehöriger Intensität reflektiert werden sollte!

Anders ausgedrückt: Über die natürlich wünschenswerte, weil praxis-effiziente Zusammenarbeit hinaus gehört es zu den vornehmsten Aufgaben der Fachdidaktik als einer wissenschaftlichen Hochschuldisziplin, den Bildungsplanern, -technokraten und -politikern gründlich auf die Finger zu sehen und zugleich einen stärkeren fachmännischen Einfluß auf bildungspolitische Entscheidungsprozesse zurückzugewinnen!

Gerade Heydorns Versuch gibt uns - um einen neuen Bildungsbegriff zu entwickeln - erneut Anlaß, noch einen Blick zurück auf die Entstehungs- und

Wirkungsgeschichte des literarisch-sprachlichen Bildungsbegriffs zu werfen:

Im "klassischen Weimar" müssen wir historisch eine soziologisch exakt zu beschreibende kulturtragende Schicht, eine "Mischkultur" von aufgeklärten, bildungsbeflissenen Adligen und Großbürgern sehen, die allenfalls 2 bis 3 Jahrzehnte dauerte. War diese "klassische" literarisch-sprachliche Hochkultur im Stande, einen aufklärerisch-emanzipatorischen Bildungsbegriff zu entwickeln, der heute noch überzeitliche Gültigkeit beanspruchen kann? Das zunächst zweifellos progressive Potential dieser literarischen Kultur des entstehenden deutschen Bürgertum verkam dann allerdings im 19. und 20. Jahrhundert immer mehr zu einer Elite-Kultur des sog. neuhumanistischen Gymnasiums; schließlich zu einem affirmativ bis reaktionär wirkenden Kultur-Chauvinismus - s. z.B. die Rolle der Gymnasiallehrer/Professoren in der Weimarer Republik, die wie die der Juristen zum politischen Untergang der zutiefst ungeliebten ersten bürgerlich-demokratischen, republikanischen Staatsform in Deutschland erheblich beitrug.

Eine genauere historisch-soziologische Analyse der Geschichte der Reformen des sog. aufgeklärten Absolutismus bis hin zu den Humboldt-Hardenbergschen Schul- und Universitäts-Reformen in Preußen zeigt bereits im historischen Ursprung: Unser gegenwärtiges Erziehungssystem hat sich nicht "organisch" (d.h. in Analogie zum Wachstum der Pflanze) entwickelt, sondern ist das Ergebnis kontroverser, oft sprunghafter und widersprüchlicher historisch-gesellschaftlicher Prozesse; es war und ist stets machbar und veränderbar.

Einmal abgesehen von den bekanntlich z.T. recht unorthodoxen Entwicklungsschüben und -staus unserer deutschen Geschichte als Geschichte eines "großen Anfangs, der später nie wieder erreicht wurde" (Heimpel), und Geschichte einer "verspäteten Nation" (Plessner), die hier natürlich nicht weiter verfolgt werden können, zeigte sich in jüngster Vergangenheit: ein Einheitsschulwesen (also unserer Gesamtschulkonzeption entsprechend) hätte durchaus in der Logik der alliierten "reeducation", der Entnazifizierungs- und "verordneten Demokratisierung"-Politik gelegen, wurde aber unter dem Eindruck und Einfluß der (kultur-) politischen Reaktion wie des eskalierenden "kalten Krieges" quasi im letzten Moment verhindert.

Beim demokratischen Selbstverständnis unserer Gesellschaft und der Notwendigkeit ihrer permanenten Kritik und Weiterentwicklung ist jedenfalls konkret an die Tradition und den historischen Entstehungsort des bürgerlich-kapitalistischen Staates in Aufklärung, Klassik und Idealismus des 18. Jahrhunderts anzuknüpfen. (4)

Stärker als ein dem Prinzip der Fächerspezialisierung und Differenzierung gehorchender DU wäre eine Art Grundlagenfach, ein Deutschunterricht für alle zu fordern. Ein solcher gemeinsamer DU für alle dürfte freilich einen nach-humanistischen, nachbürgerlichen Bildungsbegriff, nämlich: egalitären statt eines elitären Bildungsbegriffs voraussetzen. Daß ein solcher bis heute nicht annähernd formuliert werden konnte, liegt an der fast totalen Verdrängung/Ersetzung von materialen Bildungsinhalten durch formale Lernzieltechnologien, die mit der sog. "curricularen Wende" eingeleitet wurde. Ansätze zu einem sog. egalitären, demokratisch-sozialen Kultur- und Bildungsbegriff finde ich im "DGB-Grundsatzprogramm 1980" formuliert:

"Die Trennung von allgemeiner und beruflicher Bildung, die dazu beiträgt, für die Schüler die berufliche und für die Auszubildenden die allgemeine Bildung zu vernachlässigen, die Vorrechte weniger zu erhalten und den unmittelbaren Einfluß der Unternehmer auf die berufliche Bildung zu sichern, ist aufzuheben.
Bildung, die die persönliche und berufliche Existenz der Menschen sichern und ihre gesellschaftliche Teilnahme fördern soll, bedarf entsprechender Bildungsinhalte. Sie müssen die Probleme und Interessen der Arbeitnehmer berücksichtigen und deren Fähigkeiten zum aktiven Mitgestalten und selbstverantwortlichen Handeln entwickeln. Bildung muß Einsicht in wirtschaftliche, soziale und gesellschaftliche Zusammenhänge und Konflikte vermitteln und Fähigkeiten zur Kritik und zur Bewältigung von Problemen durch solidarisches Handeln entfalten. Die Beseitigung von Benachteiligungen, die Herstellung von Chancengleichheit und die Reform der Bildungsinhalte verlangen auch eine Veränderung der Unterrichtsform und der Bildungsorganisation. Notwendig ist ein integriertes und durchlässiges Bildungssystem, das die Schüler nicht einseitig auf einen bestimmten Bildungsgang festlegt, sondern eine individuelle Kombination zwischen verschiedenen Kursen, Fächern und Bildungsgängen erlaubt. Diese Ziele lassen sich am besten durch die integrierte Gesamtschule verwirklichen, die als Ganztagsschule zu organisieren ist und zur Herstellung gleicher Startchancen auf einer Vorschulerziehung aufbaut. Sie umfaßt alle bisher geteilten Bildungsinstitutionen von der Vorschule bis zur Hochschule." (zit. Erziehung und Wissenschaft 12/1979, S. 26)
Zentral für Heydorns These - wie überhaupt für den heute wohl allgemeingültigen, von der historisch-materialistisch und ideologiekritisch orientierten Sozial- und Geisteswissenschaft herausgearbeiteten Begriff der "bürgerlichen Aufklärung- ist die historisch progressive Bedeutung von Grundbegriffen wie z.B. "Aufklärung", "Bildung", "Mündigkeit". Sie liegt in der Überwindung der bis dahin herrschenden feudalen (territorial-absolutistischen) Gesellschaftsformation, wobei sich die neue bürgerliche Klasse zur Vorkämpferin der ganzen - unterdrückten - Menschheit machte. Diese emanzipatorisch-progressive Potenz schlug jedoch in dem Augenblick in leere Phrasenhaftigkeit oder 'affirmative' Kultur (Herbert Marcuse) um, als das Bürgertum im späteren 19. und 20. Jh. seine Macht konsolidiert hatte. (Die Konstellation z.B.: professoraler Schöngeist - Industriellengattin; überhaupt der Widerspruch: Finanz- und Bildungsbürgertum ist z.B. in Fontanes Roman "Frau Jenny Treibel", und nicht nur dort, anschaulich dargestellt worden. Dieser historische Umschlag - grob gesprochen: vom Progressiven, Utopischen ins Konservative, Affirmative, Regressive - vollzieht sich mit zunehmender Geschwindigkeit in den Jahren zwischen der gescheiterten 1848/49-er Revolution und dem halt 1871, also mit Beginn der sog. (Reichs-) "Gründerzeit" einen Höhepunkt erreicht, den man bereits als Vorgeschichte des Faschismus ("Präfaschismus") einordnen kann, unter besonderer Berücksichtigung der traditions- und kontinuitätsbildenden reaktionären Rechtskräfte wilhelminischer Provenienz (Richter, Lehrer, Professoren, Industrielle etc.), die die ohnehin schwach entwickelte demokratische Substanz der "Weimarer Republik" zielbewußt untergruben.)
Allerdings eröffnet - so Heydorn - der Bildungsbegriff gerade dadurch, daß er sich nicht weiter entfalten, also nicht 'eingelöst' werden konnte oder durfte, auch heute noch eine konkret-utopische, zukunfts-

orientierte Perspektive. Das scheinbar "tote" Wort: "Bildung" könnte durchaus, wie Heydorn meint, eines Tages wieder fähig werden, "sein Leben weiterzugeben":

"Die aufsteigende bürgerliche Klasse hat den Begriff der Mündigkeit der Bildungsinstitution in einem Augenblick verbunden, in dem sie diese zu einer frühen, bedeutsamen Reife brachte. Sie tat es mit dem Anspruch, Sachwalter aller Menschen zu sein. Jedoch ist dies nur vorübergehend; der Anspruch bleibt auf die Klasse beschränkt, die ihn, mit wachsender Akkumulation und historischem Erfolg, immer stärker einschränkt. Mündigkeit wird schließlich vom Untergang dieser Klasse ergriffen, wird leeres, verfälschendes Wort, das Atavismen zudeckt, die Ausplünderung der Kontinente. Ist Mündigkeit mit ihrem Auftakt noch ein gemeinsames Werk, das von allen geleistet werden soll, so wird der Versuch, sie im Individuum zu gründen, immer erkennbarer; in der Persönlichkeitsbildung schlägt sich das bürgerliche Klassenprinzip nieder. Der Einzelne ist auserwählt, mündig zu sein, nicht alle; dies setzt ökonomische Freiheit voraus als historische Bedingung der Freiheit. Mit dem Untergang der Klasse, der Auflösung ihrer geistigen Form, wird die mündige Person unmöglich; sie zerbricht an sich selber. Meint Mündigkeit, daß der Mensch ganz seiner Herr ist, daß sich das Licht des Geistes in alle Winkel ergießt, so ist es dieses Licht, das die bürgerliche Person selber umbringt. Es bleibt nur die Fiktion einer Mündigkeit, mit der die fortgeführte Herrschaft über die Massen gerechtfertigt werden soll. Keine Katharsis bleibt, die das Schauspiel rechtfertigt, kein Leiden wird mehr zum Selbstgenuß. Als Deklamation wird das bürgerliche Mündigkeitspostulat jedoch von beflissenen Lehrern und Professoren endlos nachgesprochen, eine leere Hülse, dennoch aber Potentialität, die mit veränderten Zeiten aktualisiert und zu neuem Selbstverständnis werden kann; das Wort wird sein Leben noch weitergeben." (Heydorn, a.a.O. S. 9f)

Unsere Frage ist: Kann es nun überhaupt gelingen, diesen - auf den ersten Blick - doch sehr subtil, ja elitär anmutenden Bildungsbegriff Heydorns in die Nähe eines gewerkschaftlichen, demokratischen, populären, egalitären Bildungsbegriffs zu rücken wie er z.B. als Grundlage für die Konzeption eines DU an Gesamtschulen eigentlich vorausgesetzt werden müßte? Vorläufige Antwort: die Möglichkeiten der Massen-Kommunikation und Massenbildung haben dafür heute - historisch gesehen - mehr potentielle Voraussetzungen zur Brechung elitärer Monopole geschaffen als jemals zuvor.

Die entscheidende Frage aber ist - wie übrigens bei der politischen Ökonomie auch - immer die nach Verteilungsmodus und der Verfügungsgewalt. Theoretisch und technisch kann das Problem sowohl im Sinne einer totalitären Massenmanipulation und immer stärkeren Konzentration von Privilegien in der Hand einer - wie auch immer legitimierten - Elite mißbraucht oder aber als Instrument einer immer weitergehenden Demokratisierung (= für möglichst viele Menschen möglichst viel Bildung und Aufklärung) genutzt werden.

Heydorn lehnt sich - wie gesagt - sehr eng an die Bedeutung an, die der Begriff "Bildung" im Kontext der europäischen Aufklärung - übrigens zum ersten Male in seiner Bedeutungsgeschichte annahm.

Bildung wurde gewissermaßen fast synonym gebraucht für: Aufklärung, Mündigkeit und Emanzipation. Herausgearbeitet wurde auf jeden Fall: eine Bedeutungskomponente des Dynamischen, des Fortschrittsoffenen, Evolutionären. Zum genaueren Verständnis dieser Bedeutungsveränderung und damit Grundlegung unseres modernen bzw. künftigen Bildungsbegriffs, besonders in der 2. Hälfte des 18. Jhs., ist zu bemerken, daß "Bildung" bis dahin überwiegend in einem ganz anderen - nämlich 1.) statischen und 2.) von außen und ein für allemal fest geprägten Sinn - verstanden wurde. War ein "Frauenzimmer" von "feiner" oder ebenmäßiger "Bildung", so meinte man damit meist schlicht ihr passables Aussehen, d.h.: sie war nun einmal gut gebaut oder hatte ein niedliches Gesicht.
Eine Dynamisierung, Fortschrittsoffenheit und nicht zuletzt Verinnerlichung, Individualisierung des Begriffs hat sich in der neuplatonischen Vorgeschichte der Mystik abgespielt, die ja dann im 18. Jh. besonders durch zugleich religionskritische wie psychologische, ästhetische wie politische Bewegungen im Zeichen des Pietismus und Pantheismus dramatisch aktualisiert wurden.

Ob wir die theoretische Ausformulierung des Bildungsbegriffs bei Herder, Humboldt oder anderen Philosophen, Pädagogen, Psychologen des 18. Jhs. betrachten: "Bildung" impliziert von nun an immer die Überwindung einer von außen gemachten, ohne menschliche Mitwirkung geprägten Welt
  in ihrem ein für allemal abgeschlossenen, fertigen und statischen Zustand, sondern sie ist dynamisch und entwicklungsoffen. Denkt man zudem an die großen pädagogischen wie geschichtsphilosophischen Konzepte dieser Zeit, z.B. Lessings "Erziehung des Menschengeschlechts" und ähnliche Grundgedanken bei Kant, Herder, Humboldt u.a., so wird deutlich, daß der Gedanke der Entwicklung und des Fortschritts - als säkularisierte Offenbarung zwei Entwicklungslinien als vereinbar oder zumindest parallelisierbar ansieht: 1.) die individuelle Entwicklung des pädagogisch zu bildenden Subjekts zur Perfektibilität und 2.) der weltgeschichtliche Fortschritt zu immer humaneren und demokratischeren Gesellschaftsformen.

Ob dieses individualpädagogische wie geschichtsphilosophische Konzept heute noch realisierbar ist oder im buchstäblichen Sinne des historischen "deutschen Idealismus" in der 2. Hälfte des 18. Jhs. zu idealistisch, zu phantastisch - utopisch war, steht freilich gerade heute radikal in Frage, und das nicht erst seit den "Grünen", sondern spätestens seit Adorno-Horkheimers "Dialektik der Aufklärung"!

Wir meinen mit Heydorn, daß auf jeden Fall die dynamisch-offene Komponente des Bildungsbegriffs, die dieser ja im antifeudalen Protest der bürgerlichen Intelligenz im 18. Jh. hatte, zurückzuerobern wäre. Denn mit dem Prozeß der ökonomisch-machtpolitischen Konsolidierung und Verfestigung des Bürgertums war nicht nur die Logik, sondern auch die psychologische, ästhetische und kulturpolitische Versuchung groß, das politisch-kulturell Erreichte durch einen statischen, gleichsam ewig gültigen Begriff von z.B. Kultur, Klassik und bürgerlicher Bildung abzusichern, also in den zu Anfang des 18. Jhs. ja noch vorhandenen statischen Bildungsbegriff zurückzufallen. Ein Beispiel dafür wären klassische Kanonbildungen, die nicht einfach organisch von selber wachsen, sondern aus oft ganz handfestem politischen Interesse gemacht, gelegentlich aber dann auch wieder revidiert und verändert werden.

Was sich gerade im Literaturunterricht (und zumal unter dem Aspekt einer auf modische Interessen verkürzten Lesealtertheorie) irrtümlich als "reine Subjektivität" darstellt (im simultanen oder momentanen Kognitions- und Kommunikationsvorgang) oder aber auch negativ als unüberwindliche Erkenntnis- und Erlebnisbarriere oder -blockade, kann sich - auf seine historische Dimension des sukzessiven Nacheinanders projiziert - als letztes Glied einer "Überlieferungskette" darstellen, allerdings dem Rezipienten weitgehend unbewußt. Die grundsätzliche rezeptionsgeschichtliche und kultursoziologische Bedingtheit solcher Prozesse zu erkennen, um sie sodann weitgehend von ideologiegeschichtlichen "Überwucherungen" freizumachen: darin könnte der erwägenswerte Beitrag der Rezeptionsgeschichte/Rezeptionsästhetik zur Literaturdidaktik liegen, natürlich nur in engster, eben "dialektischer" Beziehung zum historisch-soziologischen und ideologiekritischen Interpretationsverfahren, um jenen - von Literaturwissenschaftlern wie Deutschdidaktikern nicht ganz zu Unrecht befürchteten - grundlegenden erkenntnistheoretischen Relativismus zu vermeiden, der gerade im "neuen Subjektivismus" der Literaturdidaktik seine Blüten treibt. (5)

Umstritten ist und bleibt freilich, welchen Beitrag gerade der Deutschunterricht bzw. seine Fachdidaktik zur Ermittlung der "wahren" oder "subjektiven" Schüler"bedürfnisse" oder -"interessen" leisten kann. Gerade die Erfahrungen mit älteren entwicklungspsychologischen Zugangsversuchen zwingen zur Vorsicht (vgl. Stil- und Lesealtertheorien von Ch. Bühler bis Kohlberg oder Piaget!), wenn sie sich zu sehr individualpsychologisch (bis hin zum Irrationalen, nur noch Emotionalen) orientieren. Auch das "Schichtenmodell" der philosophischen Anthropologie in seiner (wohl allenfalls schematisch gemeinten, und daher nur sehr bedingt "realistisch" zu nehmenden) Abgrenzung des "Emotionalen" gegen das "Kognitive" scheint hier wenig hilfreich. (6)

Ein - in diesem Rahmen allerdings nicht weiter zu verfolgender - Vorschlag wäre, sich die sog. Bewußtseins- oder "Wissenssoziologie" (seit K. Mannheim, S. Kracauer u.a.) zunutze zu machen, freilich - und das ist das Entscheidende - nicht bloß in ihrer positivistischen, statistisch-empirischen, sondern in ihrer dialektischen Variante.

Immerhin hat die (allgemeine) Erziehungswissenschaft, die Allgemeine Didaktik, die pädagogische Soziologie interessante methodische (und sozialpsychologische Teilresultate) bei der Bestimmung des Lehrerbildes, der Lehrerrolle (seit G. Schefer, A. Combe etc.) hervorgebracht, die in modifizierter Form auch auf die Ermittlung der "wahren" Interessen und Bedürfnisse von Schülern (als Individuen, Gruppen, Schichten, "Populationen"?) anzuwenden wären.

Sucht man für das eben generell zum Bildungsbegriff Konstatierte nach fachdidaktischen Beispielen, so kann in der Tat die Frage der Klassik-Überlieferung, des Klassiker-Kanons, der Klassikeraktualisierung oder gar -abschaffung also: Klassik-Rezeption und Deutschunterricht dafür interessant werden.

Immerhin scheint doch eine erfolgversprechende Dynamisierung und Entwicklungsoffenheit des bei diesem Beispiel angesprochenen Begriffs der "literarischen Bildung" eben dadurch gegeben, daß man weitgehend nicht mit der Substanz der Klassik selbst, sondern vielmehr mit ihrer bil-

dungsbürgerlichen Kanonisierung und Verwertbarkeit, kurz: ihrer Rezeptionsgeschichte als Überlieferungskette, konfrontiert ist. ("Das ist das Los des Schönen auf der Erde", sagte der Manager und zwickte der Kellnerin in den Hintern!)
Dies auf den bürgerlichen Hund gekommene Schiller-Sprichwortswissen, zu Zitaten geronnen, abrufbereit für Taufe, Konfirmation, Betriebsjubiläum oder Abendmahl, macht auf krasseste Weise deutlich:
Eine entwicklungsoffene Aneignung und Revision des klassisch-literarischen Bildungsbegriffs müßte zunächst einmal rein historisch, ja fast historistisch, die ursprünglich politisch-revolutionären Implikationen des "Flohlieds" oder des "Tasso" in bezug auf den Arbeits- und Sozialminister Goethe, die jungbürgerliche Protestliteratur gegen Klerikal-, Feudal- und Territorialabsolutismus sichtbar machen.

Ein junger Hamburger Musikwissenschaftler hat die ja bekanntlich weit über die ästhetisch-politische Programmatik und literarische Motivwahl Goethes hinausreichende Bedeutung des Prometheus-Symbols in der progressiven bürgerlichen Ästhetik am Ende des 18. Jhs. untersucht, und zwar gerade bei einem Komponisten, dem man wohl nur selten Programmusik, aber immer politisch-sozial engagierte, revolutionäre "Gesinnungsmusik" unterstellen muß: das Prometheus-Motiv um 1800 ist bei Dichtern, Malern und Musikern zugleich Symbol (im Sinne Goethes) und Metapher (im Sinne der politischen Rhetorik) für politisch-revolutionäres Bewußtsein, ob in der "Eroica", im "Egmont" oder in der Ballettmusik "Die Geschöpfe des Prometheus".

Natürlich hat die Vermittlung klassischer Literatur im Deutschunterricht auch zahlreiche andere Funktionen und Lernziele, auf die ich hier aus Zeitgründen nicht eingehen kann. Aber bleiben wir abschließend noch bei dieser einen und nicht unwichtigen Aufgabe: Der Aufdeckung von rezeptionsgeschichtlichen "ideologischen Überwucherungen" (wie sie z.B. Hans Schwerte in seiner Ideologiegeschichte des 'Faust'-Motivs dargestellt hat), der Entrümpelung der ursprünglich frischen, politischen, revolutionären Intentionen der historischen Klassik des 18. Jhs. vor der kanonischen Erstarrung, Domestizierung, ideologischen Vereinnahmung durch das sog. "Bildungsbürgertum" im 19. Jh. bis hin zum Faschismus und zur restaurativen 'Ära Adenauer'. -

Diese ideologiegeschichtlich sehr ernsten Vorgänge hat - und damit möchte ich schließen - kürzlich der Musikkritiker Heinz-Klaus Metzger in einem 'Spiegel'-Interview zur modernen Klassikerpflege unseres bürgerlichen Musikbetriebs auf amüsante Weise pointiert.

Das revolutionäre 'Prometheus'-Motiv der progressiven, frühbürgerlichen Ästhetik nämlich ist auf den Hund des affirmativen, in leerem Repräsentationsgehabe erstarrten spätbürgerlichen Kulturbetriebs gekommen.

Und dafür ist nichts bezeichnender - so Metzger - als die Hochsprungtechnik Leonhardt Bernsteins und die Knie-Akrobatik Sergiu Celibidaches, insbesondere vor der faden und fahlen Kulisse des Salzburger Festspiel-Publikums.

Was das Publikum an diesem Typus Dirigenten fasziniert, ist ja vor allen Dingen der Anblick, die Mache, die Show. Celibidache beispielsweise hält den Taktstock erst in der einen, plötzlich in der anderen Hand, und die

Hörer haben nicht mitgekriegt, wie der Stabwechsel vonstatten ging. Daneben hat Celibidache eine so tolle Knietechnik, hüpft und biegt sich und federt so prachtvoll, daß ich mich bei seinen Anblick oft frage: "Was machst du mit dem Knie, lieber Hans?" Aber im Ernst: Bei solchen Veranstaltungen werden Beethovens Werke zur Begleitmusik für die Manege degradiert. (...)
Wer aber ein Musikbedürfnis nur vortäuscht und in Wahrheit einzig das Handgemenge und die Kniegymnastik eines Herrn Celibidache bewundern will, der sollte nicht einmal in eine richtige Live-Show gehen, sondern lieber gleich in den Zirkus.
(Der Spiegel, Nr. 47/1980, S. 231, 236)

Das - zugegeben etwas überpointierte - Beispiel, über dessen fachlich-sachliche (= musikästhetische) Angemessenheit an dieser Stelle natürlich nicht gerichtet werden kann und soll, steht für jene rezeptionsgeschichtlichen und rezeptionsästhetischen "Überwucherungen", die erst einmal beiseitegeräumt, d.h. rezeptionsästhetisch und rezeptionsgeschichtlich bewältigt sein wollen, um den Rezipienten überhaupt erst in den Stand "reinen" Kunstgenusses zu setzen.

Es gehört also durchaus auch zu den Aufgaben eines (ideologie-)kritischen Deutschunterrichts, ästhetischen Genuß als Resultat ästhetischer Erziehung und politisch-sozialer Kultur nicht nur zu fördern, sondern überhaupt erst wieder (im ursprünglichen, nämlich "prometheischen" Sinn) zu ermöglichen!

ANMERKUNGEN

Hans-Dieter Erlinger, Peter Faigel, Wolfgang Popp. Vortragsreihe:
Zur praxisorientierten wissenschaftlichen Lehrerausbildung - am Beispiel der Deutschlehrerausbildung.

(1) Die Vorträge wurden im WS 1980/81 an der Universität-Gesamthochschule Siegen im Rahmen der Reihe "Zur praxisorientierten wissenschaftlichen Lehrerausbildung - am Beispiel der Deutschlehrerausbildung" gehalten. Die Vortragsreihe wurde vom Fachbereich 3 und dem Büro für Lehrerfortbildung (Leitung: Akademischer Direktor Wolfgang Lippke) der Siegener Hochschule veranstaltet.

(2) Vgl. hierzu: Wolfgang Popp. Studienreform in der Germanistik aus gewerkschaftlicher Sicht. In: Osnabrücker Beiträge zur Sprachtheorie. Beiheft 4. Osnabrück 1980. S.99-118.

(3) Robert Ulshöfer. Methodik des Deutschunterrichts 1 - Unterstufe. Stuttgart 1971^7.
ders. Methodik des Deutschunterrichts 2 - Mittelstufe I. Stuttgart 1970^8.
ders. Methodik des Deutschunterrichts 3 - Mittelstufe II. Stuttgart 1971^7.

(4) Robert Ulshöfer. Methodik I. a.a.O. S.28.

(5) Robert Ulshöfer. Methodik II. a.a.O. S. 160.

(6) Robert Ulshöfer. Methodik II. a.a.O. S.77.

(7) ebenda S.78.

(8) ebenda S.57.

(9) ebenda S.58.

(10) Erika Essen. Methodik des Deutschunterrichts. Heidelberg 1961^3. S.11.

(11) ebenda.

(12) Erika Essen. Methodik des Deutschunterrichts. Heidelberg 1969^8. S.3.

(13) Erika Essen. Methodik des Deutschunterrichts. Heidelberg 1961^3. S.11.

(14) ebenda.

(15) ebenda S.13.

(16) Hermann Helmers. Didaktik der deutschen Sprache. Einführung in die Theorie der muttersprachlichen und literarischen Bildung. Stuttgart 1970^5.

(17) Vgl. Hermann Helmers (Hrsg.). Die Diskussion um das deutsche Lesebuch. Darmstadt 1969. (= Wege der Forschung 151).

(18) Hermann Helmers. Didaktik. a.a.O. 1970^5. S.13.

(19) Ottfried Hoppe. Didaktische Konzeptionen des Sprachunterrichts. In: Dietrich Boueke. Deutschunterricht in der Diskussion. - Forschungsberichte. Paderborn 1974. S.93-113; hier: S.1o2.

(20) ebenda.

(21) ebenda S.1o4.

(22) Hermann Helmers. Didaktik. a.a.O. 1970^5. S.35.

(23) Ottfried Hoppe a.a.O. S. 103.

(24) Diegritz, Theodor/Eckard König. Deutsch-Didaktik und Wissenschaftstheorie. In: "Linguistik und Didaktik". 4. Jg. (1973). H. 13. S. 59-76; hier: S. 72.
Daß die Erwiderung von Helmers auf diesen Beitrag in Linguistik und Didaktik nicht abgedruckt wurde, war den Herausgebern des vorliegenden Bandes zunächst nicht bekannt.

(25) Hermann Helmers. Didaktik. a.a.O. 1970^5. S. 87.

(26) ebenda S. 95.

(27) Theodor Diegritz/Eckard König. a.a.O. S. 67.

(28) ebenda S. 71.

(29) Hermann Helmers. Didaktik. a.a.O. 1972^7. S. 263.

(30) Theodor Diegritz/Eckard König. a.a.O. S. 74.

(31) Gerhard Bauer. Helmers' Literaturunterricht: Zur rechtzeitigen Abfindung mit dem Faktum Literatur. In: Diskussion Deutsch. H. 5 (August 1971). S. 193-200; hier: S. 199.
Vgl. hierzu: Hermann Helmers. Schwärmerei oder Aufklärung= Zur gesellschaftlichen Funktion des Literaturunterrichts. In: Diskussion Deutsch. H. 6 (November 1971). S. 289-301.

(32) Vgl. Heinz Ide (Hrsg.). Bestandsaufnahme Deutschunterricht. - Ein Fach in der Krise. Stuttgart 1970.

(33) Bremer Kollektiv (Hrsg.). Grundriß einer Didaktik und Methodik des Deutschunterrichts. Stuttgart 1978^2.

(34) Hannelore Christ u.a. Hessische Rahmenrichtlinien Deutsch. - Analyse und Dokumentation eines bildungspolitischen Konflikts. Düsseldorf 1974.

(35) Hubert Ivo. Kritischer Deutschunterricht. Frankfurt/M. 1974^4.

(36) Hubert Ivo. Hessische Rahmenrichtlinien Deutsch a.a.O. S. 291.

(37) Karl-Hermann Schäfer/Klaus Schaller. Kritische Erziehungswissenschaft und kommunikative Didaktik. Heidelberg 1975^3.

(38) Ulshöfer, Robert/Theo Götz (Hrsg.). Praxis des offenen Unterrichts. Freiburg 1976. (= Herder Bücherei 9039). S. 132. Vgl. zum gesamten Komplex S. 116ff.

(39) Hubert Ivo. Hessische Rahmenrichtlinien Deutsch a.a.O. S. 295.

(40) ebenda.

(41) Wolfgang Herrlitz. Sprachwissenschaft und Sprachdidaktik. In: Dietrich Boueke (Hrsg.). Deutschunterricht in der Diskussion. Bd. 1. Paderborn 1979^2. S. 185. ebd. zitiert Ivo.

(42) ebenda S. 187.

(43) ebenda S. 188.

(44) Malte Dahrendorf. Literatur. In: Redaktion "betrifft: erziehung" (Hrsg.). Fachdidaktische Trendberichte. Weinheim und Basel 1979. S. 47-52; hier: S. 49f.

Robert Ulshöfer. Was heißt "praxisorientierte wissenschaftliche Deutschlehrerausbildung".

(1) Der Aufsatz bzw. Vortrag möchte als Fortsetzung meiner Bemühungen um eine stetige Weiterentwicklung von Theorie und Praxis des Faches Deutsch verstanden werden. Die Bemühungen um eine Weiterentwicklung der Theorie des exemplarischen Lehrens und Lernens, um die fachinterne und fachübergreifende Konzentration, um eine Reform des Bildungswesens haben ihren Niederschlag gefunden in den einzelnen Heften der Schriftenreihe "Der Gymnasialunterricht" in den Jahren 1959-1967 (Klett), in dem Sammelband "Die Geschichte des Gymnasiums seit 1945" (Quelle und Meyer, 1967). Die Bemühungen um die Weiterentwicklung der Theorie des kooperativen Unterrichts aus den 6o-er und beginnenden 7o-er Jahren wurden fortgesetzt in dem Werk "Praxis des offenen Unterrichts. Das Konzept einer neuen kooperativen Didaktik" (Herderbücherei 1939, 1976). Die Bemühungen um einen anthropologisch orientierten Sprach- und Literaturunterricht aus den 5o-er und 6o-er Jahren führten zu den Heften der Reihe "Der Deutschunterricht" 1/1980 und 6/1980. Die innere Schulreform konnte in den 5o-er und 6o-er Jahren nur innerhalb der drei Schularten Hauptschule, Realschule, Gymnasium durchgeführt werden, da der Gedanke einer Gesamtschule erst allmählich im Laufe der 6o-er Jahre zu einem politischen und pädagogischen Programm wurde. Die "Stuttgarter Empfehlungen" der KMK zur Oberstufenreform 1961 und die "Berliner Empfehlungen" "zur Ordnung des Unterrichts in den Klassen 5 bis 1o der Gymnasien" der KMK 1966, an denen ich mitgearbeitet habe, sind dafür ein Beleg.

(2) Der erste Versuch einer sachlich-kritischen Würdigung der Entwicklung der Deutschdidaktik seit 1945 stellt Harro Müller-Michaels' Buch "Positionen der Deutschdidaktik seit 1949", Scriptor Taschenbücher S.126, Königstein/Ts., 1980, dar. Aber gerade dieser Versuch zeigt, wie schwer es ist, dem ganzen Komplex der Entwicklung des Faches Deutsch gerecht zu werden. Müller-Michaels zieht nicht die Entwicklung der Lehrpläne, nicht die Gesamtentwicklung des Bildungswesens in der Bundesrepublik, nicht die erkennbaren Wandlungen unseres Demokratieverständnisses seit 1945, nicht die gegensätzlichen Positionen innerhalb der Bezugswissenschaften, nicht einmal grundlegende Publikationen des Autors Ulshöfer heran, dessen Denkgrundlagen er mit beherrschter Animosität in Fortsetzung der Angriffe aus der DDR der beginnenden 6o-er Jahre, des Bremer Kollektivs und von "Diskussion Deutsch" der beginnenden 7o-er Jahre verzerrt und ohne konkrete Kenntnisse der Situation nach 1945 charakterisiert. Wenn der Verfasser schon die methodische Leistung Ulshöfers anerkennt, müßte ihm aus jeder Seite der Methodik u.a. Werke klar werden, daß methodische Innovationen nicht zufällig gefunden werden, sondern aus sozialen, politischen, fachwissenschaftlichen, pädagogischen und didaktischen Denkgrundlagen notwendig hervorgehen. Das läßt sich bei Comenius, bei Herbart, bei Rousseau, Herder, bei Gaudig und Kerschensteiner wie bei August Hermann Franke eindeutig belegen. Das Bemühen Ulshöfers um eine Weiterentwicklung der Reformpädagogik der Arbeitsschul- und Kunsterziehungsbewegung und ihrer Anpassung an das staatliche Schulwesen z.B. ist ohne sachlich-kritische Auseinandersetzung mit seinem vom Grundgesetz entscheidend mitbestimmten Demokratieverständnis nicht zu verstehen. Eine sachliche Darstellung der Geschichte des Deutschunterrichts nach 1945 steht noch aus.

Erika Essen. Strukturen des Unterrichtsfaches Deutsch - in Beziehung und Spannung zu Strukturierungsmöglichkeiten im germanistischen Studium.

(1) Menschliche Kommunikation 1974^4, 2.31
(2) Oxford-Ausgabe 388 b, Z.7-11
(3) Karl Bühler, Sprachtheorie 1965^2, S.24 ff.
(4) Glanz und Elend der Übersetzung, 1937 T. III, Z.4
(5) Heidelberger Studiengruppe, Integriertes Curriculum Deutsch, Curriculumentwurf für die Ausbildung von Deutschlehrern 1974.

Hermann Helmers. Zur Wissenschaftlichkeit der Deutschdidaktik.

(1) Vgl. Hans-Ulrich Molzahn, "Volkstümliche Bildung" und Deutschunterricht. Köln 1981
(2) Robert Ulshöfer, Methodik des Deutschunterrichts. Stuttgart 1952
(3) Erika Essen, Methodik des Deutschunterrichts. Heidelberg 1955
(4) Karl Reumuth, Der muttersprachliche Unterricht. Bad Godesberg 1948
(5) Karl Reumuth, Deutsche Spracherziehung. Leipzig 1941
(6) Im Jahre 1963 hat Alfons Otto Schorb mit Erfolg versucht, durch Neubearbeitung die "volkstümlichen" Tendenzen in Reumuths Gesamtdarstellung zu mindern.
(7) Friedrich Adolph Wilhelm Diesterweg, Der Unterricht in der deutschen Sprache (1834). In: Juliane Eckhardt, Hermann Helmers (Hrsg.), Theorien des Deutschunterrichts. Darmstadt 198o. S.92-1o6 (Auszug).

(8) Vgl. Wilfried Bütow (Hrsg.), Methodik Deutschunterricht-Literatur. Berlin 1977; Wilfried Bütow, Anneliese Claus-Schulze (Hrsg.) Methodik Deutschunterricht-Muttersprache. Berlin 1977

(9) Zum Aspekt der Unterdrückung von Publikationen der demokratischen Deutschdidaktik wird zu gegebener Zeit eine ausführliche Dokumentation vorgelegt werden. Hier nur ein Beispiel, das nicht der Ironie der Geschichte entbehrt: Auf eine kritische Darstellung angeblicher wissenschaftstheoretischer Ansätze meines Buches "Didaktik der deutschen Sprache", die 1973 in der Zeitschrift "Linguistik und Didaktik" des Bayerischen Schulbuchverlags erschienen (Th. Diegritz, E.König: Deutschdidaktik und Wissenschaftstheorie, S. 59-76), sandte ich der Redaktion eine ausführliche Stellungnahme, deren Publikation diese verweigerte. Die Tatsache, daß die Darstellung von Diegritz/König mithin ohne Antwort blieb, wurde sieben Jahre später von dritter Seite damit kommentiert, daß "Helmers, der sonst keiner Kontroverse ausweicht", in diesem Fall offenbar keine Antwort gewußt habe. (H.Müller-Michaels, Positionen der Deutschdidaktik seit 1949. Königstein 198o, S.76).

(10) Einen guten Überblick über das Eindringen subjektivistischer Tendenzen in den gymnasialen Deutschunterricht verschaffen die Kurspläne der Sekundarstufe II.

(11) Vgl. Juliane Eckhardt, Dialektik von Inhalt und Form. In: Volker Broweleit u.a., Grundlagen der Reform des Deutschunterrichts. Köln 1975, S. 34 ff.; dies., Das Verhältnis von Erziehungsinhalten und sprachlich-literarischen Zielen im Deutschlehrplan. In: Ulrich Ammon (u.a. Hrsg.), Perspektiven des Deutschunterrichts. Weinheim 1981, S. 13 ff.

(12) Vgl. Hans-Ulrich Molzahn, "Volkstümliche Bildung" und Deutschunterricht. Köln 1981, S. 172 ff.; Volker Broweleit, Kompensatorischer Sprachunterricht. In: Ulrich Ammon (u.a. Hrsg.), Perspektiven des Deutschunterrichts. Weinheim 1981, S. 16o ff.

(13) Als geeignetes Forschungsobjekt für die Belegung der herrschenden Tendenz zur Personifizierung sei auf die Rezeptionsgeschichte der "Didaktik der deutschen Sprache" des Verfassers verwiesen. - Daß die Tendenz zur Personifizierung objektiv der kommunikativen Deutschdidaktik als strategisches Mittel dient, wird z.B. sichtbar, wo Wissenschaftler der demokratischen Deutschdidaktik als "Adepten von Helmers" bezeichnet werden, von denen es dann heißt, daß sie "nicht namentlich aufgeführt zu werden brauchen, da sie zwar gelegentlich einen etwas ausgeprägteren Verbalradikalismus betreiben, aber ansonsten die Ausführungen des Meisters z.T. wörtlich wiedergeben" (Rudolf Wenzel, in: Hannes Krauss, Jochen Vogt; Didaktik Deutsch. Probleme-Positionen-Perspektiven. Opladen 1976, S.2o2), oder wo sie als "Helmersisten" rangieren (Jörn Stückrath, in: Informationen zur Deutschdidaktik. 8/1979, S.67).

(14) Vgl. Holger Rudloff, Literaturunterricht in der Diskussion. Eine Analyse des wissenschafts- und gesellschaftspolitischen Bezugssystems der gegenwärtigen Literaturdidaktik in der BRD. Köln 1979

(15) Juliane Eckhardt, Der Lehrplan des Deutschunterrichts. Lernbereichskonstruktion und Lernzielbestimmung unter gesellschaftlich-historischem Aspekt. Weinheim 1979

(16) Vgl. den Versuch einer allseitigen Lernbereichskonstruktion in H.Helmers, Didaktik der deutschen Sprache. 1o.Aufl. Stuttgart und Darmstadt 1979, S. 31 ff.

(17) Theodor Diegritz, Eckard König: Deutsch-Didaktik und Wissenschaftstheorie. In: Linguistik und Didaktik, 1973, S. 72

(18) Vgl. Juliane Eckhardt, Die Bedeutung der Geschichtsschreibung des Deutschunterrichts für die Weiterentwicklung der Deutschdidaktik in der BRD. In: dies., Theorie und Praxis des Deutschunterrichts. Beiträge zur einphasigen Deutschlehrerausbildung. Oldenburg (Zentrum für pädagogische Berufspraxis) 1979, S. 72 ff.

Christa Bürger. Ich-Identität und Literatur

(1) Die vorliegenden Thesen sind aus meiner Studie Tradition und Subjektivität abgeleitet (stw, 326. Frankfurt 1980).

(2) Vgl. ergänzend Ch. B. Tradition und Subjektivität (stw, 326). Frankfurt 1980, Kap. 13 und 14 sowie das demnächst bei Metzler erscheinende Unterrichtsprojekt (mit Materialienband) über Götz von Berlichingen und Iphigenie: Vom Sturm und Drang zur Klassik. Stuttgart 1982.

(3) Den Begriff des Materials gebrauche ich in Anlehnung an Th.W.Adorno und H.Eisler. Er hat den Vorteil, die Form-Inhalts-Dichotomie zu überwinden und die historische Dimension zu berücksichtigen, insofern er sowohl das umfaßt, was man traditionell als Motiv oder Thema bezeichnet, als auch dessen Bearbeitung. Der Künstler findet ein bestimmtes Material vor (Goethe z.B. das bürgerliche Trauerspiel in der historischen Ausprägung, die Lessing ihm gegeben hatte, bzw. das Shakespearedrama) und entwickelt dieses Material weiter, verändert es usw., wobei die Abweichungen von der vorgefundenen Form eine Werkintention erkennen lassen.

(4) Vgl. dazu die Protokolle und Interviews der ganz auf neue Innerlichkeit abgestellten Inszenierung von Neuenfels in Frankfurt 1980 (Schauspiel

Frankfurt, Nr. 86).

(5) Vgl. z.B. T. 3, 330 f.: "doch es schmiedete der Gott um ihre Stirn ein ehern Band"; II, 1; 750 f; III, 2, 1307 ff: "es haben die Übermächt'-gen/Der Heldenbrust grausame Qualen/Mit ehrnen Ketten fest aufgeschmiedet".

(6) Goethe, Iphigenie auf Tauris (Schauspiel Programmbuch, 30). Stuttgart 1980, 277, 259, 223, 323, 265, 253.

(7) Zum Problem der Dichotomisierung der bürgerlichen Kultur vgl. Zur Dichotomie von hoher und niederer Literatur, hrsg. v. Ch.B./P.Bürger/ J.Schulte-Sasse (edition suhrkamp, Hefte f. krit. Literaturwiss., 3). Frankfurt 1982.

(8) Vgl. dazu die immer wieder anregenden Überlegungen von K.Wünsche, Die Wirklichkeit des Hauptschülers. Berichte von Kindern der schweigenden Mehrheit. (pocket, 37). Köln 1973.

(9) Zur Bedeutung Goethes für die Entwicklung der bürgerlichen Literatur vgl. Ch.B., Der Ursprung der bürgerlichen Institution Kunst im höfischen Weimar. Literatursoziologische Untersuchungen zum klassischen Goethe. Frankfurt 1977.

Gundel Mattenklott. Schreiben in der Schule

(1) Theodor W. Adorno: Kritik der Musikanten. - Zur Musikpädagogik. Beides in: Dissonanzen. Göttingen: Vandenhoeck und Ruprecht 1956. Heinz-Klaus Metzger: Musikalischer Faschismus. Kritisches zur Jugend- und Schulmusikbewegung. - Es bleibt beim Musikalischen Faschismus. Beides in: Musik wozu. Literatur zu Noten. Hrsg. von Rainer Riehn. Frankfurt: Suhrkamp 1980.

(2) Christa Bürger: Tradition und Subjektivität. Frankfurt: Suhrkamp 1980, p. 61

(3) Heinz-Klaus Metzger: Musik wozu l.c. p.54.

(4) l.c.p. 44f.

(5) Christa Bürger l.c. p.62.

(6) Walter Benjamin: Geschichtsphilosophische Thesen 4. Zitiert aus: Zur Kritik der Gewalt und andere Aufsätze. Frankfurt: Suhrkamp 1965. p. 80

(7) Christa Bürger l.c. p.61.

Franz Hebel. Anmerkungen zur Professionalisierung der (Berufsschul-) Lehrerausbildung im Rahmen der Qualifikationsdebatte

(1) Friedemann Stooß, Prognosen über Anforderungen an die Arbeitsplätze von morgen - dargestellt anhand von Ergebnissen der Arbeitsmarkt- und Berufsforschung, in: Beiträge zur Gesellschafts- und Bildungspolitik 48, Institut der deutschen Wirtschaft, Deutscher Instituts-Verlag, Köln 1980, S.28 ff., hier: S.40

(2) Dieter Dunkel, Prognosen über Anforderungen an die Arbeitsplätze von morgen - Thesen aus der Sicht der Wirtschaft, in: Beiträge zur Gesellschafts- und Bildungspolitik 48, Institut der Deutschen Wirtschaft, Deutscher Instituts-Verlag, Köln 1980, S. 55/56

(3) Anmerkungen 2, S. 54

(4) F.H. Qualifikationen aus den Arbeitsbereichen des Deutschunterrichts in ihrer Bedeutung für die verschiedenen Erfahrungsfelder der Teilzeit-Berufsschüler, in: Sprache und Beruf, Frankfurt/M., 1/1980, S.50

Bodo Lecke. Die "neuen Trends" der Literaturdidaktik und ihr Einfluß auf die 1. und 2. Phase der Deutschlehrerausbildung

(1) Vgl. dazu grundsätzlich: Ursula Bracht, Bernhard Hülsmann, Dieter Keiner, Wolfgang Popp, Johannes Wildt: Demokratische Lehrerausbildung. Konzept zur Studienreform in der Lehrerausbildung aus gewerkschaftlicher Sicht. (Blickpunkt Hochschuldidaktik 61). Hamburg: Arbeitsgemeinschaft für Hochschuldidaktik 1980.

(2) Annette Garbrecht/Eberhard Hübner: "Außerhalb der Schule habe ich nie Schwierigkeiten, mich mündlich zu beteiligen". Anmerkungen zu einem "Besinnungsaufsatz" zum Thema "Deutschunterricht". In: Diskussion Deutsch. Heft 50/1979, S. 576-586

(3) Heinz-Joachim Heydorn: Zu einer Neufassung des Bildungsbegriffs. (edition suhrkamp 535). Frankfurt/M. 1972.

(4) Gerhard Arneth: Die Notwendigkeit einer Reform der Studienstufe. In: G.Bechert/J. Lohmann/ H.Magdeburg: Die Gesamtoberstufe. Materialien zur Reform der Sekundarstufe II. (Veröffentlichung des Pädagogischen Zentrums, Berlin). Weinheim und Basel: Beltz 1973, S. 12-16.

(5) Bodo Lecke: Rezeptionsästhetik und Literaturdidaktik, in: Diskussion Deutsch. Heft 41/Juni 1978, S. 205-220.
Bodo Lecke: Literatur der deutschen Klassik - Rezeption und Wirkung. (medium literatur. 13). Heidelberg: Quelle und Meyer 1980. - Vgl. dazu auch die fachdidaktischen Überlegungen und Unterrichtsmodelle in den Bänden 7 und 9 (Literatur der Klassik I und II: "Dramenanalysen" und "Lyrik-Epik-Ästhetik") der Reihe "Projekt Deutschunterricht", ed. Bodo Lecke in Verbindung mit dem Bremer Kollektiv. Stuttgart. Metzler 1974/75.

(6) Vgl. dazu: Bodo Lecke: Feudale Lektüre für demokratische Kinder - oder das Ende der 'Stilalter'. In: Texte - Lesen - Unterricht. Westermanns Pädagogische Beiträge. Heft 10/Oktober 1976. Braunschweig 1976, S. 566-572.

Bürger, Christa, Dr. phil., geb. 1935, vertritt als Professorin das
Lehrgebiet "Literaturdidaktik" an der Johann-Wolfgang-Goethe-Universität in Frankfurt. Ihr besonderes Forschungsinteresse gilt Fragen der
Institutionalisierung der Literatur am Ende des 18. Jahrhunderts und
der Dichotomie von ernster und Unterhaltungsliteratur. In didaktischer
Hinsicht sind vor allem ihre Publikationen "Deutschunterricht - Ideologie oder Aufklärung" (1973), "Die soziale Funktion volkstümlicher Erzählformen: Sage und Märchen" (1971) und "Tradition und Subjektivität" (1981)
zu erwähnen.

Essen, Erika, Dr. phil., geb. 1914, wechselte aus dem Schuldienst in die
Leitung des Marburger Studienseminars und ist Honorarprofessorin an der
Philipps-Universität Marburg. Mit ihren Veröffentlichungen "Methodik des
Deutschunterrichts" (1956; 1972), "Zur Neuordnung des Deutschunterrichts
auf der Oberstufe (1965) und "Praxis der Differenzierung im Deutschunterricht" (1973) betätigte sich Erika Essen maßgeblich an der Reformdiskussion um Lehrerausbildung und Deutschunterricht.

Hebel, Franz, Dr. phil., geb. 1926, Professor für "Didaktik Deutsch
(Sprache und Literatur)" an der Technischen Hochschule Darmstadt. Sein
Forschungsschwerpunkt liegt bei Fragen eines gesellschaftsbezogenen
Sprach- und Literaturunterrichts in der Sekundarstufe I und II, wobei
auch die Probleme der berufsbildenden Schulen nachdrücklich berücksichtigt werden. Die Publikationen Hebels konzentrieren sich auf Veröffentlichungen zur Sprach- und Literaturdidaktik sowie zur Literatursoziologie: Lesebuch für die Sekundarstufe I "Lesen, Darstellen, Begreifen"; "Was wir als Leser können sollten" (1978) u.a.

Helmers, Hermann, Dr. phil., geb. 1923, Professor für "Germanistik mit
Schwerpunkt Didaktik" an der Carl von Ossietzky-Universität in Oldenburg. Seine Forschungsschwerpunkte beziehen sich auf die Didaktik des
Deutschunterrichts und die Literatur des 19. und 20. Jahrhunderts. Aus
der Fülle seiner Publikationen haben vornehmlich die beiden Bände zum
deutschen Lesebuch (1969 und 1970), die in mehreren Auflagen erschienene
"Didaktik der deutschen Sprache" (1966; 1979) und "Grundlagen der Reform des Deutschunterrichts" (1975, zusammen mit Broweleit, Eckhardt
und G. Meyer) Verbreitung und Beachtung erfahren.

Ivo, Hubert, Dr. phil., geb. 1927, Professor. Nach einigen Jahren Schulpraxis an verschiedenen Gymnasien wechselte er in den Hochschuldienst.
Ivo ist Professor am Institut für deutsche Sprache und Literatur an der
Frankfurter Universität. Sein Forschungsschwerpunkt liegt bei Fragen
des institutionsspezifischen sprachlichen Handelns. Seine Publikation
"Kritischer Deutschunterricht" im Jahre 1969 gab der Reformdiskussion
um das Fach Deutsch im vergangenen Jahrzehnt entscheidende Anstöße. Prof.
Ivo war an der Erarbeitung der "Rahmenrichtlinien Sekundarstufe I -
Deutsch" des Hessischen Kultusministers maßgeblich beteiligt. Weiter ist
zu nennen: "Zur Wissenschaftlichkeit der Didaktik der deutschen Sprache
und Literatur" (1977).

Lecke, Bodo, Dr. phil., geb. 1939, Wissenschaftlicher Rat und Professor
im Fachgebiet "Erziehungswissenschaft/Didaktik der deutschen Sprache
und Literatur" an der Universität Hamburg. Seine Forschungsschwerpunkte
befassen sich mit Fragen der Literaturdidaktik und der Didaktik der
Massenkommunikation.
Lecke ist in Schule wie Hochschule vor allem als Herausgeber der Reihe
"projekt deutschunterricht" (12 Bände/1972 - 1978) und als Koautor des
"Grundrisses einer Didaktik und Methodik des Deutschunterrichts in der
Sekundarstufe I und II" 1974; ²1978) bekannt, die vom Bremer Kollektiv
erarbeitet wurde.

Mattenklott, Gundel, geb. 1945, Dozentin in der Erwachsenenbildung und
als freie Mitarbeiterin bei Funk und Fernsehen tätig. Sie hat als Leiterin
des Workshop "Schreiben", den sie 1977/78 an Berliner Schulen
durchgeführt hat, ausführliche Erfahrungen zu dem Thema ihres Beitrages
gesammelt. Zu ihren Publikationen zählt: "Literarische Geselligkeit. -
Schreiben in der Schule" (1979).

Ulshöfer, Robert, Dr. phil., geb. 1910, Professor, war von 1946 - 1975
Fachleiter für Deutsch und Pädagogik und Direktor des Tübinger Seminars
für Studienreferendare. Ulshöfer ist maßgeblich beteiligt an der
schulischen Neuordnung nach Kriegsende und an den entscheidenden Reformdiskussionen
um den Deutschunterricht in der Bundesrepublik: Seine
dreibändige "Methodik des Deutschunterrichts" stellt ein Standardwerk
dar. Er ist Mitbegründer des Deutschen Germanistenverbandes und Begründer
und Herausgeber der Zeitschrift "Der Deutschunterricht" (1947-1980).
- In den letzten Jahren setzte sich Ulshöfer wiederholt kritisch und
streitbar mit Fragen des politischen Auftrags des Deutschunterrichts
auseinander, wobei er den Gedanken einer "kooperativen Didaktik" vertritt.
Hierher gehört z.B. der von ihm herausgegebene Sammelband
"Marxismus im Deutschunterricht" (1978).

Kersting, Heinz J.
AGOGISCHE AKTION ALS HANDLUNGSFORSCHUNG IN DER LEHRERBILDUNG
Konstruktion, Realisation und Revision sprachdidaktischer Grundkurse
Bern, Frankfurt/M., Las Vegas, 1977. VIII, 210 S.
Europäische Hochschulschriften: Reihe 1, Deutsche Sprache und Literatur. Bd. 180
ISBN 3-261-02151-9   br. sFr. 48.–

Die agogische Aktion als europäische Adaption des «planned change» wird als strukturierendes Curriculumelement für Einführungskurse von Studienanfängern im Fach Sprachwissenschaft/Sprachdidaktik vorgestellt, wissenschaftstheoretisch kritisiert und mit Hilfe einer kommunikativen Hochschuldidaktik erweitert. Der Bericht und die Reflexion einer vierjährigen praktischen Durchführung dieser Grundkurse als Handlungsforschungsprojekte erweisen die Brauchbarkeit dieses hochschuldidaktischen Ansatzes.

Mainusch, Herbert (Hrsg.) / Mertner, Edgar (Hrsg.) / Schmidt, Siegfried J. (Hrsg.) / Schröder, Konrad (Hrsg.)
LEHRERFORTBILDUNG UND LEHRERWEITERBILDUNG
in der Bundesrepublik Deutschland: Modell Anglistik
In Zusammenarbeit mit Ulrich Bliesener, Bernhard Fabian, Gonde Gerhards, Helmut Schulz und Erwin Wolff.
Bern, Frankfurt/M., München, 1976. 392 S.
ISBN 3-261-01760-0   br./lam. sFr. 36.–

Die Kommission «Lehrerfort- und Lehrerweiterbildung – Sekundarbereich II Englisch» hat gemäss dem Antrag des Kultusministers von NordrheinWestfalen an die Bund-Länder-Kommission für Bildungsplanung vom 29. Juni 1972 die Aufgabe übernommen, auf der Basis einer eingehenden Bestandsaufnahme Fortbildungskurse für Lehrer der Sekundarstufe II zu entwickeln und mit ihnen zu erproben. Zentrale Probleme einer Lehrerfort- und Lehrerweiterbildung im Bereich der Sprach- und Literaturwissenschaft werden angeschnitten, insbesondere Fragen der Didaktik, der Wissenschaftstheorie, der ästhetischen Theorie, der Sprachtheorie, der Text-

Verlag Peter Lang Bern · Frankfurt a.M. · New York
Auslieferung: Verlag Peter Lang AG, Jupiterstr. 15, CH-3000 Bern 15
Telefon (0041/31) 32 11 22, Telex verl ch 32 420

Strasdowsky, Ronald D.
LEHRERWEITERBILDUNG DURCH TRAINING
Bern, Frankfurt/M., Las Vegas, 1977. 162 S.
Europäische Hochschulschriften: Reihe 11, Pädagogik. Bd. 44
ISBN 3-261-02327-9 br. sFr. 39.–

Zunächst werden verschiedene Ansätze zur Intensivierung der Lehrerweiterbildung untersucht, z.B. Mikroteaching. Am Beispiel einer Konzeption eines Lehrerweiterbildungssystems für ein regional weit verstreutes Schulwesen in unterentwickelten Ländern wird gezeigt, wie unter solchen Bedingungen kosten- und personalintensive Trainingsverfahren eingesetzt werden können. Zahlreiche Beispiele aus der Praxis in USA, Grossbritannien und Deutschland bieten Anregungen für eine allgemeine Belebung der Lehrerweiterbildung durch Training.

Bukow, Wolf D. / Palla, Peter
SUBJEKTIVITÄT UND FREIE WISSENSCHAFT
Gegen die Resignation in der Lehrerausbildung
Frankfurt/M., Bern, 1981. 234 S.
Studien zur Bildungsreform. Bd. 6
ISBN 3-8204-6110-8 br. sFr. 47.–

Der Verzicht der etablierten Wissenschaft, sich auf die widersprüchliche Erfahrung der Hochschule einzulassen und die um sich greifende Verschulung des Studiums erzeugen u.a. eine totale Verödung des Hochschulalltages. Die gegenwärtigen Formen reformerischer Massnahmen forcieren nur die vorhandenen Probleme. Es ist Zeit, sich darüber klar zu werden, in welcher Weise ein neues Interesse an der wissenschaftlichen Theorieproduktion auf der Grundlage subjektiver wie gesellschaftlicher Relevanz rekonstruiert werden könnte.
Aus dem Inhalt: Hochschule als Ort illusionärer Tätigkeit – Seminaranalyse – Rekonstruktionsprobleme – Identität als praktische Kategorie – Didaktische Folgerungen – Das gesellschaftliche Interesse an einer freien Wissenschaft.

Verlag Peter Lang Bern · Frankfurt a.M. · New York
Auslieferung: Verlag Peter Lang AG, Jupiterstr. 15, CH-3000 Bern 15
Telefon (0041/31) 32 11 22, Telex verl ch 32 420

Vollertsen, Peter
DIE REKONSTRUKTION UNVERZERRTER KOMMUNIKATION UND INTERAKTION
Versuch einer normativen Theorie und Didaktik literaturvermittelter Verständigung
Frankfurt/M., Bern, Las Vegas, 1981. 220 S.
Europäische Hochschulschriften: Reihe 11, Pädagogik. Bd. 115
ISBN 3-8204-6231-7   br. sFr. 49.–

Die Arbeit ist der Versuch, auf dem Boden der Habermas'schen Universalpragmatik und der ihr zugerechneten Entwicklungslogik (Piaget/Kohlberg) die Ziele des Literaturunterrichtes zu bestimmen und gleichzeitig die Gesamtheit literarischer Bildungsfunktionen in einem konsisten kommunikationslogischen Rahmen darzulegen. Sie ist damit zugleich mehr und weniger als eine reine Literaturdidaktik, – mehr, weil sie Literatur, Literaturtheorie und -didaktik kompetenztheoretisch begründet, – weniger, da eine solche Reflexion konkrete Entscheidungen in der Praxis nicht ersetzen kann.
Aus dem Inhalt: Zur Ableitung linguistischer, pragmatischer interaktiver und argumentativer Kompetenz – Die formale Struktur der drei Typen verzerrter Kommunikation – Gewaltverhältnisse, psychisch verzerrte Interaktion und strategisches Handeln – Ein Strukturgitter zur Kompetenz- und Anwendungsdimension des DU – Der kommunikative Sinn von Alltagserzählungen – Der normative Sinn literarischer Geschichten.

Jaritz, Peter
ANEIGNUNGSBEGRIFF UND BEGRIFFLICHES LERNEN
Zur Bedeutung sprachlicher Verallgemeinerung für Lernprozesse in der bürgerlichen Gesellschaft
Frankfurt/M., Bern, Las Vegas, 1981. 226 S.
Europäische Hochschulschriften: Reihe 1, Deutsche Sprache und Literatur. Bd. 410
ISBN 3-8204-7066-2   br. sFr. 51.–

Das Verhältnis von Lernen und Sprache, sprachlicher und gegenständlicher Aneignung ist das Thema der Arbeit. Ihm wird nachgegangen in der frühen bürgerlichen Didaktik, in den Frühschriften von Hegel und Marx, in der Aneignungstheorie der kulturhistorischen Schule und in der Beziehung zwischen Alltagsbegriff und wissenschaftlichem Begriff. Ein abschliessendes Kapitel untersucht das Verhältnis von Alltagsbegriff und wissenschaftlichem Begriff im Unterricht.
Aus dem Inhalt: U.a. Aneignung und Sprache in der frühen bürgerlichen Didaktik – Das Allgemeinwerden der abstrakten Arbeit und die nach ihrem Modell gedachte Erkenntnis – Entäusserung und Aneignung unter den Bedingungen allgemeiner und abstrakter Arbeit – Aneignung als Überwindung der Unmittelbarkeit des Begriffs – Alltagsbegriffe und wissenschaftliche Begriffe.

Verlag Peter Lang Bern · Frankfurt a.M. · New York
Auslieferung: Verlag Peter Lang AG, Jupiterstr. 15, CH-3000 Bern 15
Telefon (0041/31) 32 11 22, Telex verl ch 32 420